阿兰·巴迪欧的主体理论研究

王欢——————著

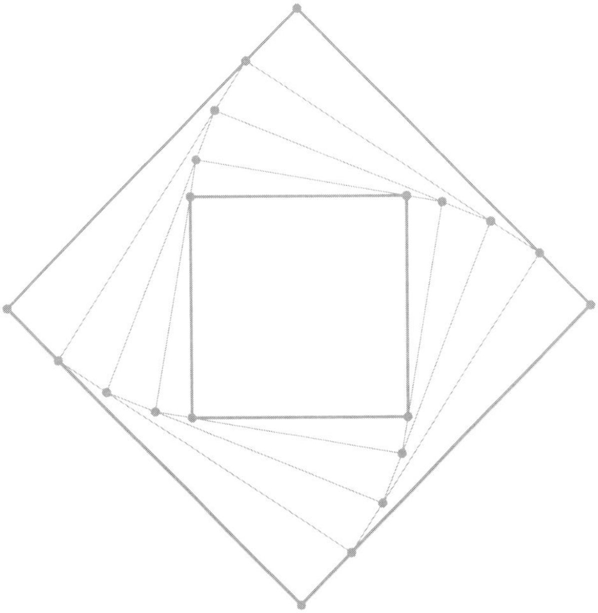

ALAIN BADIOU

華中科技大學出版社
http://press.hust.edu.cn
中国·武汉

图书在版编目(CIP)数据

阿兰·巴迪欧的主体理论研究/王欢著. —武汉:华中科技大学出版社,2022.11
ISBN 978-7-5680-8567-0

Ⅰ. ①阿… Ⅱ. ①王… Ⅲ. ①阿兰·巴迪欧-哲学思想-研究 Ⅳ. ①B565.6

中国版本图书馆 CIP 数据核字(2022)第 158286 号

阿兰·巴迪欧的主体理论研究 王欢 著
Alan Badiou de Zhutililun Yanjiu

策划编辑:薛 蒂 陈心玉
责任编辑:康 艳
封面设计:三形三色
责任校对:张会军
责任监印:朱 玢
出版发行:华中科技大学出版社(中国·武汉) 电话:(027)81321913
武汉市东湖新技术开发区华工科技园 邮编:430223
录 排:华中科技大学惠友文印中心
印 刷:湖北新华印务有限公司
开 本:710mm×1000mm 1/16
印 张:15
字 数:186 千字
版 次:2022 年 11 月第 1 版第 1 次印刷
定 价:89.00 元

本书若有印装质量问题,请向出版社营销中心调换
全国免费服务热线:400-6679-118 竭诚为您服务

【前言】

作为法国当代著名的哲学家之一，阿兰·巴迪欧（Alain Badiou，1937—）的思想正受到越来越多的人乃至全世界的关注。在这当中，主体作为巴迪欧哲学思想体系内重要的一环无疑具有重要的影响力。不同于以往西方哲学史中对主体唯心主义式的阐释，巴迪欧的主体是在唯物史观的基础上，运用“断裂”逻辑对黑格尔的辩证法进行了重新定义，并运用数学集合论的知识对马拉美的诗歌及拉康的精神分析进行了重新解读，且对主体、事件与真理的关系进行了详细的探讨与梳理。巴迪欧建立起了主体拓扑学网络，即认为主体、事件与真理是三位一体、紧密相连的。一个真理通过宣告真理的主体而得以存在，这些主体在宣告真理的过程中以其对事件的忠诚而成为主体。巴迪欧专有的主体拓扑学理论，为我们理解主体乃至法国激进哲学打开了一扇窗户，从中我们可以窥见主体理论在当今世界中的新发展，即生成一种不论在什么境况下都积极主动地投身于实践的能动主体，一种西方马克思主义意义上的改变世界的主体。

本书主要集中对巴迪欧《主体理论》（*Théorie du sujet*）、《存在与事件》（*L'etre et L'evenement*）以及《世界的逻辑》（*Logiques des mondes*）这三本著作中主体理论的变化发展进行探讨与分析，以此为读者们呈现一幅巴迪欧的主体理论发展脉络图。全书共分为五章。

第一章回顾了巴迪欧主体理论发展的渊源，以阿尔都塞为转折点，梳理了阿尔都塞以前的西方马克思主义阶级主体观，即作为工人阶级、无产阶级的主体以及萨特异化的主体，经由阿尔都塞历史无主体、多元决定论以及意识形态询唤理论的发展，再到拉康的三域说及话语理论之下分裂的主体，为后文对巴迪欧的主体理论阐述提供了思想背景与方法论来源。

第二章到第四章这三章分别对巴迪欧《主体理论》《存在与事件》以及《世界的逻辑》这三本著作中的主体理论进行了分析与探讨，希望以此归纳出巴迪欧主体理论变化发展的一个态势。伴随着“五月风暴”的爆发，巴迪欧逐渐意识到，仅仅待在书斋里是无法解决一系列现实问题的，只有走出书斋投身于现实的热潮当中，才能够直面并解决实际生活中所产生的问题。由此，第二章对《主体理论》中的主体的阐释，笔者着重分析了《主体理论》中“出位”(horlieu)与“归位”(esplace)这一对关键的概念，并以此来探讨主体的位置、巴迪欧的“矛盾论”、主观与客观以及例外能指下的主体，同时对主体化与主体进程以及与主体相关的六个概念进行了分析，勾勒出主体 ψ 与主体 α 的发展轨迹。通过这些论述，笔者发现在《主体理论》中，巴迪欧建构起了一种在革命和现实都陷入危机情况下依然投身于实践的积极能动的主体，由此也发现《主体理论》中的主体是一种过于政治化的主体。

在《主体理论》之后，通过在让-吕克·南希和菲利普·拉库-拉巴特开设的两个研讨班的学习，巴迪欧发现，仅仅从政治的角度来分析主体并不能完全解决现实中所遭遇的一系列问题，他开始思量用一种数学化的形式来表达他所要言说的主体，由此写成了《存在与事件》一书。第三章《存在与事件》的主体理论的分析，笔者首先对巴迪欧在《存在与事件》中的一个核心观点“数学即本体论”进行了解析，并将其与柏拉图、海德格尔的思想进行了比较，紧接着分析了《存在与事件》

中主体发展的几个根基，即集合论、无限集以及选择公理，从而引出了主体的真理——力迫(forcing)与不可命名，进而对主体的工作进行了一系列探讨与解读。通过这些论述，笔者发现《存在与事件》中的主体是一种过于数学化的抽象的主体。

如果说《存在与事件》只是巴迪欧哲学中的一个形式构架，那么它就过于抽象且与现实严重脱轨了。由此巴迪欧意识到他需要在一个现实的现象世界中重新对主体进行考量，这也是《世界的逻辑》产生的原因所在。从总体上说，《世界的逻辑》是《存在与事件》的后续与补充，然而它又有自己独特的结构与意义。本书的第四章，笔者对巴迪欧写于20世纪初的《世界的逻辑》中的主体理论进行了分析探讨，通过对《世界的逻辑》同《存在与事件》之间的联系与区别的分析，探讨了《世界的逻辑》产生的背景以及它作为《存在与事件》续著的意义所在，通过对《世界的逻辑》中的主体的新发展，即逻辑与世界、显现与客体以及前提与超验的分析探讨，认为此时的巴迪欧的主体是披着黑格尔理论的外衣、以康德理论为其内核的过于身体化的主体。

由此，从二、三、四章中我们可以发现，巴迪欧的主体理论经历了一个从政治化到数学化再到身体化的发展，而始终贯穿于这一变化发展的核心便是巴迪欧这位激进左翼哲学家对主体发展孜孜不倦的思考与探索，正如第五章中所探讨的那样，巴迪欧的主体理论在政治、科学、艺术与爱的领域中都产生了深远的影响，而这些影响共同表明了巴迪欧对主体发展的基本态度：改革与创新。

目录

Contents

导　论

作为当代世界舞台上最重要的哲学家之一，阿兰·巴迪欧的哲学思想被越来越多的专家学者所研究。而在左翼思想界，巴迪欧可以说是与齐泽克、朗西埃、阿甘本等人比肩的巨擘，也由此成为继福柯、德里达、德勒兹之后，法国另一个新的思想标杆式的人物。巴迪欧笔耕不辍，著作颇丰，他的大量作品被引入国内翻译出版。本书主要对巴迪欧的三本重要著作——发表于1982年的《主体理论》、1988年的《存在与事件》以及2006年的《世界的逻辑》——中的主体理论进行了分析研究，认为巴迪欧的主体是一个由主体、事件与真理而组成的三位一体的拓扑学网络，一个真理通过宣告真理的主体而得以存在，而这些主体在宣告真理的过程中以其对事件的忠诚而成为主体。这一拓扑学网络经由《主体理论》得以萌芽并初步形成，到《存在与事件》中发展成熟，再经由《世界的逻辑》而拓展加深。在这一系列过程中，巴迪欧笔下的主体也从《主体理论》中高度政治化主体演变为《存在与事件》中带有浓烈数学色彩的数学化主体，直至成为《世界的逻辑》中具有现象学本质的身体化的主体。

由此，从《主体理论》到《存在与事件》，再到《世界的逻辑》，巴迪欧笔下的主体也经历了一个从具体到抽象再到具体的过程。在《主体理论》这本书中，借由法国"五月风暴"的爆发，同时凭着对法国诗人马拉美的诗歌以及拉康的精神分析说、德国古典哲学以及古希腊埃斯库罗斯和索福克勒斯悲剧精华的吸收，巴迪欧详细阐释了其心目中理想政治主体的面貌：一种在革命和西方马克思主义都陷入危机的情况下依然践行西方马克思主义的政治主体。值得注意的是，在《主体理论》这本著作中，巴迪欧的主体、事件与真理三位一体的拓扑学网络尚未完全建立起来，此时的巴迪欧明确谈及了主体概念，事件与真理是作为这个体系中隐形的两个事物而存在的；到了《存在与事件》中，除了将主体依然作为其谈论的中心主题之一外，巴迪欧也明确将事件与真理作为主题谈论，此时巴迪欧的主体、事件与真理三位一体的拓扑学网络真正建立起来并发展得较为成熟充分。然而在《存在与事件》中，经过对《主体理论》中多种方式的犹豫和艰难抉择之后，巴迪欧最终决定用后康托尔集合论的数学路径来探讨关于主体的话题，由此，《存在与事件》中的主体是一种数学化的抽象主体。在巴迪欧看来，作为存在本身的数学性书写，在纯粹多理论领域中是可以宣告的，其中，纯粹数学就是存在的科学，主体借此也可得以产生。不仅如此，巴迪欧还认为，从数学上概括出来的公式可以在一个现象学和实在论的层面上得以发生，正因如此，我们可以说《世界的逻辑》是对《存在与事件》中主体、事件与真理三位一体的形式化框架的进一步补充和完善。在《世界的逻辑》中，巴迪欧已经不再束缚于《存在与事件》中对主体数学形式化的阐释了，而是面对具体的现象世界，思考如何通过主体来解决政治、科学、艺术与爱这四个领域中的问题，此时的主体又从数学化的抽象主体演变为一种身体化的具体主体。

一、选题意义与缘由

主体问题在西方哲学中始终是一个很重要的问题。在不同的历史境遇中，不同的哲学家们作出了不同的解释。人们所熟知的古希腊思想家普罗泰戈拉有一个著名命题——“人是万物的尺度，是存在者存在的尺度，也是不存在者不存在的尺度”[①]，这可视为西方哲学中主体思维的最早表述。

“我思故我在”是笛卡儿哲学的第一原则。他的哲学是从“我思”开始的，通过“我思”证明我的存在，进而确立认识主体的存在。通过“我思故我在”，笛卡儿确立了一个精神性的而非物质性的认识主体。在他那里，主体（心灵、精神）和客体（身体）是二元的，二者本质不同，互不相关，是各自存在的实体。这种“二元论”哲学是纯粹意识的主体理论，主体属于意识范畴，身体则处在从属地位。

为了使主体与客体能够在逻辑中实现统一，德国古典哲学发展出自我的逻辑化和自我的本体化两种倾向，并且这两种倾向是相互伴随着的。

康德主张的认识论，是对人类理性的再考察。考察人的认识能力是其宗旨，是从过去的专注于客体转向现在的专注于主体的转变，因而被称为哲学上的哥白尼革命。

费希特继承了康德主体能动性的思想，强调自我设定非我，自我又与非我统一。即主体创造了客体，客体被主体化，最后统一于主体。费希特强调主体的力量，却过于夸大了主体的作用，因而走向了主观唯心主义的思有同一论。

黑格尔在批判康德、费希特和谢林的基础上，建立了庞大的唯心主义的思维与存在的体系，他指出，一切问题的关键在于，不仅把真实的东西或真理理解和表述为实体，而且同样把它们理解和表述为主体，也即客体就是主体。这个既是客体又是主体的客观精神，既是存在的本质又是思维的本质，既把自己异化为存在又把自己同化为思维。所以，整个世界的发展过程不过是绝对精神自我运动、自我认识，

---

① Laurence Lampert, *How Philosophy Became Socratic*: *A Study of Plato's* "*Protagorces*", "*Charmides*" *and* "*Republic*", Chicago: The University of Chicago Press, 2010, p67.

或者说是自我异化或自我复归的过程。

胡塞尔的主体性哲学可以视为近代主体性哲学思维的极致,“他者”的出现,也展示了胡塞尔或者说是近代西方哲学的某种转折,胡塞尔从纯粹自由主体出发,提出了先验的主体性,认为“他者”是作为一种单子映现在自我之中的。在意识到“自我意识”的神话之后,胡塞尔开始反思这一问题,并由此得出“意向交流”是自我与他我进行交流的唯一方式的观点,他的这一理论为海德格尔后来的主体性哲学转向提供了重要的理论基础和批判的着力点。

海德格尔用“此在”取代了胡塞尔的先验主体,开创了一种异于胡塞尔的“共在”理论,但这仅仅是海德格尔对胡塞尔“自我的对象化”主体性哲学解构的一部分(《存在与时间》代表了一种试图用人的存在来代替意识主体的努力)。主体概念一旦形成,对象意义的概念客体便相应而生,以填补主体以外的万事万物的指谓空隙。“主客对立”这个哲学上的大问题也由此形成。主体被设想为能够认知和表象万物,主体成了万事万物的关系中心。主体性传统形成后,西方哲学一步一步把主体的重要性提升,而黑格尔哲学是这一传统发展的顶峰。海德格尔的观点是,主体哲学的发展把西方人对自我的优越性的自信推向了危险的高峰。

在拉康那里,(主体)人所欲求的就是一个永远不能满足的虚无(欲望被阐发为一种对虚无的欲求),因此(主体)人在对这种虚无的欲求中失去了自身,从而走向了死亡;而在科耶夫这里,人(主体)所欲求的是一种持续的否定性(欲望被阐发为对既定存在的否定性),由此成为一种持续的运动,这样,人不仅没有死亡,反而还成为历史性展开的关键:人的欲望,或者更确切地说,人的发生学意义上的欲望,产生了一个自由的和历史的个体,他能够意识到个体性、他的自由、他的历史,亦即最终的他的历史性。

萨特提出了个体主体的概念,认为人的存在就在于与其他人的不同,并由此得出他人即地狱的观念,颠覆了人们自启蒙运动以来的主体观。萨特认为人是完全自由的、不受任何外力影响的。但我们生活在一个社会中,必然要与他人接触,他人就必然会对我们产生一定的影响,他人对我们的影响就会使我们失去自我的个性。就像萨特论述的“每个人都力图维持自己的主体性”,[①]从自己的主观性出发来看待别人,总是把自己当作主体,把他人当作对象。然而他人也是作为主体存在,我自己往往也是他人的对象。因此,萨特将人与人之间的关系形容为一种主奴关系(人的自由总是与他人的自由处于对立状态)。

梅洛-庞蒂正是通过现象学的还原回到前人格分裂的身体主体——“习惯”的身体,来重新认识和把握主体的我——我在本质上起源于前人格的历史,是对某种前人格的习惯和风格的延续。前人格的身体的主体性并不是指反思的或认识论中的主体,而是非反思性的,它所要揭示的是人格的我在起源处作为感知主体的特征,当然这一感知主体是与自然世界相对的。因此,作为前人格的身体主体是介于主体与客体之间的感知体验,同时也总是朝向世界、在处境中存在着。但仅仅从感知主体和自然世界的关系来理解身体本身的主体性显然不够,并不能充分说明实存论意义上朝向世界存在着的主体。因此身体主体不仅仅只在沉默的、现象的世界中,它必然要从自然的世界中的、感知的、前人格的匿名的主体,发展成为人格的、有人称的具名的主体。

自阿尔都塞以降,当代西方马克思主义研究的现状表明,反对主体性和自我中心的人道主义并不限于阿尔都塞的结构主义马克思主义。就更广泛的意义而言,许多不同阵营的哲学家都曾一时同情过结构主义的观点。可以发现,就知识论-认识论的维度而言,他们的反主体主义这一场域的主要取向是客体主义,这在阿尔都塞那里是显而易

---

① 萨特:《存在与虚无》,陈宣良等译,杜小真校,上海:上海三联书店,2014 年版,第 209 页。

见的。具体来说,结构主义者在描述人文活动时,通常都拒绝考虑主体认识的基础地位,认为应当把社会历史的中心从"个人"或"自我"转移到"结构"上来,即"主体移心化"。用列维-斯特劳斯的话来说就是:"人类科学的最终目标不是去构成人,而是去分解人。"[①]这是由他们心目中的人文科学的最终目标要求超越主体主观性的限制、使自己的研究对象成为科学的心向所决定的。

福柯所说的"主体死了"主要是指近代以来传统的那些或张狂或理性的主体形象消失了。

阿兰·巴迪欧,是法国当代著名哲学家,受过数学和心理学的训练,关注哲学、政治及现实的问题,巴黎高等师范学校哲学系前主任、教授,现任职位于瑞士的欧洲研究院(EGS)。在巴迪欧看来,在不同的历史时期,"政治主体"这个范畴以完全不同的方式运转着:从被动的服从主体到积极的主体直至它对政治本身的控制。可以这样说,这一积极的主体在很大程度上是对笛卡儿式自我主体思想在政治领域的集体化,而不是对古老的亚里士多德概念实质性被动特征的颠倒。杜纳耶夫斯卡娅在1971年写道:"没有比主体更重要的词了……无论我们指的是工人或单个的革命者,妇女解放,黑人,印第安人,'组织',很显然,主体既是理论的,又是实践的。"[②]毫无疑问,主体在这里被理解为个人与集体在理论同实践的融合中所表现出来的一种有推动力的、积极的、革命性的力量。它已经将其传统的消极意义摒弃掉了。那么,"政治主体"这个术语是如何由主体的这两种意义——笛卡儿式积极的主体与政治的主体——调和而成的呢?

---

① 克洛德·列维-斯特劳斯:《人类学讲演集》,张毅声等译,北京:中国人民大学出版社,2007年版,第85页。

② Raya Dunayevskaya, "*Marxist-Humanism's Concept of 'Subject'*", *letter to young members of News and Letters Committees*, The Raya Dunayevskaya Collection, Supplement, 1971, pp141-152. Available at http://www.marxist.org/archive/dunayevskaya/works/1971/subject.htm.

很显然，这不仅仅是一个理论性的问题，它也涉及诸如"人民"与"公民"这样的一些中介术语与诸如法国大革命与巴黎公社这样一些事件的历史创造。正如巴里巴尔所认为的那样，只有通过公民的普遍性才能够到达主体那里。[1]从语言学上来讲，从形容词到名词，从受他人力量支配的个体到作为一组主体的民族或群体的表现或积极力量，都是有理有据的。

很有必要将巴迪欧早期的著作《主体理论》以及后期的著作《存在与事件》中力迫与摧毁的关系陈列出来。在其早期的文本当中，巴迪欧在政治上是"最列宁主义"的，既有术语上的，也有修辞学上的。毫无疑问，《主体理论》这本书，至少在某种程度上是对 1968 年"五月风暴"的爆发以及其被迅速镇压的某些反响，是同法国政治生活中某些反动时刻进行妥协的一种尝试。同时在这本书中，巴迪欧也试图表明自"人道主义争论"之后，他同阿尔都塞渐行渐远。

为什么巴迪欧要将主体的概念放在首位？这是一个很重要的问题。尽管巴迪欧同时受益于拉康同阿尔都塞的结构主义分析与反人道主义，他却为他们处理主体问题的方式感到一丝不安。正如巴迪欧所言："激进唯物主义的本质要求产生一种关于主体的理论，这种理论曾经有过排除的任务。"[2]因此，尽管阿尔都塞与拉康的"唯物主义"在一个关键的时刻有力地批判了某种经典的、人道主义的主体与主体性概念，在某种意义上，巴迪欧不愿在他现在写作的语境下放弃这个术语。确实如此，他所说的并不是一种主体的缺陷：

> 更深刻的一点是，我知道什么样的事情对我们是至关重要的，在力量与谦卑中，它承载了一种长期匮乏的标记，在那里派生了这样一个事实，即，不管有多么突然，这个突发事件都很平淡化，尽管它可以

---

① Etienne Balibar, "*Citizen Subject*", *Who Comes After the Subject?*, Eduardo Cadava, Peter Connor, Jean-Luc Nancy(eds), London: Routledge, 1991, p45.

② Alain Badiou, *Théorie du sujet*, Paris: Seuil, 1982, p202.

提前被预测，道德上的混乱不再是无法避免的。从根本上来说，这种匮乏是主体性的。它涉及到这样一种方式，在其中，位于人民心中潜在的力量已经与他们自身的概念相分离了。[1]

正如卡利尼克斯所言，巴迪欧在寻找"一个概念上的害群之马——一种以主体理论为中心的唯物主义"。[2]不仅如此，巴迪欧也致力于找寻一种据说是从黑格尔那里学来的唯物主义，正如他在反讽性的陈述中所总结的那样："我们不仅仅应该把帝国主义社会当作物质，也应当将其当作主体。"[3]

巴迪欧提出了两种政治诱惑，或者说"背离"(deviations)，他认为这是在1968年事件之后发生的：一方面，左的背离，一种对纯粹政治行为的拜物教，这种拜物教可以用来处理一切属于原始状态的事物；另一方面，右的背离，即愤世嫉俗地否认没有发生任何事情，一切都是完全正常的。在巴迪欧看来，这两种背离都不足以解释事件的独特性，也不能更广泛地来理解政治的主体性。由此，巴迪欧重新审视了黑格尔并引入了"断裂"的概念来反驳这两种背离。在《主体理论》这本著作中，巴迪欧认为在黑格尔的《逻辑学》中存在着两种辩证的矩阵。前者被"异化"一词所覆盖，"这是一个简单的术语概念，它在其自身生成他者的过程中得以发展，并以一个完整的概念形式回到自身"，后者是一个以"断裂"为操作者的矩阵，"其主体即唯一的整体是分裂的一"。[4]巴迪欧正是利用这第二个矩阵来作为区分"某物"与"为它的某物"的根基。同一个事物重复，巴迪欧将之称为A(A本身)与A_p(在另一个位置上的A)，由此引入了对"位置"(在其中p即是位置)(lieu/place)的讨论。尽管巴迪欧明确否认了将p进行空间或几何上

---

① Alain Badiou, *Théorie du sujet*, Paris: Seuil, 1982, p13.

② Alex Callinicos, *The Resources of Critique*, Cambridge: Polity, 2006, p93.

③ Alain Badiou, *Théorie du sujet*, Paris: Seuil, 1982, p60.

④ Alain Badiou, *Théorie du sujet*, Paris: Seuil, 1982, p22.

的理解（“双重的 A 可能是暂时的，甚至是虚构的”）[1]，然而他所依赖的正是这种分裂，使得他能够确立一种构成性的断裂关系，巴迪欧用公式 $A=(AA_p)$（A 同时为 A 本身以及其位置 A）来表示这种关系。巴迪欧认为这种细微的差别也可以被理解为理论同实践之间的关系，即它所被标记的字母与位置。辩证法首先是一个过程，它并不是否定或否定之否定，而是一种内部的分割。每一种力量都必须被分裂成它自身及它所被放置的部分，或者由其所被指定位置的结构所限定。[2]

因此，每一种力量（force）都处于一种内部排斥的关系之中，以此来决定它的位置：“正如 20 世纪的历史所极度详细地展示的那样，实际所发生的是无产阶级反对由资产阶级资本主义秩序所决定的现行状态的不断斗争，这种秩序从内部对无产阶级进行了划分。”[3]波斯蒂尔斯反复强调整个巴迪欧作品的辩证脉络，例如，他拒绝将《存在与事件》这个标题理解成作为两个分离区域的展现，而是认为，“巴迪欧后来的思想尽管有了一个数学的转向，仍然是辩证的。他拒绝了存在与事件之间的明显对立，倾向于一个特定的位（site），通过这个位，事件被锚定在一个只有珍贵的主体介入才能解开的状态的本体论僵局当中。”[4]正如巴迪欧对黑格尔《逻辑学》高度政治化的解读中所指出的那样，正是内部分裂的过程确立了他对主体的主张：他的分析介于结构性陈述与更为经典的马克思主义分析之间，后者总是强调保留后黑格尔主体概念的重要性。然而，在保留这个主体概念的过程当中，巴迪欧并没有像萨特那样把历史的概念作为一种安置这一主体的方式。事实上，巴迪欧在一种否定的意义上将“历史”作为一种客体的、结构

---

① Alain Badiou, *Théorie du sujet*, Paris: Seuil, 1982, p24-25.

② Peter Hallward, *Badiou: A Subject to Truth*, London: University of Minnesota Press, 2002, p176.

③ Bruno Bosteels, *Alain Badiou's Theory of the Subject*, London & New York: Verso, 2001, p176.

④ Bruno Bosteels, *Alain Badiou's Theory of the Subject*, London & New York: Verso, 2001, p206.

性且反动的、用来放置的驱动力:"在政治学中,历史总是被误认为是为了权势集团的利益而产生的,也就是说,客体的存在是为了主体的利益。"①至少在其以后的著作中,他在这方面的立场并没有迅速改变:"仅仅存在着多元的政治实例,它们相互之间不可还原,且不包含任何同质的历史。"②

在《主体理论》中,巴迪欧进一步阐述了这些矛盾的、非空间的、反历史的关于位置的主张。当他做出"无产阶级的真正对立面并不是资产阶级,而是整个的资本主义世界……无产阶级的存在并不是要与资产阶级为敌……无产阶级的目标是共产主义,除此之外,别无其他。也就是说,废除了所有可以部署无产阶级的位置。无产阶级的政治目标即阶级位置空间的消失"③的声明之时,很显然,政治的(非)空间正处于危险之中,阶级地位的主体排列被完全推翻,无产阶级与资产阶级之间的对立也完全被推翻了。《主体理论》在主客体两方面都有着双重影响:不仅仅应当将政治的主体性作为一种面对现存秩序看起来静止的积极力量,也应当将"主体的"事物用来反对位置明显的"客体的"根基,这种反对是在将阶级作为社会"客体"的意义上进行的——例如将所有的人民都"计数"为"无产阶级"。再回到巴迪欧的这个论断上来,即"仅存在一个主体,因此也仅存在着一种力量,它的存在总是可以制造出事件。"④为什么只有一个主体呢?在这个早期的政治概念当中,它并不是一个关于发生于历史中的战争的政治概念,而是一个关于位置的政治概念。无产阶级在争夺生产资料的斗争中并不反对资产阶级(由此,资产阶级并不是以与无产阶级相同的方式而成为主体的;这两个阶级之间存在着一种基本的不对称),然而,正如巴迪欧所言,必须反对"将政治看成是主体的斗争……只有一个位置,一个

---

① Alain Badiou, *Théorie du sujet*, Paris: Seuil, 1982, p60.

② Alain Badiou, *Metapolitics*, trans. J. Barker, London & New York: Verso, 2005, p23.

③ Alain Badiou, *Théorie du sujet*, Paris: Seuil, 1982, p25-26.

④ Alain Badiou, *Théorie du sujet*, Paris: Seuil, 1982, p160.

主体”[①]。不仅如此，还有对围绕着“五月风暴”某些话语的制衡，在这些话语中，与警方的持续斗争总结了活跃政治的对立结构：“不仅有资本的法则，或者仅有关于警察的法则。忽略这一点就意味着没有看到分配位置顺序的统一，也即它的连续性。”[②]

归根结底，这是一个关于巴迪欧所说的“出位”(horlieu)与“归位”(esplace)。“辩证法就是出位与归位之间的斗争”[③]。这意味着什么呢？对巴迪欧来说，工人阶级与无产阶级并不是同义词——前者是一个明确的社会与经济位置的客体，具有一套可识别的角色和位置。[④]相反，无产阶级是清除所有客体位置的积极的、破坏性的、净化的力量：“无产阶级存在于任何一个政治出位被创造的地方。因此，它存在于净化自身的过程当中。它在其政治生存组织之前并不存在。”[⑤]在这里，对于巴迪欧来说，问题便是将某种位置的结构分布摧毁掉。在他后来的著作中，巴迪欧也公开地对这种相当暴力的陈述表示后悔：“我承认，在《主体理论》中，我对摧毁(destruction)的主题有一些误解。那时候，我仍然认为摧毁与创新之间存在着本质联系。从经验上讲，创新(例如政治创新)伴随着摧毁。但必须清楚的是，这种伴随与内在的创新并无关联；相反，后者总是真理的补充。”[⑥]这一点是至关重要的，即在巴迪欧的后期作品(例如《存在与事件》以及《世界的逻辑》)中，作为类而被引入的“真理”从概念上围绕着从“以共产主义为旗号所进行的活动”中将其政治目标析取出来的努力而行动，并由此与一种关于柏拉图的不同理论谱系，一种关于“正义”的古老概念相连接：“我们将

---

① Alain Badiou, *Théorie du sujet*, Paris: Seuil, 1982, p148.

② Alain Badiou, *Théorie du sujet*, Paris: Seuil, 1982, p60.

③ Alain Badiou, *Théorie du sujet*, Paris: Seuil, 1982, p148.

④ Peter Hallward, *Badiou: A Subject to Truth*, London: University of Minnesota Press, 2002, p34.

⑤ Alain Badiou, *Théorie du sujet*, Paris: Seuil, 1982, p204-205.

⑥ Alain Badiou, *Being and Event*, *trans. O. Feltham*, London: Continuum, 2005, p407.

之称为正义，哲学通过这种正义指明了政治的可能性真理”。①在正义和真理的政治轨迹中，这种自我定位也反映在他从“无产阶级”一词转向更普遍的人、思想和人性的概念。

除了“归位”与“出位”这两个术语，在《主体理论》中，巴迪欧更加广泛地反对“力量”(force)与“位置”(place)这两个术语，这样“出位”除了被理解成一种“力量”而不是一个位的位置以外，别无他意：“力量与位置的双重阐释”，在那里，“一是他者的丧失……这是马克思的伟大发现”。②巴迪欧还认为，“我们仍然把那些与力的质量集中有关的过程称为主观的过程”。③在这一点上，在他较早与较晚的作品中，可以将他对关于力量或者正如后来所使用的术语“力迫”(主体的一个基本法则)的问题作一个比较。在《存在与事件》中，巴迪欧将用如下的方式对力迫进行定义：“所要发生的情势术语的归属，相当于这个术语属于由类程序产生的不可识别的部分。”④这意味着什么呢？一种情势中不可捉摸的部分，即知识所不能捕捉到的部分(在其后期的作品中，巴迪欧总是将知识与真理对立起来)是一个主体所不能知道的，然而“真理的主体”却能在不可捉摸的点上“力迫真理”，⑤换句话说，它通过决定一个事实来认识一个无法识别的事实，即使不确定它是否属于它所发现的情势：“作为包含于情势当中不可识别的力迫产品，主体并不能够将情势毁坏掉。它所能做的是生成以前不可判定的真实陈述。”⑥从不可识别到不可判定的转变是巴迪欧《存在与事件》中忠诚主体的特征，它阻止了任何一种以事变之名而变得极不合理的力迫，确切地说，这是因为它是基于特定情势下无法识别的元素之上，而不是根据已有知

---

① Alain Badiou, *Metapolitics*, trans. J. Barker, London & New York: Verso, 2005, p97.
② Alain Badiou, *Théorie du sujet*, Paris: Seuil, 1982, p188.
③ Alain Badiou, *Théorie du sujet*, Paris: Seuil, 1982, p59.
④ Alain Badiou, *Being and Event*, trans. O. Feltham, London: Continuum, 2005, p403.
⑤ Alain Badiou, *Being and Event*, trans. O. Feltham, London: Continuum, 2005, p411.
⑥ Alain Badiou, *Being and Event*, trans. O. Feltham, London: Continuum, 2005, p417.

识的总和来强加的名称之上。在其后期作品的术语中，巴迪欧通过以下的方式把这种关于知识的主张表述出来："任何子集，即使是被最真实的利益而接合的，都是政治的，因为它可以在百科全书中被命名。它是关于知识的事件，而不是关于真理的事件。"[①]不仅如此，"真理是不可辨认的多，它有限的近似是由主体所支持的，以至于其即将到来的理想，即与事件名称难以形容的关联，是基于人们可以合理地将主体指定为一种偶然的形象之上的，没有了不可辨识的多，这种形象将不再是百科全书式决定因素非连续的排序了"。[②]政治真理是建立在这种不可辨识的多的基础之上，而不是建立在一个预先命名的集体力量之上的。然而在《主体理论》中，巴迪欧声称"每一个主体都是政治的，在某种程度上，这种情况是否仍然存在，或者至少巴迪欧主体化的结构是否主要是由他对自己多次回归的罕见政治进程的分析决定的，这并不是不公平的"[③]。事实上在《前提》(*Conditions*，1992)中，巴迪欧对他在《主体理论》中的早期立场进行了反思："今天，我将不会再说'每个主体都是政治的'了，这仍然是一个缝合的准则。我宁愿说'每一个主体都是由类性程序所诱发的，由此它是取决于事件的。这也是主体变得稀缺的原因所在'。"[④]然而，目前尚不清楚这是否意味着对最初仅在政治上理解的主体化形式的倒退——例如，《主体理论》中的主体已经是"稀缺"的了。

对于任何接受《存在与事件》中的两个主要论点——数学即本体论以及存在着一种并不能被展现所消除的非连续性的人来说，许多问题也就接踵而至了。接受"数学即本体论"这一事实可能会对一些特定的问题有用[例如为理解"多"(multiplicity)找到最充足的方式]，但这只会为其他一系列问题打开大门。只给出最一般且最明显的例子，

① Alain Badiou, *Being and Event*, trans. O. Feltham, London: Continuum, 2005, p347.
② Alain Badiou, *Being and Event*, trans. O. Feltham, London: Continuum, 2005, p433.
③ Alain Badiou, *Théorie du sujet*, Paris: Seuil, 1982, p46.
④ Alain Badiou, *Conditions*, Paris: Seuil, 1992, p234, n. 41.

数学存在(非连续的多)与它在特定情势下的表现之间的特殊关系是不确定的。巴迪欧坚持认为,一种情势与它潜在的存在之间的关系纯粹是减法的,因为展现是一种将特定的存在表现为多而不是多重性的操作。因此,我们所剩下的,与其说是一种源自展现或语言内在局限的关系(无论它们实际上是多么有限),不如说是一种公理前提,即逃离展现的虚无是一种最初的存在。换句话说,存在不是从展现中推断出来的,而是公理化的。正如德勒兹在他对斯宾诺莎的阅读中所显示的那样,公理可以很容易地产生积极的展现或存在的表达。①

公理化的困难引发了一系列特别令人困惑的问题,即为什么巴迪欧把存在赋予了虚无(坎宁安认为,这是虚无主义的极致②)?不仅如此,它还忽略了任何对特定过程的探究,这些过程将在可能或特定情势下作为存在的存在的表现而告知。当然,当这成为一个问题之时,不能忽略这样一个事实,那就是巴迪欧对展现(计数)和作为特定情势以及世界所形成方式的操作都给予了极大的重视。然而,对于巴迪欧来说,困难在于,展现并不是作为存在之存在的直接展现,它更像是一种情势的构成,在这种情势中,作为存在的存在被减去了。至于说展现仅仅是计数为一的操作这个事实,巴迪欧坚持认为"一"根本就不存在:它纯粹是一种操作的结果。这个假设是,只有集合具有存在有效性——操作不具有。作为一种理论,这似乎很难与约翰·冯·诺依曼的信念相一致,即公理集合理论可以独立于函数的存在之外——集合的存在将从它们开始。③

这里并不是要论证巴迪欧的本体论统一原则,而是要问,为什么

---

① Gilles Deleuze, *Expressionism in Philosophy*: *Spinoza*, trans. Martin Joughin, New York:Zone Books, 1991, p68.

② Conor Cunningham, *A Genealogy of Nihilism*: *Philosophy of Nothing and the Difference of Theology*, London:Routledge, 2002, p243.

③ John Von Neumann, "*An Axiomatization of Set Theory*", in Jean Van Heijenoort (ed.), *From Frege to Godel*: *A Source Book in Mathematical Logic*, *1879-1931*, Cambridge: Harvard University Press, 1967, p393-413、p396.

计数的操作，即数字的物质支持，比空的存在具有更少的本体论有效性呢？例如，思想的运作当然能够产生思想，这些思想共同构成一个"多"，但这与把思想假定为不可还原的无限的东西是非常不同的，在思维的构成过程中，奇异思维是第一位的。在严格的集合理论意义上，没有任何事物本身是不一致的：有些事物只有在它不能遵循良好顺序原则的情况下才不一致，这种原则与计数为一原则下的展现及顺序原则相背离。从这个角度看，很难再赋予"多"一个优先于且同"一"对立的本体论首要地位。最基本的出发点如下：情势、主体和事件都是经验的范畴，它们依赖于一个事物的理论化，就像它们依赖于任何超限无限的概念一样。巴迪欧冒着那些蔑视他的哲学最终依赖经验领域的风险将"一"的理论取代了。

因此，一方面，所欠缺的是对可能的情势或可能的世界形成过程的描述，以及另一方面，对本体和情势本身过渡的各种类别的描述。这并不是说数学没有为本体论和哲学体系提供足够的基础。更确切地说，在构成情势、主体和事件的框架之外，还需要一些东西。巴迪欧的数学形式主义，完美地将复杂的多重性以及产生于空无的规则编织了起来，但不过是一个操纵符号的空洞游戏而已。问题不仅仅是如何让展现的操作具有与集合相同的本体论有效性；相反，需要分析的是为什么存在必须依赖表象展现作为它的物质支持，以及这种依赖可能需要什么样的框架。可以更简单地说，在谈论物质客体（例如椅子）时，人们不会说它是一个椅子的展现——它就是一把椅子。也就是说，展现并不是存在非连续性的直接展现，而是存在的物质实体化。这甚至适用于一个数字，对于这个数字来说，存在与其存在之间没有本体/本体论的加倍。换句话说，作为存在之存在便成为一种基本的手段，通过这种手段，存在就可以用集合理论来进行数学排序。[①]甚至

① Alain Badiou, *Being and Event*, *trans. O. Feltham*, London: Continuum, 2005, p301.

数字零也不是空无的直接展现,它是空无的标志,这种空无使得它成为多重性的排序。这也是巴迪欧的读者们陷入困境的地方:如果存在着非连续性的溢出,而这种非连续性本身就是空无,那么它就能在表象之上显现出来吗?也正是在这里,巴迪欧被引导,提出了他的事件理论。由此直接的表象展现便是事件了,它仅仅是空无进入情势的爆发而已。

如果要从本体论过渡到特定的情势,或者从真理程序过渡到特定的真理,那么各种各样的问题都涉及特定情势的状态,或者特定的真理以及随之而来的后果。在其《伦理学》(*Ethics*)这本小册子当中,巴迪欧观察到,广义的伦理学"将人等同于简单的凡人动物,它是令人不安的保守主义的症状,而且由于其抽象的、统计上的普遍性,它阻止我们思考情势的独特性"[①]。这一声明令人震惊,不仅仅是因为它预示了巴迪欧自己思想中的一个弱点:没有人会认为集合论,一个纯粹的关于空无的多重性,允许人们思考特定的情势。事实上,巴迪欧的确切观点如下:集合理论是纯粹理性的,它是与经验的适用性无关的本体论。人们也不会期望情势的独特性是人类行动的起点,因为主体行动所产生的事件是完全可概括的,并且可以过渡到任何情势之中:事实上,这个空无的包含并不是基于情势,而是基于集合理论的公理之上的。从这个层面上来说,将情势的独特性作为主体行动的出发点是让人来质疑的。事实上,巴迪欧设计了自己的道德行动方案,将一套一般的比喻替换成一个数学框架,这个数学框架对所有情势的奇点漠不关心。

对于巴迪欧来说,这只是一个非常普遍的问题的特殊表现而已。建立于空无基础之上的哲学怎么能在任何有效的意义上解释新颖性呢?巴迪欧的哲学可以提供一个有凝聚力的系统,这个系统是主体行

---

① Alain Badiou, *Ethics : An Essay on the Understanding of Evil*, trans. Peter Hallward, London: Verso, 2001, p16.

动以及产生于它的各种真理的基础，但任何一种谈及特定情势，或者更重要的——预测当前来源于主体承诺变化的标准，都缺席于《存在与事件》中所概述的体系。巴迪欧的思想是由独立于经验的事实而产生的。当然，像康德与黑格尔这样的哲学家，即使其思想不是空洞的，也会偏离纯粹形式的基础，但如果这些形式的基础能够提供经验的可能前提（例如在康德哲学中）或作为程序操作的决定（例如在黑格尔哲学中），那么这些基础与巴迪欧的观点是完全不同的。如果巴迪欧的哲学中存在着一种超越了《存在与事件》中所提出的系统贫乏性的可能运动的话，就需要两种补充的轨迹。一方面，需要有某种将存在与真理的范畴，可能运用于以一种不同于减法的方式来思考的情势当中的存在。另一方面，需要有某种可能的主体性现象学，可以作为一个统一的原则，将情势的特殊性与定义主体参与的各种行动和评价（这些评价都是纯粹数学的）联系起来。[①] 第一种方法倾向于用福柯的各种尝试来定义和处理历史上特定的情况——把特定的情势作为他们先验的，尽管是历史的、可能性的条件，而为他们自己建立的特殊问题。至于主体性的后一个问题，拉康可能提供了一个框架，以此来讨论主体与事件非连续的展现之间的关系。

由此巴迪欧写了《世界的逻辑》一书。在《世界的逻辑》中，巴迪欧认为，一种特定的哲学根据它的概念空间召唤思维经验的恰当模式，与其说来自对象的假定法则，不如说来自哲学本身的目标和操作。这里的利害关系不在于哲学是否应该对逻辑感兴趣——因为逻辑现在已经完全数学化了，相反，我们需要的是内在地抓住这一当务之急。我们所要理解的是，这种当代逻辑的把握是如何内在地存在于哲学之中的。

对逻辑正确的哲学理解是同布尔、弗雷格、罗素、希尔伯特、哥德

① Alain Badiou, *Being and Event*, trans. O. Feltham, London: Continuum, 2005, p302.

尔等人对逻辑的数学化与所谓的哲学的语言学转向紧密相连的。可以假设一个哲学项目来重新审视这一语言学转向，或者把思想和真理看作一个过程，它的语言只不过是其中的一个基准，或者试图放弃所有超验的语言概念。在这些研究项目中，哲学上重新考虑逻辑的数学化是不可避免的。如果思想与存在之间的结(哲学上称之为真理)不是语法的本质，或者说如果它落入到事件、机遇、决定以及局部忠诚的前提中，而不是落入到语言或文化的人类学规则与逻辑的前提之中，那么就可以问一下自己，到底什么才是数学化逻辑的本体论决定呢?

这是一个相当复杂的问题。可以赋予它一个扭转的图形。既然可以假定本体论，也就是作为存在之存在而被铭刻或书写的本体论，就是数学本身，那么问题就变成了什么是数学逻辑的本体论决定了。即什么是数学逻辑的数学决定? 这个问题是如何变得哲学化的呢? 这似乎指的是数学中一个简单的内部鸿沟。这就是逻辑作为一门数学学科的地位在数学本身之内被认为的距离。这种内在差异的思想是否与哲学有关呢? 可以发现，我们处在一个复杂的三角形中，它有三个极点:数学、逻辑与哲学。在当今的时代，哲学主要是通过它在一种关系中所处的位置来大致决定的，这种关系是关于三角形的另外两个极点的，也即数学与逻辑。当代哲学的语言学转向最终在很大程度上是由一个或多或少将逻辑等同于数学的明确命题所引领的。罗素的逻辑学只是这种观点的一种极端和不必要的形式。它显然是由逻辑的完全数学化所促进的，这是一种起源于亚里士多德或莱布尼茨的观点。事实上，在巴迪欧看来，语言学的转向本身也是位于一个基本的思想事件的前提，即逻辑的数学化之中的。[①]逻辑曾经是这样一种哲学，它的目的是要成为一种对存在的思维的占有，而从这种占有中就可以获得语言本身。从亚里士多德到黑格尔，逻辑都是属于本体论对

---

① Alain Badiou, *Being and Event*, trans. O. Feltham, London: Continuum, 2005, p303.

语言学支配的哲学范畴。逻辑学的数学化使语言成为了一种哲学本身占有的语言,其代价便是本体论自身的缺失:无论是维特根斯坦赋予它的框架,即本体论的陈述都是无意义的,还是海德格尔给予它的版本,即形而上学的论述正处于其虚无主义终结的时代。

那么,思想中哪些涉及逻辑的事件使哲学从语法和语言学的统治中脱离出来了呢?如何在数学思维和数学逻辑之间建立新的内在距离呢?这一事件即使在哲学上仍然是沉默的,也可以被完美地识别,就像尼采在对查拉图斯特拉和火狗的讨论中所说的那样:"那些最伟大的事件——它们并不是我们最吵闹的时刻,而是我们最安静的时刻。"①这一无声的事件标志着逻辑数学表达方式的根本改变。它是关于逻辑在范畴理论框架内的展现,其核心概念是拓扑学或"宇宙"。这一事件开始于20世纪40年代,当时艾伦伯格和麦克莱恩为代数几何的需要创造了一种范畴语言。②在20世纪50年代,亚历山大·格罗腾狄克发明了"宇宙"的概念。③它完成于20世纪60年代和70年代,弗雷格和罗夫将逻辑作为一个整体重新表述为范畴语言。④由此,基本拓扑斯(topos)的概念成为了一个透明的工具。

那么,在范畴论框架下将逻辑重新数学化的事件的价值又是什么呢?这与视角的完全转变有关。逻辑作为一种形式语言的句法表述将宇宙或模型作为语义解释,而在范畴论的表述中,存在的便是宇宙了。它们的逻辑是一个内部维度。换句话说,在语言学的展现中,本体论倾向是形式理论的适当参照。在分类的展示中,将继续对宇宙进

---

① F. Nietzsche, *Thus Spoke Zarathoustra*, trans. R. J. Hollingdale, London: Penguin, 1969, p153-154.

② S. Eilenberg and S. Maclane, *General Theory of Natural Equivalences*, Transactions of the American Mathematical Society, 1945, p231-294.

③ Alexander Grothendieck, J. L. Verdier , *Springer Lecture Notes in Mathematics*, Springer Verlag, 1972, p299-519.

④ P. Freyd, *The theory of functors and models*, in *The Theory of Models*, eds, J. W. Addison, L. Henkin and A. Tarski, Springer-Verlag, 1966, p1-20.

行几何的描述，并注意到这样那样的宇宙布局以及这样那样的逻辑布局是内在相关的。因此，逻辑成了可能宇宙的内在维度。或者，更为根本的是，对可思考的本体论状态的描述性描述包含了逻辑属性，这些逻辑属性本身就呈现于存在的空间或者思想所描述的宇宙中。在这个颠倒中，有两件事情消失了：首先是逻辑，或更一般地说，语法上的逻辑或语言上对宇宙的位置或本体论决定的前因；其次是数学被逻辑所包围的方式。事实上，逻辑是作为被数学所包围的内在约束而出现的。尤其要注意的一点是，逻辑是局部化的。它是宇宙的一个可被呈现和定位的维度，数学承担了描述它们可能性的任务。

在数学和逻辑之间建立一个分界的问题则完全是另一个问题。这种划分不再允许自己被用来削弱其力量的语言标准所决定。相反，它被送回这一事件本身就是本体论更基本的区别。这些区分是关于真实和可能、全球和局部这两对概念。这就是所谓的逻辑与数学之间关系的本质的本体论几何化。

如前所述，主体构成事件的同时，它自身又奇迹般地由事件的命名和识别而构成。非凡的多是被展现而不是代现的，它们在本体论层面上为事件提供了位点。但与此同时似乎也存在着事件本身，它不仅简单地为那个空命了名，也为那个空在真理过程中被接受的主体性前提命了名。为了建立同时作为情势非连续性与情势本身一部分的事件，巴迪欧不得不将事件划分成两部分：其中一部分指向位于虚空的地方，另一部分则是指向逃离情势的事件的那一方面。如果只强调事件的前一部分，那么它就会变成另一种状态：这是一种简单的非统计学的计算不可辨认元素的方法。为了避免事件与状态加倍，需要事件的另一部分超越情势，在这样做时，事件所需的仅仅是其自身的有效性。正是事件的这一部分激发了主体的行动。事件现在补充了这种情势，因此，它是主体行动或忠诚的真正催化剂，而不是展现或未展现的“多”。这些原则以及主体与事件的定义，与本体同真理相当封闭的关系之间是互补的。对此巴迪欧是很清楚的，因为他相信，在可使用的多的集合理论的静态展示之外，为了变化与真理，某些事情必须发生。

当聚焦于其哲学的集合理论基础之时，人们忽略了这样一个事实，即巴迪欧的事件是以一种不可预测的方式出现的，因此需要一种可能在本体论之外的框架来解释它们是如何发生的。当然，这并不是说事件与以数学本体论为基础的未知的多无关，而是说，事件及其主体是迫使存在的可塑统一性假定新的或不可预见的轨迹、新的真理及存在样态的力量。这实际上便是巴迪欧的创新之处。但为了实现从本体论到真理的可能性运动，巴迪欧的系统必须增加一个与本体论无关的额外步骤。值得注意的是，当巴迪欧谈到一些发生的事情时，他的措辞显示出一种非典型的情感。例如，他在提及 1968 年发生于巴黎的“五月风暴”事件时曾说道：“因为正在发生的事情，是的，我们是真正的演员，但是演员们完全被发生在他们身上的事情所吸引，就像被某种不寻常的、完全不可估量的东西所吸引。”[①]

这句话最初的惊人之处在于，它利用了巴迪欧哲学中完全没有的个人经历。尤其是在这里，巴迪欧似乎吸引了一些类型的情感，这些情感的前提是一个经验主体被不可估量的事物所控制，成为所有可能行动的催化剂。那么，在《存在与事件》本体论的正式框架内，似乎被忽略的是任何可以解释抓住主体行为的理论。当涉及处理被事件吸引的主体的方式时，这种缺失是很明显的。如果这种反对似乎暗示了一种完全与巴迪欧的哲学相悖的指责（一种极简主义的形而上学），则需考虑以下两点。首先，如果要解释主体和事件相互促进的过程，似乎有必要回到某种情感的范畴上来。[②]也就是说，在事件的构成中，可

① Badiou, *Ethics*, translated by Peter Hallward, London & New York: Verso, p124.

② Michael Hardt and Antonio Negri, *Empire*, Cambridge: Harvard University Press, 2001, p57-59.

能需要某种必要的条件来约束和控制主体，并可能定义一种主体性的政治模式。第二个考虑因素则更加雄心勃勃。在巴迪欧的哲学思想中，真理的发生需要四个前提（政治、艺术、科学与爱），艺术便是其中之一。然而在巴迪欧的思想体系中，古典哲学与艺术的结合似乎是不可能的——对于巴迪欧来说，美学是不可能的。鉴于本体论的数学化完全剥夺了任何情感概念的存在，而且鉴于美学正是情感或感觉的存在，在巴迪欧的哲学中，哲学与艺术的唯一可能就是通过非美学而得以实现，也就是说，通过这种方式，哲学得以监督艺术中可能创造真理的方法。换句话说，艺术是作为真理虚空的一个实例。当巴迪欧将人类行动和可能参与的舞台置于哲学通过科学为其奠定的基础之上时，这只是发生的一个例子而已。这也就意味着，只有当艺术能够创造臣服于由数学（以及由此引申开来的科学）而引发的各种前提的真理之时，它才具有哲学上的重要性。

二、研究综述

作为近年来国内外炙手可热的大哲学家，巴迪欧的思想理论已然得到了世界各地学者们的关注和研究。在这里笔者将重点集中在巴迪欧主体思想上，以事件、真理、结构、历史等与主体相关的问题为线索来进行文献梳理研究。

（一）国内研究现状

目前国内学者对巴迪欧的研究处于一种起步发展阶段，专门研究巴迪欧哲学的专著并不是很多，大多数为翻译巴迪欧的专著成果，也有一部分论文对巴迪欧的主体、事件、真理以及美学等进行了初步介绍与探讨，可以让我们对巴迪欧的思想有一个基本了解。

国内关于巴迪欧著作的翻译成果及专著：陈永国教授主编的《激

进哲学:阿兰·巴丢读本》(2010)以及陈永国教授翻译的"*Saint Paul: La Foundation de L'universalisme*"(2011);蓝江教授翻译的《世纪》(2011)、《哲学宣言》(2014)、《小万神殿》(2014)、《第二哲学宣言》(2014)、《元政治学概述》(2015)、《巴迪欧:关键概念》(2016)、《数学颂》(2017)、《存在与事件》(2018)以及蓝江教授的专著《忠实于事件本身:巴迪欧哲学思想导论》(2018);邓刚教授翻译的《爱的多重奏》(2012);严和来教授翻译的《维特根斯坦的反哲学》(2014);董斌教授等翻译的《圣保罗》(2014);艾士薇老师的专著《阿兰·巴迪欧的"非美学"思想研究》(2014);曹丹红教授等翻译的《柏拉图的理想国》(2015);张璐老师翻译的《当前时代的色情》(2015);李佩纹博士翻译的《哲学与政治之间谜一般的关系》(2017)。

从政治主体角度研究巴迪欧的文献:张莉莉的《从历史到主体性——资本主义是阿兰·巴迪欧意义上的空无吗?》认为,巴迪欧用主体的不断变化取代了阶级斗争史,虽然会有争议,但是政治主体仍然是必要的。王金林在《论巴迪欧的"共产主义假设"》中从齐泽克的新作《首先作为悲剧,然后作为喜剧》出发,揭示了巴迪欧的"共产主义假设"的意涵,批判了这一假设的抽象性,同时也对其表现出的理论勇气表示赞赏,并在此基础上指出,巴迪欧这番理论努力的一个重要意义在于迫使我们不得不再次面对青年马克思当时所经历的难题——如何走出观念革命的泥淖,使解释世界通达世界得以改变?张莉莉在《从结构到历史——阿兰·巴迪欧的主体思想研究》中力求通过分析主体沟通结构和历史这两个在结构主义者看来完全不相容的概念,指出主体性本身意味着对于历史性,或者说对于时间性的诉求,甚至,这三者可以彼此等同。而它们在某个瞬间的偶然产生,也是撕破既定结构之一致性、稳定性及封闭性的那个奇独的永恒。张剑在《齐泽克、巴迪欧的毛泽东情结》一文中论述了齐泽克、巴迪欧的毛泽东情结之表现与缘由。文章认为,毛泽东的矛盾理论与齐泽克的"具体的普遍性”思想相符合之处也正是齐泽克对毛泽东的赞赏之处，而齐泽克也指出了毛泽东在辩证法思考与政治实践中的局限性；对于巴迪欧来说，“毛泽东主义”是一种“征兆”，即是将巴迪欧的主要学术来源——萨特、阿尔都塞、拉康、黑格尔——联系起来的波罗米安结，巴迪欧对“毛泽东主义”的推崇与其“事件哲学”密不可分。文章认为，齐泽克、巴迪欧用辩证法重新思考“毛泽东主义”在当代具有启示意义，同时他们对毛泽东分析中的局限性也表明了各自在哲学上的局限性。

从形式主体角度研究巴迪欧的文献：蓝江在《回归柏拉图：事件、主体和真理——阿兰·巴迪欧哲学简论》中认为，巴迪欧通过将康托尔的集合论嫁接到本体论的思考之中，提出“回到柏拉图”来颠倒被颠倒的本体论；同时他借助“数学＝本体论”的命题以及事件、主体、真理等概念，在怀疑论和文化相对主义占主流的今天，重新提出了一种全新的普遍主义理想，这种理想的根基在于存在与事件的断裂，以及主体的介入导致的真理的生产。同时，在其《从主体理论 1.0 到主体理论 3.0——巴迪欧的主体理论概述》这篇文章中，蓝江认为，从《主体理论》到《存在与事件》直至《世界的逻辑》，尽管巴迪欧笔下的主体经历了一个从政治化的主体到数学化的主体直至身体化的主体的转变，但其笔下的主体仍然具有内在的一致性。白新欢、丘晓丹翻译的齐泽克的《后马克思主义中的精神分析——以阿兰·巴迪欧为例》以巴迪欧为例，主要阐述了后马克思主义中的精神分析，尤其是巴迪欧的“存在与事件”理论、巴迪欧对保罗的基督教的阐释、巴迪欧与拉康的关系等。

从现象学主体角度研究巴迪欧的文献：蓝江在《在世之中的真理的身体——阿兰·巴迪欧的现象学转向》这篇文章中认为应该从更高层次的视野转换来理解《世界的逻辑》和《第二哲学宣言》的转变，也就是说，巴迪欧已经开始将自己的数学本体论置放到一个类似于海德格尔的“此在”的层面上，用这个世界的视角来重新审视他自己的理论。

艾士薇在《论阿兰·巴迪欧的主体观》中认为，在巴迪欧看来，存在着唯物主义和唯心主义两种传统的主体范式。唯物范式将主体简化为身体，唯心范式则将主体与身体分开。前者执着于生命中的死亡体验，是世俗性的享受，后者注重死亡中的生命体验，呈现为宗教般的牺牲，但二者最终走向死亡。因此，巴迪欧提出了第三种主体范式，它处于真理生成的轨道中，居于事件与真理之间，并忠诚于事件。在新的主体范式中，主体与身体具有同一性，既不可分也不可约，两者结合在一起却又保持着彼此的特殊性。巴迪欧给出的是主体化的身体，这一新的身体是作为两者的结合体而出现的。

从事件、真理、美学、艺术等其他角度研究巴迪欧的文献：艾士薇在《通往真理的事件：论阿兰·巴迪欧的“事件哲学”的理论基础》中认为，巴迪欧借助保罗·柯亨的数学概念“脱殊”，说明真理是被假设完整的脱殊忠诚程序所积极调查的那些项的再集合。他还借用柯亨的“力迫”证明法，证明真理的存在。高宣扬在《论巴迪欧的“事件哲学”》中认为事件本身的突发性力量，改变了人们观察世界的观点和方法，它们以“在场显现”的鲜明方式，促使哲学家以及思想家们重新思考世界的真正面目及其实际性质，尤其启发哲学家们重新思考观察世界以及透视人生的哲学方法及其创新的可能性。蓝江在《非美学与作为真相程序的艺术——巴迪欧的艺术思想简论》这篇文章中，试图指出巴迪欧将艺术顺从于其意志之下的美学置换为让真相从中涌现而出的非美学。在分析了作为真相程序的艺术以及作为事件与艺术作品的裂缝中的真之后，蓝江认为唯有主体才是探询作为真相程序的艺术道路之希望。在《谁是阿兰·巴迪欧》这篇文章中，蓝江对巴迪欧及其哲学思想进行了介绍，通过对他家族的左翼传统，他师从阿尔都塞的经历，以及他本人沉迷于“毛泽东主义”的狂热，加上他数学本体论开拓性的创造等等方面的重塑，试图勾勒出可以被“计数为一”的整体的巴迪欧的形象。吕清平、蔡大平在《西方学界关于巴迪乌思想研究综述》

一文中，分三个方面对国外学术界对巴氏事件哲学的内涵及其思想史地位的研究情况进行了介绍：第一，对巴氏事件哲学的思想史定位；第二，巴氏事件哲学的起源；第三，巴氏事件哲学的内涵。许娜翻译的《哲学与心理学——阿兰·巴迪欧与米歇尔·福柯访谈录》为1965年法国国家教学文献中心组织的哲学电视访谈录系列中的一篇文章。访谈中，阿兰·巴迪欧与米歇尔·福柯探讨了有关哲学教学、心理学的界定，无意识概念的发现对心理学的影响，以及哲学与心理学的关系等问题。谭成在《走向一种艺术哲学的新范式——略论阿兰·巴迪欧的艺术思想》这篇文章中认为，当代法国后马克思主义理论家阿兰·巴迪欧的艺术思想颇具特色。他一方面重新思考了艺术和哲学的关系，提出了非美学的艺术思想，实现了艺术与哲学的“解缝”，另一方面思考了艺术与当代世界的关系，提出当代艺术的使命是反对“帝国”，提倡一种“非西方”的新艺术。

（二）国外研究现状

目前国外对巴迪欧哲学思想的研究较为成熟，不仅有相关文献，也有专门的著作。

专门研究主体的著作类：巴特利特·克莱门斯（A. J. Bartlett Clemens）在其著作《阿兰·巴迪欧：关键概念》（*Alain Badiou：Key Conceps*）中，认为巴迪欧既强调了主体概念的中心性，又声明了这样一个事实，即主体既不是一种特殊的物质，也不是人类认知的高级功能之代名词，又不是康德意义上先天经验普遍条件的集合。同时作者也探讨了巴迪欧的事件、主体与真理之间的关系，他认为巴迪欧的主体悬浮（suspend）于事件与真理之间，它是这样一个点（point），其中被由事件所带来的空（empty）及普遍真理核实了，同时通过主体这个点（point），出现于这个真理之中的事件通过预设其结果而证明了其真实有效性。他认为巴迪欧的主体概念是单一（singular）与普遍

(universal)之间的结合点，它对当代哲学有着非常激进的影响，正是因为在主体这个结合点(articulation)的影响下，哲学不仅思考了其当代性特征，也思考了其处于并朝向于当前激进的主体化转换的特征。保罗·阿仕顿(Paul Ashton)、巴特莱特(A. J. Bartlett)以及贾斯汀·克莱门斯(Justin Clemens)在《阿兰·巴迪欧的实践》(*The Praxis of Alain Badiou*)中具体分析了巴迪欧的主体理论在政治、科学、艺术、爱这四个领域中的应用与影响。皮特·霍尔沃德(Peter Hallward)在《臣服于真理》(*A Subjet To Truth*)一书中认为巴迪欧的真理、主体及事件构成了一个单独过程的所有方面：通过主体对它的宣称，真理得以生成，并在这个过程当中真理将自身发展成为忠诚于事件的主体。"在我们通往真理的道路中，"正如齐泽克所言，"真理本身也随之降临了。"这个共享的忠诚(fidelity)是一个除了忠诚自身别无其他标准的主体化共同体之根基。齐泽克在《意识形态的崇高客体》(*The Sublime Object of Ideology*)中认为巴迪欧对真理-事件的看法与解构主义者是大相径庭的，他认为巴迪欧的事件只向那些在事件的召唤中认出自己的人们显现，即主体是偶然的、在事件发生之后出现的；在其《敏感的主体——政治本体论的缺席中心》(*The Sensitive Subject—The Absent Center of Political Ontology*)一书中，齐泽克通过将巴迪欧学说与黑格尔辩证法、拉康精神分析学说等对比，展现了自己与巴迪欧截然不同的主体观。在《再次思考：阿兰·巴迪欧与哲学的未来》(*Think Again：Alain Badiou and the Future of Philosophy*)一书中，皮特·霍尔沃德(Peter Hallward)认为巴迪欧仍然乐意将《存在与事件》与逻辑学做比较，而将《主体理论》与现象学做比较。

从政治主体角度研究的文献：在《走向一种无限性的人类学：巴迪欧与政治主体》(*Towards an Anthropology of Infinitude：Badiou and the Political Subject*)一文中，妮娜·鲍尔(Nina Power)认为与阿尔都塞作品中对意识形态影响的强调不同，巴迪欧想要建立一种后萨特意义上的主体概念，这在他早期政治色彩浓重的作品（如 1982 年的《主体理论》）及他后期在元本体论及真理理论上的实践（如 1988 年的《存在与事件》及 2006 年的《世界的逻辑》）中都有明显体现。

在《资产阶级与伊斯兰主义者，或者，其他的政治主体》（*The Bourgeois and the Islamist, or, The Other Subjects of Politics*）一文中，阿尔贝托·托斯卡纳（Alberto Toscano）分析了在巴迪欧主体理论空间视域下的资产阶级及伊斯兰主义者。

在由布鲁诺·波斯蒂尔斯（Bruno Bosteels）和阿尔贝托·托斯卡纳（Alberto Toscano）翻译整理的《超越形式主义：一个访谈录》（*Beyond Formalisation :An Interview*）中，布鲁诺·波斯蒂尔斯问了巴迪欧这样一个问题：即巴迪欧的"减法"（substraction）概念［也即他人通常所说的"摧毁"（destruction）］在何种程度上为激进革命、主体的牺牲等提供了一个真实可靠的替代性概念？巴迪欧对此的回答是："毛泽东主义"运动确实是一场伟大的革命运动，正如毛泽东曾经所言，它能重新发动革命的主体进程。巴迪欧认为"文化大革命"可能是最后一场革命，在十月革命与"文化大革命"甚至法国大革命与"文化大革命"之间发生了一次在群众运动与国家权力之间作为单独关系形式的革命集合的饱和。

比伦特·戴肯（Biilent Diken）在《作为纯粹政治及主体的反抗》（*Revolt as Pure Politics and the Subject*）这篇文章中从本体论的角度分析了主体的四个维度（焦虑、超我、勇气以及正义）是如何与政治相关的，认为巴迪欧的政治主体与真实的个体或集体没有任何共同之处，它不是一个出发点（departure point），我们仅仅只能接近主体。通过一系列减法（deduction）或者净化（purification），主体得以"被命名"。政治的主体化过程将会允许现存之物中的"非存在"将它自身作为一个集合"废除"掉，并同时发展出另一种政治学的拓扑学，它超越了那些仅仅为了在一个给定的情形中取得权力的分散的斗争。

布鲁诺·波斯蒂尔斯(Bruno Bosteels)在《投机的左派》(*The Speculative Left*)这篇文章中,分析了巴迪欧的共产主义观,认为对于巴迪欧来说,不管共产主义何时从内在的历史性到马克思主义的各个阶段被解体掉以及在今天应当被解放,一种投机的左派已然出现。对投机左派的批判贯穿了整个巴迪欧的著作,由此让我们理解为什么对于后来的巴迪欧来说,当面对许多所谓的马克思主义已经"死去"的谣言时,他仍然希望拯救这种不变的共产主义并将其作为反抗的主体化的一种永恒形式。同时在该文中,作者还认为在《主体理论》一书中,巴迪欧也表达了对马克思主义特性的怀疑,以此来建立他自己牢固的说辞,即马克思主义是无产阶级作为主体支持自身的言语。

尼克·何佑赖福特(Nick Hewleft)在《参与和超验:阿兰·巴迪欧的激进哲学》(*Engagement and Transcendence: the Militant Philosophy of Alain Badiou*)一文中认为,巴迪欧的哲学思想是事件、主体、真理及存在结合在一起探讨的体系,这也是当今西方哲学中最为创新的哲学体系之一。尽管同时受到古典哲学以及诸如阿尔都塞、拉康等当代法国哲学家的影响,巴迪欧坚持认为哲学必须成为一种被用来理解诸如科学、艺术、解放政治及爱的领域之工具。经过多年政治激进主义的洗礼——总的来说是对1968年"五月风暴"精神的忠诚,巴迪欧的理论也不断地成熟完善。所有这些都在某种程度上造成了巴迪欧的哲学与当代强调既有秩序合理性的哲学的背离。然而,尽管巴迪欧的哲学试图解释事件的变化及其影响,其理论似乎并没有能够充分地将运动(movement)解释清楚,尼克·何佑赖福特认为这是其缺陷所在。

妮娜·鲍尔和阿尔贝托·托斯卡纳(Alberto Toscano)在《哲学的复辟:阿兰·巴迪欧与五月革命的敌人》(*The Philosophy of Restoration: Alain Badiou and the Enemies of May*)这篇文章中指出了巴迪欧诸如《世界的逻辑》著作中提出的抗争的主体,认为这个主体将行动(reaction)视为一种明显否认一个政治事件中"断裂"必要性的方式(例如法国大革命),尽管这样,在其激进的主体性和联合行动中,它也吸收了一些新颖性。同时作者还认为,在巴迪欧最近的思想中,通过更深层次的解析,我们可以发现巴迪欧思想中的另一个主体形象,它与创新(novelty)及忠诚(fidelity)之间的关系更为激进,这就是模糊的主体(the obscure subject)。这个主体的目的并不是通过吸收其效力、剔除其不必要的过分(excess)来中和其创新,事实上,政治上的蒙昧主义致力于激进地反对一种"新的当前",这种新的当前形势是由忠诚的、激进的真理之主体(一种平等的主体)所费力引入的。

从形式主体角度研究的文献:扎卡里·弗雷泽(Zachary Fraser)在《主体的律法》(*The Law of the Subject*)一文中认为,巴迪欧运用类子集(a generic subject)将称之为真理的本体论结构进行规范化,对巴迪欧来说,力迫表现了"主体的律法",通过其活动的抽象形式,主体改变了她(she)参与的基于真理之上的情势(situation)。力迫、类属性这样一些概念为巴迪欧提供了一个数学框架,运用它巴迪欧将主体视为一个最初从语言与知识中抽象出来的数字,当然了,通过其所承受的真理的忠诚,主体的行为最终将对语言与文化产生革命性的影响。

布莱恩·安东尼·斯密(Brian Anthony Smith)在《巴迪欧〈存在与事件〉中主体的缺陷》(*The Limits of the Subject in Badiou's Being and Event*)一文中认为,巴迪欧《存在与事件》中的数字(figure)概念是理解他以数学集合论形式复兴的本体论体系与其更广泛的哲学与伦理学思考之间联系的关键所在。斯密希望通过对《存在与事件》中主体批判性的审视以及对巴迪欧《伦理学:对恶的理解》(*Ethics: an Essay on the Understanding of Evil*)中主体善与恶的集合的评估来揭示出这种主体模式的缺陷并提出一种新的主体数字,他的分析主要集中在以下两点:第一,巴迪欧对选择公理的运用(*Axiom of Choice*)。他将这个公理作为其哲学中思考主体可能性的关键因素。第二,他对力迫集合理论的选择性运用。主要集中在连续统假设(continuum hypothesis)的独立性上。

皮特·霍瓦德(Peter Hallward)在《类性主权:阿兰·巴迪欧的哲学》(*Generic Sovereignty :the Philosophy of Alain Badiou*)一文中认为巴迪欧的类性奇点(a generic singularity)哲学是当前哲学中最饱受争议且最富原则性的哲学。巴迪欧试图建立一种奇点哲学,这种哲学是建立在激进且富有表演性的"主体化"(subjectivication)概念之上的,它同时也能够成为一种具有决定性的、带偶然性的哲学。作者认为,要想成为一个巴迪欧意义上的主体,个体须首先宣誓并保持其对一个转瞬即逝的事件的忠诚,这个事件并不能在其发生的场所被辨认出来——例如,一场政治革命、一场艺术事件、一个科学突破或者一场爱恋。这宣告了一种无客体性凝聚的主体的诞生,它为巴迪欧提供了其真理的定义,即一种完全主体化的、建立于客体特征缺席之基上的真理。也就是说,巴迪欧试图从客观知识中区分出主体真理,并展示主体是如何从知识的抽离中强调了真理的。

丹尼尔·T.奥哈拉(Daniel T. O'Hara)在《巴迪欧的真理与批判空间:为空的激进复多命名》(*Badiou's Truth and the Office of the Critic :Naming the Militant Multiples of the Void*)一文中认为对作为事件的复杂的真理理论及其与存在(being)之间关系的把握可以作为理解巴迪欧《存在与事件》的粗略指南,同时在该文中作者也分析了拉康与福柯的主体观对巴迪欧真理主体观的影响。

国外关于结构、历史、真理、事件等与主体相关问题的研究:这方面的研究大致可分为两类,即以历史和事件问题为主题的研究,以及侧重于真理问题的研究,当然,它们并非彼此泾渭分明。

关于巴迪欧的历史、事件概念。在《阿兰·巴迪欧的复活和反抗:朝向一种事件性史学》(*Resurrection and Reaction in Alain Badiou: Towards an Evental Historiography*)中,莱特(Wright)比较系统地

分析了事件与历史在巴迪欧哲学思想的各个时期所表现出的四种关系，并建议从二者之间关系的视角来解读其主体。吉普森（Gibson）在过去十年间的系列论文[《巴迪欧、贝克特、瓦特与事件》（*Badiou, Beckett, Watt and the Event*），《重复与事件：巴迪欧与贝克特》（*Repetition and Event: Badiou and Beckett*），《巴迪欧与贝克特：真实的无限、事件及余数》（*Badiou and Beckett: Actual Infinity, Event, Remainder*）等]都通过巴迪欧的事件切入其主体理论。休利特（Hewlett）在其文章《参与和超越：阿兰·巴迪欧的激进哲学》（*Engagement and Transcendence: The Militant Philosophy of Alain Badiou*）中认为，巴迪欧呈现于事件、真理、存在等概念框架下的主体理论，其优势是大概地确认了既有的社会秩序的合法性，但它却不能令人满意地解释社会运动问题。霍瓦德（Hallward）的文章《秩序与事件：论巴迪欧〈世界的逻辑〉》（*Order and Event: On Badiou's Logic of Worlds*）以事件概念为线索，对巴迪欧的新作《世界的逻辑》进行了评论。克莱门斯（Clemens）和费尔特姆（Feltham）合著的文章《关于错愕的思想：或者，吉尔·德勒兹与阿兰·巴迪欧著作中作为非本体论的和前政治因素的事件及决定》（*The Thought of Stupefaction: or, Event and Decision as Non-ontological and Pre-political Factors in the Work of Gilles Deleuze and Alain Badiou*）以及吉莱斯比（Gillespie）的新作《新奇的数学：巴迪欧的极简主义形而上学》（*The Mathematics of Novelty: Badiou's Minimalist Metaphysics*）通过将巴迪欧同德勒兹事件概念进行对比而研究了前者的主体思想。

关于巴迪欧真理概念及相关问题的研究。这方面的论著有吉莱斯比的文章《超越存在：巴迪欧的真理理论》（*Beyond Being: Badiou's Doctrine of Truth*），赫恩斯（Hoens）和穆斯（Muth）合作的文章《作为真理程序的工作思想》（*Working Thought as a Truth Procedure*）。吉莱斯比的另一篇文章《给形式以其自身的实存：焦虑和真理之主体》

(*Giving Form to Its Own Existence* : *Anxiety and the Subject of Truth*)在巴迪欧主体概念之下讨论了其真理概念。伍达德(Woodard)在《信念,希望与爱:巴迪欧主体导言》(*Faith, Hope, and Love*: *The Inducement of the Subject in Badiou*)中针对其主体思想的结构主义理论背景,并特别就真理程式与主体的凸显问题进行了研究。克莱门斯在其文章《无之双重化:将阿兰·巴迪欧著作中真理与存在相连接之难题》(*Doubles of Nothing* : *The Problem of Binding Truth to Being in the Work of Alain Badiou*)则对存在和真理进行连接所出现的难题做了研究。当然,除了这些论著之外,巴迪欧所涉及的其他概念和领域也得到了很多研究,在此就不一一赘述了。

三、本书的基本观点

本书第一章从巴迪欧主体思想的渊源开始,分别介绍了巴迪欧作为一个左翼哲学家其理论来源的西方马克思主义的阶级主体观演变,阿尔都塞的多元决定论、历史无主体过程、意识形态询唤理论,拉康的精神分析学说,以及康托尔的数学集合论思想。意在让读者对巴迪欧主体思想的理论来源有一个基本的了解。本书的第二、三、四章分别详细探讨了《主体理论》《存在与事件》《世界的逻辑》这三本书中的主体概念,即作为政治的主体、数学的主体以及作为身体的主体的概念与含义,为读者详细展现了巴迪欧迄今为止的主体理论的变化走向。本书最后一章则分析了巴迪欧的主体理论在政治、科学、艺术与爱这四个领域中的影响与作用。

四、研究的重点与难点

本书研究的重点在于对巴迪欧《主体理论》《存在与事件》《世界的

逻辑》这三本著作中主体概念的解析，难点在于怎样从三本著作的主体概念探讨中找寻出巴迪欧主体变化的趋势与原因所在，这也展现了本书的创新之点，即把变化作为巴迪欧主体概念的一种发展态势，力求为读者展现真实鲜活的巴迪欧主体理论的变化发展脉络图。

第一章　巴迪欧主体理论的渊源

主体是哲学理论中的一个基本范畴，关于主体的问题是哲学的核心问题，它在整个哲学史的发展历程中占据着重要的位置。主体问题也是西方马克思主义学说的显性特征之一，是马克思主义哲学研究的重要内容。人的主体观是研究世界的主体及其特性的哲学观点。马克思主义的主体不是普罗泰戈拉"人是万物的尺度，是存在者存在的尺度，也是不存在者不存在的尺度"中的主体"人"，也不是苏格拉底"思维着的人是万物的尺度"中这个"思维着的人"，抑或柏拉图的理念世界以及亚里士多德的主体概念，也有别于笛卡儿"我思故我在"中的"我思"主体、康德的先验主体或黑格尔的绝对精神式的主体，同时与费尔巴哈唯物主义的类本质的主体也不尽相同。自从其诞生的那一刻起，马克思主义的主体便以现实的生活世界为出发点来进行革命斗争，以此来推动社会历史的进步。

第一节　阿尔都塞以前的马克思主义阶级主体观

通过对《1844年经济学哲学手稿》(以下简称《手稿》)中异化劳动的分析，马克思也逐渐意识到，伴随着劳动的异化，作为主体的人也发生了异化，人与劳动之间的地位颠倒了。在《关于费尔巴哈的提纲》（以下简称《提纲》）中，马克思确立了人作为主体的地位，也区分了新旧哲学之间差异的根本所在。《共产党宣言》的发表是马克思主体观正式形成的标志，尽管如此，在资本主义不断发展的同时，人的异化也在用不同的方式继续进行着。例如法国存在主义的代表萨特认为，人的存在先于其本质，以黑格尔的主-奴辩证法为根基，萨特认为人与人之间的关系就是人的主体性逐渐消亡的过程，这种身体化的主体观受到了诸如波伏娃、伊利格瑞等女性主义学者们的赞同。尽管身体化的主体以人的身体为开端，但最终的目的还是实现对这种身体的超验。

一、作为工人阶级、无产阶级的主体

在《手稿》中，通过对异化劳动的阐释，马克思认为在劳动被异化的时候，本应居于主导地位的人却成了被动的机器，而原本属于人的劳动产品却变为独立于劳动者之外并对其进行统治的强大力量。[①] 人本应当是自己本质的主体，人的主体性却在异化劳动中丧失殆尽，人被异化成了其产品的奴隶，人与人相异化，其类本质也消失了。怎样才能使人重新占有自己的本质，让人的主体地位得以恢复呢？马克思的解决方案是扬弃异化劳动。而产生异化劳动的根源是私有制，于是要实现主体的回归，就必须要消除私有制。由此可见，在《手稿》中马克思只是说明了作为主体的人的能动性与受动性的统一，而在其写于1845年的《提纲》中，马克思便明确指出了人是主体，并且引入了实践的概念。他认为旧唯物主义的缺点在于“对对象、现实、感性，只是从客体的或者直观的形式去理解，而不是把它们当作感性的人的活动，

① 马克思、恩格斯：《马克思恩格斯选集》（第1卷），北京：人民出版社，1995年版，第54页。

当作实践去理解，不是从主体方面理解”[①]。可见，是否从主体和实践出发去观察和理解现实世界是马克思同一切旧哲学的根本区别所在。马克思所说的主体是从事实践活动的人，而不是旧唯物主义所言的抽象的人。同时马克思也指出：“环境的改变和人的活动或自我改变的一致，只能被看作是并合理地理解为革命的实践。旧的哲学家们只是用不同的方式解释世界，而问题在于改变世界。”[②]《提纲》的发表也是马克思主体观基本形成的标志，从这里也可以发现，马克思的主体观是以实践为基础的科学的哲学主体观。而在 1848 年 2 月马克思恩格斯合著了《共产党宣言》（以下简称《宣言》），《宣言》的发表标志着马克思主体观的正式形成。在《宣言》中马恩指出，“整个社会日益分裂为两大敌对的阵营，分裂为两大相互直接对立的阶级：资产阶级和无产阶级。”[③]资本主义对于生产力发展的推动作用毋庸置疑，然而它只是对资产阶级的利益予以了保障，资本主义的雇佣劳动制度造成了资产者与无产者的分裂与对立，必须将其消灭才能实现共产主义，进而保障所有人的独立个性与自由。在马恩看来：“无产阶级的运动是绝大多数人的、为绝大多数人谋利益的独立的运动。”[④]由此可见，代表先进生产力的无产阶级肩负着解放全人类、实现人的自由全面发展的历史使命，也由此当仁不让地成为推动社会历史前进的主体力量。

然而，随着资本主义经济的不断发展，在资产阶级收获巨额利润的同时，以前处于受压迫奴役地位的无产阶级的生活也有了一定程度的提高与改善。渐渐地，无产阶级革命斗争的意识不再那么强烈，在

---

① 马克思、恩格斯：《马克思恩格斯选集》（第 1 卷），北京：人民出版社，1995 年版，第 54 页。

② 马克思、恩格斯：《马克思恩格斯选集》（第 1 卷），北京：人民出版社，1995 年版，第 452 页。

③ 马克思、恩格斯：《马克思恩格斯选集》（第 1 卷），北京：人民出版社，1995 年版，第 273 页。

④ 马克思、恩格斯：《马克思恩格斯选集》（第 1 卷），北京：人民出版社，1995 年版，第 283 页。

日益发达的物质生活面前，他们也逐渐对资产阶级放松了警惕与戒备，甚至逐渐沉迷于资产阶级为其编织的"美好生活"的虚假温床之中。正如匈牙利的共产党人卢卡奇在其1923年发表的《历史与阶级意识》一书中所指出的那样，"物化"是造成工人阶级的阶级意识危机和人性扭曲以及主体意识丧失的根本原因所在。这种"物化"实际上是人的异化，只有将人的这种异化（也即"物化"现象）根除掉，无产阶级与广大人民群众才能普遍地觉醒。那么什么东西才能将这种"物化"现象消除掉呢？卢卡奇认为是阶级意识。在卢卡奇看来，"最终决定每一场阶级斗争的问题，是什么阶级在既定的时刻拥有这种能力，拥有这种阶级意识。"[①]也就是说，只有成熟的无产阶级的阶级意识才能将存在于资本主义社会中的"物化"现象根除掉，使他们成为自我意识的主体，摆脱革命失败的困境，创造出真正人道的社会主义制度，进而拯救全人类。由此也可以看出，卢卡奇依然把无产阶级当作革命斗争的主体，这与马克思的阶级主体观一脉相承。当然了，卢卡奇的无产阶级主体必须通过自身阶级意识的觉醒，识破资本主义社会中商品、货币、资本等拜物教现象的面纱，意识到自身在资本主义社会中的不平等地位及其肩负的解放全人类的历史使命，才能充分发挥自身的主体能动性作用，才能成为真正的、事实上的认识主体与实践主体，从自在阶级上升到自为阶级，真正树立起自身历史主体的地位。

"二战"以后，新科技革命与现代西方文明的飞速发展，加深了人的异化现象。针对这种情况，法兰克福学派的左翼代表马尔库塞对此进行了深入的分析。在对演变为一种新形式控制的发达工业社会的批判中，马尔库塞揭露了无产阶级阶级意识"崩塌"及其作为主体危机背后的深刻原因。在他看来，伴随着现代科学技术的进步，技术的"反"工具化实现了对人的全面控制，劳动者在劳动过程中的体力消耗

---

① 卢卡奇：《历史与阶级意识》，杜章智等译，北京：商务印书馆2012年版，第111页。

逐渐减少，逐渐走向了与机械化过程的合并，这些都造成了人的进一步异化，使人成了“单向度的人”。①两大阶级的敌对意识也没有那么强烈了，甚至在某些程度上趋向了一致。由此可见，面对资本主义强大力量的滚滚洪流，以往的工人阶级根本无力招架，他们已经在不知不觉中被融入了资本主义制度当中，只有很小一部分没有融合。于是，马尔库塞认为，被马克思称作资本主义掘墓人的无产阶级已经丧失了他们的主体地位与激进的革命意识，他们甚至与对手结为一体，因此，马克思的“无产阶级”一词也就沦落为一个神话了。无产阶级的革命性已经蜕化，已经无力承担革命的重担，马尔库塞认为只能寻找社会之外其他的对象如青年学生、持不同政见的知识分子、无业游民、其他种族的受迫害者、失业者等作为革命的主体。

二、萨特：异化的主体

就这样，作为具体的无产阶级的主体在资本主义社会的现实发展潮流中逐渐变得边缘化，甚至有了消退的倾向，这时的主体也逐渐被玄学化了。在以卢卡奇为代表的西方马克思主义与德国存在主义思潮对战后法国的影响之下，马克思主义者们也将斗争的中心转移到了代表资产阶级先进生产力的大生产机器之上，这样推翻资本主义的任务便上升到了解放全人类的任务层次之上，而以前作为主体的无产阶级也变为了一种抽象的、普遍的人的形象。这样的主体也即被异化的主体，于是斗争也从原先的两大阶级之间的争斗变成了解放全人类的斗争。需要注意的是，这种从具体的阶级主体向普遍的类的主体的转变，并不是退回到青年黑格尔派及费尔巴哈所说的那种抽象的类性主体，而是一种基于德国存在主义思潮之上的法国式的异化的马克思主

① 赫伯特·马尔库塞：《单向度的人》，刘继译，上海：上海译文出版社，2006年版。

义主体。

这种哲学的典型代表便是法国存在主义的先锋让-保罗·萨特。较之于其他的存在主义者，萨特更加突出地把“人”的问题作为其哲学研究的中心，把人的存在作为其哲学研究的开端，由此萨特的存在主义哲学也可以被称为“人学”。萨特宣称人类的存在先于其本质。[①]在《存在与虚无》中，萨特区分了两种基本的存在：自在的存在（en soi）（客体）与自为的存在（pour soi）（意识）。“自在的存在”是完全充实的、肯定的、超时间的、僵固不变且绝对同一的，它只是存在着的、无缘无故且毫无目的的，它的存在完全是偶然的，而“自为的存在”是虚无的、否定的、生成变化的。由于自为把意识赋予自在的存在，世界才会变得纷繁复杂，成为一个既有联系又有区别的统一体。在一个没有意识的世界里，存在的仅仅是“存在”（being）本身，而不是“物”（thing），因为“物”（或者“客体”）是一个仅仅为了主体而存在的概念。作为一种否定的力量，自为的存在总是可以对其所处的情势说“不”并采取行动（在这里，萨特将否定等同于选择）。这使得人们有力量超越其所处的既定环境；而作为一种纯粹的否定，自由破坏了既有的人性观点。作为一种否定的力量（或者选择），人类可以自由地创造其自身存在的含义；不仅如此，也只有当他们这样做时，他们才称得上是人类自身，即“人被判定为自由的”。萨特把自由与意识的结构联系起来，形成了他独特的自由理论体系。

在《存在与虚无》当中，萨特认为，我们与另外一个人，即“他者”的关系并不是一个认识论的问题，也即并不是一个关于知晓他者的问题，而是一个“绝对的事件”，一个本体论的论述。事实上，萨特关于人与人之间关系的论述是基于黑格尔主-奴辩证法（后经过科耶夫传播到法国）的关系模型之上的：这是一个对人的主体性进行消灭的过程。

---

① 萨特：《存在与虚无》，陈宣良等译，杜小真校，上海：上海三联书店，2014年版，第206页。

在萨特看来，当另外一个人感知到我时，这一切便发生了。例如，当被凝视之时，我感到自己沦为了他人认知领域中的一个客体对象。这使得我意识到我只是某物而不是整个世界的中心；我只是世界中的一个客体，在其中，他者的意识才是中心。这也是为什么在其关于身处公园的论述中，当另一个人出现在场景中时，萨特形容世界在其面前消失了的原因所在。他者的出现就如同一个新的引力场产生了，将原本围绕着我旋转的物体吸入到它的轨道上去了。更糟糕的是，我感受到自己被拉入到围绕着他者转动的轨道上了，完全丧失了我作为世界中心的特殊地位，就好像我被迫栖居在以他者视角为中心而组织起来的世界中一样。他者不仅仅是加入到我的世界中来，他或她也从根本上改变了我的世界中物体的方向，并导致了我的经验场的重组。

萨特认为，他者的出现不仅改变了我与对象客体的关系，他者对我的看法也改变了我与自身的关系。当他者感知到我时，我不再将自身视为一个可以自由选择的个体，相反，我仅仅只是一个被推入到由他者所决定的世界的肉体而已。由此我的自由消失了。在萨特看来，对于他者的"凝视"，仅仅只能畏惧、害羞或自傲。我要么屈服于他者的自由权力之下，要么通过返回到凝视中用消失来威胁他者的方式来维护自身的自由。以萨特之见，我与他者的冲突不可能彻底解决掉；存在的仅仅只是维护自身的自由与平反这种维护，且所有人与人之间的关系都是这种类型。在萨特看来，在应对由他者的凝视所引起的情绪时，我们诉诸一系列以自欺为基础的策略，然而均以失败告终。结果，他者的我思(或感知)与关于我自身的意识融合为一体了——他者的凝视被内在化了，正如福柯后来所指出的那样。

由此萨特在随后的论述中总结了他的三维的身体观：我使我的身体存在——这是身体的存在的第一维。我的身体是被他人使用和认识的，这是它的第二维。但是因为我是为他的，他人对我表现为对其而言是对象的主体。可以看出，在这里的关键正在于我与他人的基本关系。因此我作为被他人认识的东西而存在——尤其是在我的人为性本身中。我作为被身为身体的他人认识的东西而为我的存在。这是我的身体的本体论第三维。[①]从这里也可以看出，此时法国马克思主义的主体的反抗，便由受统治对象对统治对象的反抗变为一个抽象的我，对那个隐形在场的大写他者的反抗，这个大写的他者变成了新的压迫我的统治者，而此时的法国马克思主义者们，便需要为这种主体的反抗找到一个实际存在的载体，较之于德国马克思主义哲学对精神与心灵的探索，他们更倾向于将身体（肉体）作为主体的承担者，在身体这个更为纯粹的领域中，主体性的我以最真实的面貌来对抗那个强大的意识形态。梅洛-庞蒂便是这种身体（肉体）性主体的倡导者之一。梅洛-庞蒂的哲学理论意在穿越理性的丛林揭示出我们意识到世界的最初过程，他认为这些过程是身体的（或肉体的）。在梅洛-庞蒂看来，仅仅只有通过自己的身体人们才能与现实取得联系，由此，人们只有通过与世界进行身体上的参与，世界的意义才能从根本上建立起来。[②]而在其著作《马克思Ⅰ：一种关于实在的哲学》与《马克思Ⅱ：一种经济哲学》中，米歇尔·亨利（Michel Henry）也将传统意义上那个无产阶级的主体改造为一种由主体与那个有血有肉的肉体相结合的身体反抗的形态。

不仅如此，这种肉身化的主体也激发了一些法国女性主义学者们的共鸣。波伏娃认为一个人的生存境况是其与物质世界、社会世界以及其自身的肉体相互作用而被建构的。通过一种黑格尔式的分析，她认为他者的类别与自我的类别一样基本：只有通过他者，自我才会被建立起来，也才会获得其主体性。在《第二性》中，波伏娃描绘了女性在其一生中所要经历的各种导致她作为男性他者而存在的事情。在

---

① 萨特：《存在与虚无》，陈宣良等译，杜小真校，上海：上海三联书店，2014年版，第433页。

② 梅洛-庞蒂：《知觉现象学》，姜志辉译，北京：商务印书馆，2012年版，第79页。

波伏娃看来，女性的身体是其在世界中所处境遇的基本特征之一，因为这使得她必须将大量的时间与精力花费在与她生育能力相关的自然功能——如月经、怀孕、哺乳等之上并成为必需。这些都使得女性获得其主体的独立地位变得更加困难，使得男性具有剥削性的优势，让女性困于家庭的束缚中而变得更加脆弱。而诸如露丝·伊利格瑞的女性主义学者则认为，应当欣赏到两性差异所带来的有益价值。伊利格瑞认为传统的哲学文本将女性的境遇与经历都边缘化了，它们包含一种废除两性差异的固有偏见，这严重束缚了女性的主体性特征。由此，伊利格瑞致力于揭露哲学中的这些矛盾与偏见，通过特殊的文本解构策略将哲学文本中那些被镇压的女性解放出来，让她们去追寻真正属于自己的主体。

当然了，身体性的主体也必然导致主体在世存在的局限性，而对于战后法国的马克思主义思潮来说，此时的主体并不是通过对他者的根除来实现对那个隐性他者的反抗的，而是通过肉身性的身体来超越这种局限。虽然肉身性的主体以身体为出发点，其终极目标却是实现对这种身体的超越，对于萨特来说，这就是自由或超验。

第二节　阿尔都塞——左翼理论的源起

伴随着“法兰西贫困”的出现，阿尔都塞开始认真思考起关于主体的问题来。在阿尔都塞看来，物质生产是没有主体发展的过程的，无论是生产关系还是生产过程，人都是一个被排斥在外的客体。这也便是阿尔都塞“历史无主体”的思想。既然历史没有主体，那么推动历史发展的又是什么呢？在阿尔都塞看来，历史有且仅有一个推动力，那便是阶级斗争，而在资本主义社会里，这种阶级斗争便是处于被统治被剥削地位的无产阶级对资产阶级统治所进行的反抗活动。由此也可以看出，阶级矛盾是导致阶级斗争的导火索，阿尔都塞认为，阶级矛盾是由多元的生产力同生产关系的社会结构所决定的，这也就是他的“多元决定论”思想。它来源于语言学同精神分析学，也吸取了毛泽东矛盾论的思想。而当法共内部开始盛行“意识形态高于一切”的斯大林教条主义之时，由于“五月风暴”的爆发，阿尔都塞又开始转而对意识形态理论进行思考，并在20世纪将这一概念归入到马克思的哲学范畴中来。在阿尔都塞看来，一切意识形态都是借助主体这一媒介来发挥作用的，并将具体的个人传唤为具体的个体，这便是他的“意识形态询唤理论”。主体是由意识形态建构而成的，意识形态通过一种隐蔽的手段实现对主体的操纵，让无产阶级在政治与意识形态上掌握领导权，革命才能取得成功。

一、历史无主体

20世纪50年代，深受共产国际与苏联的影响，法国共产党内开始信奉起斯大林的教条主义，阿尔都塞认为此时法国的知识分子们开始与工人阶级相分离，没有意识到在工人阶级内部发展马克思主义理论的重要性，导致法国马克思主义理论发展比较缓慢，一度出现了“法兰西贫困”。苏共二十大之后，随着对斯大林教条主义的“清算”，人道主义的马克思主义开始在法共内部盛行，然而对主体作用的过度夸大又导致了其理论与现实之间差距的加大。对此阿尔都塞进行了深刻的理论思考，提出了“马克思是理论上的反人道主义”的理论[①]，在马克思看来，“历史是无主体的过程，在历史中起作用的辩证法不是任何主体的作用，无论这主体是绝对的(神)还是仅仅是人类的，历史的起源总是已经被推到了历史以前，因此历史既没有哲学上的起源，也没有哲

① 阿尔都塞:《保卫马克思》，顾良译，北京：商务印书馆，2013年版，第39页。

学上的主体”[1]。阿尔都塞认为，生产关系是马克思分析社会发展规律的出发点，人只不过是社会发展结构关系中的“承担者”而已，由此阿尔都塞做了进一步分析，提出了“历史无主体”的概念。依阿尔都塞之见，物质生产才是历史发展的根基，这一过程是无主体的，生产过程与生产关系都是将人排斥在外的客体。

事实上，早在 1965 年的《读〈资本论〉》中，阿尔都塞就已经表达了“历史无主体”这样一种哲学思想。正如他在《读〈资本论〉》中所说的：“真正的‘主体’（即构成过程的主体）并不是这些地位的占有者和职能的执行者。同一切表面现象相反，真正的主体不是天真的人类学的‘既定存在的事实’，不是‘具体的个体’，不是‘现实的人’，而是这些地位和职能的规定和分配。”[2]由此可见，在阿尔都塞看来，马克思在《资本论》中是把资本主义看成一个无主体的过程的，着重强调的是历史过程同生产关系及其他关系（政治关系、意识形态关系等）的紧密联系。在其写于 1968 年 1 月的《孟德斯鸠、卢梭、马克思：政治与历史》与 1971 年的《列宁和哲学及其他文集》中，阿尔都塞明确说道：“历史是一个没有主体的过程。”由此“历史无主体”的概念被正式且完整地表述出来了。[3]在其 1976 年的《自我批评文集》的《答路易斯》中，在同存在主义（人道主义）的马克思主义者约翰·路易斯的辩论中，阿尔都塞更加详细地向我们表述了他的“历史无主体”概念。同以往的研究者一样，路易斯将人视为一个积极的主体，认为是人创造了历史。为了进行历史的创造，人必须对他已经创造的历史进行改变，将人们已经创造的事物进行改变即是对它的超验（transcend）、对现存事物的否定。由此，既然现存的是人们已经创造的历史，那么这种历史便是一种经过了否定的历史。创造历史因此也就是“否定之否定”。路易

① 张一兵：《问题式、症候阅读与意识形态》，北京：中央编译出版社，2003 年版，第 266-267 页。

② 阿尔都塞：《读〈资本论〉》，李其庆等译，北京：中央编译出版社，2001 年版，第 209 页。

③ Louis Althusser, *Politics and History*, NLB,1972, p161-186.

斯还举了革命的例子对此进行说明，为了创造革命，人“超验”（“否定”）现存的历史，而这种历史本身也就是一种“否定”了的历史。正如阿尔都塞所言——“路易斯的人是一个微小且世俗的上帝。与所有的生物一样，他被置身于现实当中，但他天生具有能够随时逃离那种现实且改变其特征的神奇力量。这样一种微小的萨特式的上帝，他总是置身于历史的情势当中（en situation），具有这样一种惊人的能力，通过这种能力，他可以‘超验’每种情势，解决历史的一切困难，向着人类社会主义革命的辉煌未来大踏步前进：总体来说，人是一种革命性的动物，因为他是一种自由的动物。”①而阿尔都塞认为，是群众创造了历史。在阶级社会中，是处于被剥削阶层的群众团结起来反抗掌控国家权力的统治阶级的，于是，在资本主义社会中是处于被压迫被剥削地位的无产阶级反抗资产阶级的统治。阶级斗争才是历史的推动力。在阿尔都塞看来，从具体意义上来说，复数的“人”（men）是历史不可或缺的复数的主体（subjects），因为他们作为主体（subjects）在历史中活动。然而历史是无主体的，且“人”（men）并不是历史的主体（subjects）。在这里需要注意的是，活在历史中、作为历史主体（subjects）组成的个体（individuals）与“历史的主体”是没有任何关联的，即使与“历史的主体”也是大不相同的。

于是，这不再是一个关于谁创造了历史的问题了。于是，关于历史“主体”的问题也消失了。历史的确是一个“无主体的过程”，“人”（men）作为主体（subjects）在由社会关系所决定的环境当中活动，这种特定的环境是阶级斗争的产物。由此，从哲学意义上来说，历史没有主体（subject），而仅仅拥有一个推动力：阶级斗争。而这就将问题推回到“阶级斗争是历史的原动力”这个经典命题之上。由此也可以看出，“历史无主体”的提出不仅是为了将目的论哲学对唯物主义的影响

---

① Louis Althusser, *Essays in Self-Critism*, NLB, 1976, p48.

消除掉，更是为了将阶级斗争在历史唯物主义中的作用发扬光大。

二、多元决定论

既然历史是一个无主体的过程，阶级斗争在历史的发展中有着重大的意义，那么真正推动历史发展的因素又是什么呢？对此，阿尔都塞认为，真正推动历史发展的因素是一种多元决定的辩证的社会结构，而具体的人或主体只不过是这种社会结构中的渺小的一分子而已。依阿尔都塞之见，“群众创造历史”是指在阶级社会中，处于被剥削阶层的群众团结起来反抗掌控国家权力的统治阶级，同样，在资本主义社会中，是处于被压迫被剥削地位的无产阶级反抗资产阶级的统治。[①]由此可见，阶级矛盾是推动历史发展的重要因素，而这种矛盾也是由基于“多元决定”的生产力与生产关系的社会结构所决定的。

事实上，多元论（pluralism）一词最早可追溯到拉丁文 plures，它的意思是指用两个以上的实体来说明世界的本质或本原。而决定论（determinism）一词最早可以追溯到古希腊的哲学家留基伯，其拉丁文词源是 determinare，在留基伯看来，任何事物的产生都不是无缘无故的，事物的产生都是有一定根据且必然的。在《保卫马克思》中，阿尔都塞对他的矛盾“多元决定论”进行了比较详细的阐释。在阿尔都塞看来，“在各有关领域中活动的‘不同矛盾’（这些不同矛盾也就是列宁谈到的‘一系列’矛盾）虽然‘汇合’成为一个真实的统一体，但并不作为一个简单矛盾的内在统一体中的简单现象而‘消失’。这些‘不同矛盾’之所以汇合成为一个促使革命爆发的统一体，其根据在于它们特有的本质和效能，以及它们的现状和特殊的活动方式。它们在构成统一体的同时，重新组成和实现自身的根本统一性，并表现出它们的性

---

① 阿尔都塞：《读〈资本论〉》，李其庆等译，北京：中央编译出版社，2001 年版，第 209 页。

质……我们可以说,这个'矛盾'本质上是多元决定的"。[①]阿尔都塞列举了俄国革命的例子对此进行了说明。在阿尔都塞看来,俄国的革命形势恰恰是由于俄国的基本阶级矛盾具有强烈的多元决定的性质。例如,有在大城市、市郊、采矿区、采油区等诸处得到大规模发展的资本主义剥削和帝国主义剥削的矛盾,有对殖民地人民进行殖民剥削和殖民战争的矛盾,也有发达的资本主义生产方式和农村的中世纪状态之间的矛盾,等等。各种矛盾交织在一起,在特定的时期,革命便爆发了。由此也可以看出,阿尔都塞在这里所说的矛盾与黑格尔的矛盾是完全不同的,他认为,黑格尔辩证法的简单性在于其"世界观",尤其在于反映世界观中的历史观。阿尔都塞对黑格尔的抽象矛盾决定论的观点进行了否定,把矛盾拉回到了历史现实当中,从而把马克思与黑格尔的哲学思想进行了区分,这显示了阿尔都塞思想的伟大之处。

不仅如此,阿尔都塞认为矛盾的多元决定不是偶然、特殊的,它是必然且普遍的,是不可避免且合乎情理的,只要人们承认,在大多数情况下,上层建筑的形式和国内外的环境是特殊、独立的且不能归结为单纯现象的真实存在。由此阿尔都塞总结道:单纯的、非多元决定的矛盾观念是不成立的,正如恩格斯所否定的那样,是毫无内容的、抽象的、荒诞无稽的空话。[②]卡林尼斯曾经说过,阿尔都塞不仅让我们"从将因果看作一件物品,一种物质,一种独特且孤立可辨认的实体转而将其看成一种关系,从将其看作一种可以迅速或者最终指认、紧握并把握住的实体转而将其视作由在要素之上的整体结构所造成的各种位置"。同时可以发现:"现实并不是某种本质的外现,而是这些现象的结构性关系。"[③]由此也可以看出,阿尔都塞所说的矛盾不仅具有复杂性、多元性,也具有层级性和不平衡性。不平衡发展是社会形态的基本

① 阿尔都塞:《保卫马克思》,顾良译,北京:商务印书馆,2013 年版,第 89 页。

② 阿尔都塞:《保卫马克思》,顾良译,北京:商务印书馆,2013 年版,第 103 页。

③ A. Callinicos, *Althusser's Marxism*, London: Pluto, 1976, p52 .

法则，而主导结构则是使真正的复杂整体成为统一体的“绝对条件”。这也再一次证明了阿尔都塞的矛盾多元决定论（overdetermination）与黑格尔的现象学矛盾论是不同的。

显然，阿尔都塞的多元决定论来源于语言学及精神分析学，尤其是后者，正如阿尔都塞自己所言，主要来源于弗洛伊德的《梦的解析》。在《梦的解析》中，按照精神分析学说的观点，弗洛伊德认为，某种精神疾病的产生是由很多种原因同时发生作用所导致的。同时，阿尔都塞也承认，其多元决定论的思想也来源于毛泽东的矛盾论思想。在仔细研读了毛泽东的《矛盾论》之后，阿尔都塞发现，在《矛盾论》中，毛泽东对主要矛盾与次要矛盾、矛盾的主要方面与次要方面、对抗性矛盾与非对抗性矛盾、矛盾发展的不平衡规律等的论述与黑格尔的论述是完全不同的，其关于矛盾复杂过程的论述也与黑格尔的论述大相径庭。在黑格尔看来，矛盾的复杂过程也只是简单过程的发展，它可以还原为简单过程，而毛泽东的复杂过程是不可还原的，它自始至终均是复杂的整体。

来自清华大学的夏莹老师在其名为《关于阿尔都塞四个常识性判断的再考察》一文中认为，将“多元决定”（surdetermination）这个概念翻译为“非确定性”更能表达阿尔都塞“从构筑复杂整体的非平衡性要素所生发出的 surdetermination”[①]这一概念，尽管如此，夏老师也还是承认阿尔都塞认为事物的发展是由诸多矛盾所导致的这一基本观点的。正如阿尔都塞在《矛盾与多元决定》这篇文章的最后所总结的：“1.社会经济的革命不能闪电般地一下改变现存的上层建筑和意识形态（假如经济因素是唯一的决定因素，革命就会引起这样的改变），因为上层建筑（特别是意识形态）具有相当大的稳定性，因而能够在其直接生存环境之外保持自己的生存，甚至重新创造出或暂时‘分泌’出替

---

① 夏莹：《关于阿尔都塞四个常识性判断的再考察》，《高校马克思主义理论研究》2015 年第 1 期。

代的生存条件；2. 由革命所产生的新社会，通过其新的上层建筑形式或特殊的环境（国内外环境），可促使旧因素保持下去或死而复生，这种死而复生在没有多元决定的辩证法中将是完全不可想象的。”[①]由此可见，在阿尔都塞看来，不同的矛盾属于不同的类别，它们是社会结构的基本组成部分，与社会结构相互制约，它们生生不息地发展从而对社会的发展产生影响，所以说矛盾在本质上是多元决定的。

三、意识形态询唤理论

意识形态询唤理论是阿尔都塞哲学的核心理论。法共内部“政治意识形态高于一切”的斯大林教条主义的流行迫使阿尔都塞转向理论思考，而法国共产党人用人道主义的马克思主义诠释一切的思维迫使阿尔都塞转而推行客观公正的辩证法，“五月风暴”的爆发也迫使阿尔都塞对意识形态理论进行更深入的思考。意识形态这个概念源自法国理论家卡巴尼斯与特拉西，经由培根“假象”理论的发展，到了19世纪，马克思将意识形态归为上层建筑层面，由此确定了意识形态概念的现代语境。而在20世纪，阿尔都塞明确将意识形态这一概念归入马克思的哲学范畴中来，认为意识形态没有历史，它是个人与其实在生存条件的想象关系的“表述”，且意识形态把个人询唤为主体，这些都对西方马克思主义理论的发展做出了巨大贡献。

马克思在《德意志意识形态》中曾经说过：“……道德、宗教、形而上学和其他意识形态，以及与它们相适应的意识形式便不再保留独立性的外观了。它们没有历史，没有发展，……”[②]阿尔都塞认为，在这里，马克思所说的意识形态是一种虚无，它是一种纯粹的幻觉与想象，

① 阿尔都塞：《保卫马克思》，顾良译，北京：商务印书馆，2013年版，第106页。

② 马克思、恩格斯：《马克思恩格斯选集（第1卷）》，北京：人民出版社，1995年版，第73页。

就如同在弗洛伊德之前，梦在各种作者心中的地位一样。但阿尔都塞所说的意识形态没有历史与这个并不相同，因为阿尔都塞同时承认意识形态具有其由阶级斗争所决定的历史，也具有在肯定意义上所说的没有历史。在阿尔都塞看来，意识形态的特殊性就在于，它所被赋予的结构与功能让其成为一种非历史的现实，这种结构与功能是永恒的，贯穿于整个阶级斗争历史过程当中。

阿尔都塞认为，意识形态总是存在于各种机器的实践当中，这便是意识形态的物质性特征，而处于意识形态中的人们总以为他们所言说的便是其所处的真实世界，殊不知，他们所言说的只不过是他们与这个世界的关系而已，是他们自身的一种幻想而已。对于单个的主体也即个人来说，他们大脑中的每一种观念都是客观的物质存在，这些观念由此也具有了物质实践的特征，而这种实践又受制于由物质的意识形态机器所束缚的物质仪式，主体的观念便来源于这些意识形态的机器。阿尔都塞认为，从这里也可以看出，只有作为体系中的一分子，主体才能进行实践行动。而这里所说的体系便是意识形态，"（按照它的实际决定作用的顺序来说）它存在于物质的意识形态机器当中，并规定了受物质的仪式所支配的物质的实践，而这些实践则存在于主体的物质的行为中，于是这个主体就在完全意识到的情况下按照他的信仰来行动了"。[①]由此阿尔都塞也得出了以下两个结论：(1)没有不借助于意识形态并在意识形态中存在的实践。(2)没有不借助于主体并为了这些主体而存在的意识形态。这就表明，意识形态是为了这些主体而存在（设置）的，同时意识形态的这个目的也只有借助于主体的作用发挥才能实现。

那么，意识形态又是怎样"借助"主体来发挥作用的呢？阿尔都塞认为，"所有的意识形态都通过主体这个范畴发挥的功能，把具体的个

---

① 阿尔都塞：《哲学与政治》，陈越译，吉林：吉林人民出版社，2004年版，第302页。

人呼唤或传唤为具体的主体”。[①]阿尔都塞将精神分析学说作为其理论分析的基石,对询唤理论进行了深入分析,探讨了意识形态与自我无意识机制的构成问题,这就是阿尔都塞著名的意识形态询唤理论。主体是由意识形态建构而成的,正如圣保罗所认为的那样,每个人都是在意识形态这个“逻各斯”中所活动与生存的。意识形态的一个显著特征在于,它具有一种巧妙的隐蔽性与操纵性,犹如幕后那只看不见的手操控着人们。人们自以为自己是具有主观能动性的主体,能够自由掌控自己的人生,岂不知自己时刻都在受意识形态国家机器的控制。意识形态在不自觉中让人接受了幻觉,不自觉地进行自我欺骗却以为自己是自己的主人。为此阿尔都塞列举了一个很常见的例子:我们的某个朋友来看我们,当他或她敲门时,我们在屋内问道:“谁呀?”朋友回答说:“是我。”于是我们便能辨认出是他或她。而当我们把门打开之时,发现真的是他或她。又或者我们走在大街上,认出了某个以前的老朋友,我们会对他或她说:“你好,老朋友!”并跟他或她握手。[②]在这两个例子当中,我们之所以可以在屋里或大街上认出是某个朋友,这其中便是意识形态在发挥作用。意识形态时刻在向我们灌输把某个朋友当作他或她的必要性,以至于我们在不知不觉中便理所当然地接受了他或她的身份且习以为常。由此也可以看出,阿尔都塞的主体是自由与受奴役的双重主体。

事实上阿尔都塞认为,作为具体的个人,我们从来都是主体,用自己的行动践行着意识形态的各种仪式。在这里,阿尔都塞认为要把具体的主体同具体的个人区分开来,而意识形态通过询唤的方式,将个人中的主体“招募”过来,或者将个人“改造”为主体。阿尔都塞也举了一个例子来说明这个问题,例如走在大街上,警察对人的呼唤:“嘿,叫你呢!”一般情况下,被呼唤的人总能辨认出警察呼唤的就是自己,这

---

① 阿尔都塞:《哲学与政治》,陈越译,吉林:吉林人民出版社,2004 年版,第 305 页。

② 阿尔都塞:《哲学与政治》,陈越译,吉林:吉林人民出版社,2004 年版,第 305 页。

表明询唤也有着一种呼唤人高高在上而被呼唤者被动屈从的姿态，这又使得个人成了一个被动的客体，这也表明，个人的主体性一直以来都是被意识形态的询唤所赋予的。一个尚未来到世间的婴儿，在他或她出生之前便通过多种方式被其周围的人期待：他或她将跟随父姓，有一个被取好的名字，由此成为一个独一无二的个体。他或她的主体性将在某种特定的家庭意识形态中被构建起来，而当他或她长大之后，进入学校接受教育，学校便接替家庭成为对他们进行询唤的新的意识形态的载体。而在宗教（例如基督教）的意识形态当中，所有其他的主体都处于一个作为他者存在的主体（也即上帝）的统治之下。上帝通过对摩西的呼唤将摩西询唤为服从其统治的主体，同时摩西再通过他对百姓的询唤使他们也成为服从摩西与上帝统治的主体，于是，摩西及其百姓便成了上帝这个主体的镜像复制。

由此阿尔都塞得出如下结论，即不管何种形式的意识形态结构，其对主体的询唤都是一种双重镜像复制的反射，也就是说，不管何种形式的意识形态，其都在一个绝对大主体的统摄之下，用一种双重镜像的关系把其他个体询唤为主体，这种镜像结构有以下保障：(1)把“个人”传唤为主体；(2)他们对主体的臣服；(3)主体与主体的相互承认，主体间的相互承认，以及主体最终的自我承认；(4)绝对保证一切都确实是这样，只要主体承认自己的身份并做出相应的行为，一切都会顺利……。[①] 也就是说，意识形态通过对主体的询唤，使得主体具有主动接受并服从命令的能力，这种看似自由的主体实际上仍然是被动地处于意识形态的控制之下的。这就意味着我们必须识破资产阶级意识形态统治的本质，只有在政治与意识形态上同时占据了统治地位，无产阶级的革命才会取得胜利。

---

① 阿尔都塞：《哲学与政治》，陈越译，吉林：吉林人民出版社，2004 年版，第 311 页。

第三节 拉康——精神分析的源起

作为法国当代最负盛名的精神分析学家与魔幻式的原创性思想大家，雅克·拉康是20世纪继弗洛伊德之后精神分析领域内的又一位具有里程碑意义的学者。他的精神分析学说及哲学思想对整个西方学术界都产生了深远的影响，在20世纪80年代甚至一度出现了拉康研究的热潮(Lacan industry)。而拉康最引人注目的便是他关于主体的想象域(imaginaire)、象征域(symbolique)与真实域(reel)的逻辑分列理论以及他的话语理论。事实上，想象域、象征域及真实域以及话语理论是拉康的制胜法宝，它们共同建构起了拉康的主体拓扑学模型，成为其论述关于主体诸多问题的基石。

一、拉康的三域说

拉康关于主体的理论言说开始于其镜像阶段的理论，拉康在1936年正式提出了镜像理论。从某种程度上可以说，拉康镜像论的理论来源是经过他自己加工过的黑格尔的主-奴辩证法，它体现的是一种无意识的自欺关系。“镜像阶段是拉康整个理论的核心内容之一，也是他主体理论的基础和关键。”[①]拉康曾经说过，人是一个早产儿。他的镜像阶段的理论一般发生于6—18个月大的婴儿身上。当6—18个月大的婴儿看到镜子中的自己时，会产生一种完形的格式塔图景，其本质是一种想象性的认同关系。紧接着，婴儿误将这个图景认作是自己，而这也就是弗洛伊德所说的自恋阶段中自居认同关系的幻象化。

---

① 王小章、郭本禹：《潜意识的诠释——从弗洛伊德主义到后弗洛伊德主义》，北京：中国社会科学出版社，1998年版，第207页。

到了拉康这里，这便成了一种本体论上的误指关系。拉康从根本上否定了弗洛伊德的本我，由此，不具生物性本我的人一开始就等于是在镜子中自己的影像中，也即在虚假的映像关系中建构心理人格的，于是假象成为了主人，这才是拉康镜像说的真相，也即，幻象与空无的映射关系对"我"之奴役。同时在这里，拉康设定了一个非语言的、从一开始就成了空无自我主人的小他者 a。但是，并不能由此简单地将小他者等同于他人，这是拉康同海德格尔、萨特以及巴赫金等截然不同的地方。尽管小他者仍然以形象为媒介，然而这并不是另外或其他的人，在拉康看来，他者是存在之缺失。这就是拉康的想象域，一个将他人的感性形象反映关系作为生存之本体论基础的"上手世界"。

尽管拉康也将超现实主义作为刺透现实生活的利器，但拉康的目标又与超现实主义的目标大相径庭。也就是说，拉康的想象域并不是一种乌托邦式的理想存在，而是人生中悲剧的开始。在拉康看来，人生就开始于一个空，人一出生即遭流放，而摆在人们面前所谓的真实世界是一个令人窒息的危险世界。这是拉康意义上的本体论失却，抑或无法返回的缺失，这便构成了拉康哲学中所谓的欲望对象。

而在其《关于〈被窃的信〉的研讨会》中，拉康认为，人们一直所误解的实体性存在的主体，其实是一种特定的重复机制，正是空无的重复将主体的本体存在之无填充了。而对于这个空无的重复，拉康认为，它是象征的重复，因为"它只能存活于能指链的动因之中"①。在这里，拉康想要表达的是这样一个意思，即只要身处语言当中，人们就已然进入到一种与想象域完全不同的领域当中了，这就是象征域。在拉康看来，"这个辖域的质量以语言的形式支撑并欢迎他"，且"象征域不能被看作由人来构成的，而应被看作构成人的"。②拉康认为，他关于象征域的这个原则表明了人类主体在象征域中存在的外在性，就如同他

① 褚孝泉：《拉康选集》，上海：上海三联书店，2001 年版，第 60 页。
② 褚孝泉：《拉康选集》，上海：上海三联书店，2001 年版，第 38 页。

曾经所说的那样，对于主体来说，象征域具有一种恒久的构成效力。与此同时，拉康将象征性的符号规定为与镜像、他者面容以及感性小他者不同的大写他者（Autre/Other）。在笔者看来，拉康的象征域是其镜像阶段想象域的深化与拓展。

正如马克思所认为的那样，人的本质是每个人在现实性上一切社会关系的总和，拉康认为，人的本质即为每个人在其象征域中（能指）询唤关系的总和。在象征域中，拉康的主体则变为了一个大写的哲学概念，对此拉康用大写的S来表示。能指是拉康象征域中很重要的一个概念，它是一个本体论上夺位的统治者。事实上，这种能指并不是一味地向前移动，在能指与能指的缝合点上，意义诞生了。正是这个缝合点使得能指的滑动停止了，不仅如此，能指的结构是互相干涉的链环，“链上的一环，而这链又是合拢在由环所组成的另一个环上”[①]。拉康把这命名为拓扑学语境中的能指链，它表明了这样一种可能性，即由于“我”同其他主体共享的语言是存在着的，由此，“我”可以用这种语言来指代与其他主体所言说的不同事情。较之于将主体不可定义的思想粉饰起来的功能，言语的上述功能更应当引起重视。

由此可见，拉康的想象域及象征域都为超现实抑或伪现实的，他所谓的真实域也并不是位于想象域同象征域之外的事物，它正是被想象域同象征域建构起来的个人主体生活本身的断裂以及失败。从某种程度上说，拉康笔下的真实域是受到他的老朋友巴塔耶笔下那个圣性事物思想的影响的，它的实质即为巴塔耶所说的与世俗世界相异的圣性世界。“拉康的大写的真实是指人的存在被象征性符号杀戮后呈现的一种不可能在场的关系存在。”[②]与传统认识论中的真实不同的是，拉康的真实域是一个本体性的规定，抑或一种个人存在论中非伪

---

① 褚孝泉：《拉康选集》，上海：上海三联书店，2001年版，第432页。

② 张一兵：《不可能的存在之真——拉康哲学映像》，北京：商务印书馆，2008年版，第322页。

非真的真相。由此可见，拉康的真实域类似于康德的自在之物。作为拉康存在第三域的真实域，正好同前面所说的存在第一域之中镜像阶段的想象域，以及第二域中之中的象征域相对。只有当镜像以及象征的网断裂之后，它才会悄然绽放。

二、拉康的话语理论

在由让-雅克·米勒(Jean-Jacques Miller)编订的拉康讲座集的第十七册，也即米勒命名为《精神分析的背面》(*L'Envers de la Psychanalyse*)这本书中，拉康提出了一种新的分析方式，这种新的分析方式是由四种不同的话语方式组成的，这四种话语便是：主人话语、普遍性话语、歇斯底里话语以及分析话语。拉康的这四种话语主要是作为理解精神分析过程的工具而设计的。它们构成了这样一种模型：在这个过程当中，精神分析医师与被分析者之间是怎样占据着不同的主体位置的，这些主体位置是怎样通过分析医师与被分析者之间的交流来阐释被传达的信息，个体通过这种方式的交流所被压抑的、没有被言说的以及处于危机当中的信息。这四种话语还可以对两个人之间的交往行为以及这种交往行为与某一特定个体的精神分析状况之间的关系进行政治分析。它们并不表示病理状态，而是一种倾向，尤其是对他人、对自己，以及对知识的特殊态度，这可以是在特定的个体中对一种话语而不是另一种话语的衡量。

根据迪伦·埃文斯(Dylan Evans)的观点，拉康将话语定义为"一种由语言所构成的社会纽带"，且他使用这个术语来强调"语言的跨个体性质"。[①]埃文斯有一个四个术语所共有的沟通的基本模型，他用以下公式来表达：

---

① Dylan Evans, *An Introduction Dictionary of Lacanian Psychoanalysis*, London: Routledge, 1996, p44.

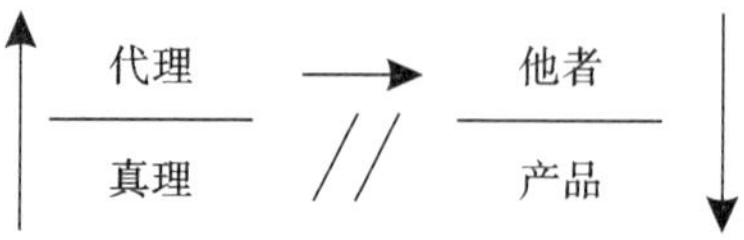

位于代理位置的是一种话语的主导性成分，它也是这种话语的起因；位于真理位置的即为拉康哲学语境中关于真(réel)的真理；位于他者位置的他者外在于代理，但代理指向于他者；而产品即为这种话语的产物，抑或直接结果。在拉康看来，可以用四种不同的元素来代替以上基本公式中的四个位置，他用以下等式来分别表示这四个元素：

S_1＝主人能指

S_2＝知识(产物)

$\not{S}$＝分裂的主体

α＝剩余对象

它们以某种顺序进入到上面所说的基本公式中，不同的元素所占据的不同位置便会导致不同的话语产生。首先是主人话语，它是用以下公式来表达的：

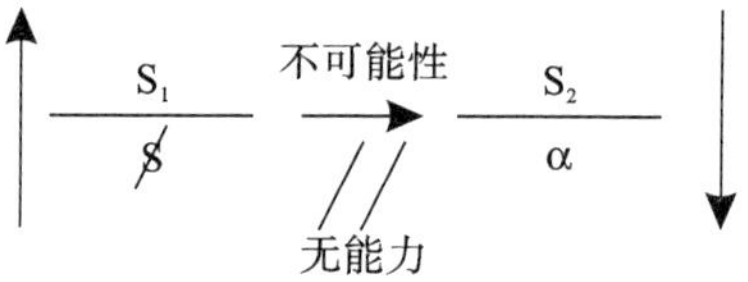

在代理位置的是主人能指(S_1)。主人能指代表了两件事情。第一，它是代表主体的能指。正是“我”使得主体在言语中得以表现，并由此成为了压制分裂主体的统一代表。第二，主人能指也是能指链中剩余部分的缝合点与意义保证。[①]他者位置上的是知识(S_2)，它可以被看作创造意义所必需的能指链，然而它的意义是由 S_1 所保证的。因此，在黑格尔的术语中，S_2 可以被看作主人 S_1 的奴隶，并为主人 S_1 而劳动，奴隶通过其知识与驯服而保证主人的存在。这也是父亲与孩子之

① Dylan Evans, *An Introduction Dictionary of Lacanian Psychoanalysis*, London: Routledge, 1996, p45.

间的模型，也即一种俄狄浦斯情结，它是借着父之管教和父用知识所赐力量的保障得以成全的。正是在这个版本中，公式中其他的术语变得含义丰富起来了。分裂的主体被压抑在父亲的名下，这是一个能指象征符号，它象征着父亲对孩子的权威。剩余对象 α 是由孩子所创造出来的。这个剩余的对象 α 既是黑格尔主义的，也是马克思主义的剩余生产，它被主人当作利润使用。同时，从精神分析的层面上来说，它也是拉康的对象小 α，它是阉割的象征性沉淀物，是人类最初失去丰饶的能指，也是人类重新获得丰饶的欲望能指，它促使“我”去欲望而不是去驱使。

普遍性话语也是拉康话语理论中很受欢迎的话语之一，对此可以用以下公式来表达：

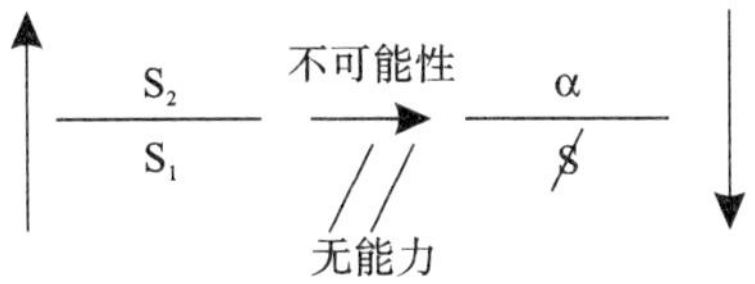

现在处于代理位置的是知识(knowledge)，它的有效性是由主人能指被压抑的力量所支撑的。费尔哈亨(Verhaeghe)举了拉康自己依赖的、将弗洛伊德作为主人能指的例子，拉康向弗洛伊德的回归保证了他知识的获得。[1]正如公式中所显示的那样，S_1 作为知识背后隐藏的权力源泉，它从本质上暴露了知识的政治性，知识只能是相对的，并以某种意识形态立场为支撑。因为对知识的追求从来没有真正导致智慧的产生，而只会导致一个人需要知道更多的知识，这样位于他者位置的就是 α，在这种情形中，它是学术研究不可知的对象。追求知识所带来的产品，恰恰是真正的学生在面对不可知的世界时所表现出来的谦卑，因此而成为分裂的主体。

---

① Paul Verhaeghe, *From Impossibility to Inability*: *Lacan's Theory of the Four Discourses*, in *The Letter*: *Lacanian Perspectives on Psychoanalysis*, Dublin: Trinity College, LSB(Spring), 1995, p95.

将主人话语中的术语顺时针转四分之一圈，于是就产生了歇斯底里话语，如以下公式所示：

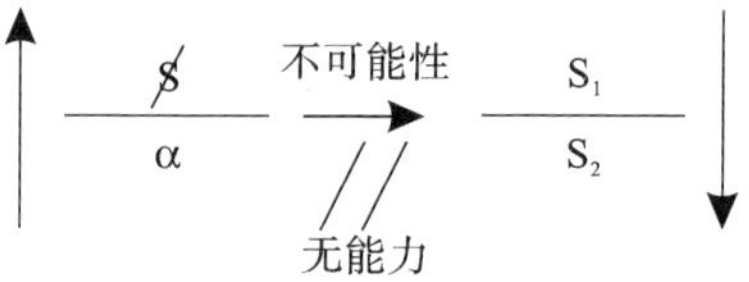

首先在这里要注意的一点是，歇斯底里话语绝不等同于歇斯底里，歇斯底里者可以在其他话语中进行交流，而非歇斯底里者可以在歇斯底里话语中进行交流。现在处于代理位置的则变为分裂的主体。在歇斯底里话语中，真正的代理则是主体的欲望(α)。分裂的主体是通过阉割而实现言语表达的俄狄浦斯式的主体。通过语言和在性别差异的一方或另一方占据位置而产生的充盈和潜力的丧失，它变得压抑从而形成无意识；因为主体只能通过语言进行交流，它就变成了欲望的滑动转喻，这种欲望注定永远无法实现，却与最初的时刻(也即产生这种欲望的创伤时刻)有关。这也是拉康将对象小α称为"欲望的对象起因"的原因所在。[1]歇斯底里话语将分裂的主体($)放到了代理的位置上，且从主人能指，抑或那个位置上的他者中，对分裂的主体的对象起因做出了要求。主人能指即是导致主体分裂的能指，它展现了主体所必须遵守的社会语言权威。处于代理位置的是歇斯底里将要求他者把他或她的主体性作为整体重组，同时也将揭晓他们欲望对象的起因。举一个例子，父母在孩子不知道原因的前提下便对孩子提出各种戒律，由此孩子也要求从父母那里得到无条件的爱，而父母对此无法满足，因为他们并不知道孩子欲望对象的起因是什么。

歇斯底里话语所带来的结果便是将主人能指破坏掉了，这赋予了它作为一种政治或反叛话语的权利。当拉康指责1968年"五月风暴"中的学生们指望他当领导时，拉康甚至将歇斯底里话语表述为一种不

---

① Dylan Evans, *An Introduction Dictionary of Lacanian Psychoanalysis*, London: Routledge, 1996, p44.

成熟的反叛话语——“作为革命者，你们渴望大师（master）的出现。你们会拥有一个大师的。”[①]费尔哈亨关注的是革命如何服从歇斯底里话语，以及人们如何塑造英雄然后摧毁他。这也就是为什么革命往往没完没了、用一个暴君取代另一个暴君的原因所在。[②]尽管这样，无依无靠的人，那些觉得自己无法用主人能指的权威说话的人，可能会借助于歇斯底里话语来达到他们的政治目的。

最后一种话语是分析话语，它用如下公式来表示：

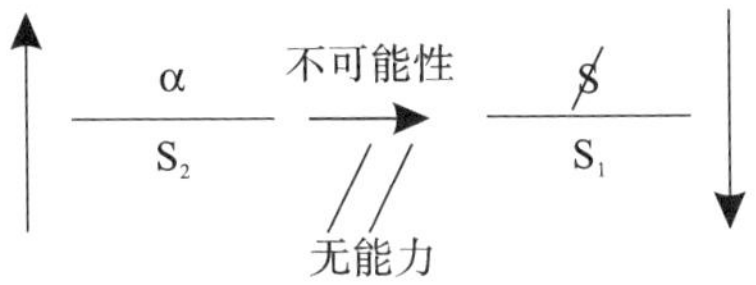

在这种话语中，被提供给主体的对象小 α 位于代理的位置之上。分析者知道他们对于他者的欲望对象是什么，并将这个对象提供给了他们。这种看似矛盾的想法似乎只有在分析者压制自己对他者的知识，并让他者自己去发现知识的情况下才能奏效。这可以被描述为经典的精神分析治疗的情形。在其中，精神分析者作为听众而不是顾问，由此，分析者成为识别被分析者所投射出的所有感觉的人。于是，分析者成为被分析者的剩余对象（α），且通过分析者的仔细询问，被分析者逐渐意识到他或她正在做的事情，是什么激发了他或她的行为，以及是什么决定了主人能指，等等。

在复杂的社会和审美环境当中，话语充当着拉康所认定的各种代理的载体，例如，歇斯底里、主人、知识及洞察力（分析话语）——它们同时作为直接的产品以及意外的副产品在交叉中被制造出来了。由此，歇斯底里制造了知识，也制造了他者中的歇斯底里；由此，他者也

---

① Jacques Lacan, *Television*: *A Challenge to the Psychoanalytic Establishment*, New York&London: W. W. Norton Company, 1990, p32.

② Paul Verhaeghe, "*From Impossibility to Inability*: *Lacan's Theory of the Four Discourses*", in *The Letter*: *Lacanian Perspectives on Psychoanalysis*, Dublin: Trinity College, LSB(Spring), 1995, p93.

不得不具备四种话语在它们作为代理作用中的一个。尽管如此，话语的交替不仅具有传染性或决定性——一个人所选择的话语不仅取决于他(她)所处的直接语境，而且取决于他(她)的精神分析的主体性这一复杂的构成要素。

第二章　过于政治化的主体——《主体理论》中的主体理论分析

早在1968年“五月风暴”之前，巴迪欧就积极奔走于各种政治性的场景之中。而到了20世纪80年代，随着新自由主义信奉者的上台，资本主义的统治和管理更加牢固，革命斗争已然退潮。在这种情形下，同众多左翼思想家一样，巴迪欧开始认真思考革命的道路和可能性的问题。他首先从政治理论上转向，由此写下了《主体理论》一书。值得注意的是，由于听从了其导师阿尔都塞的指派，巴迪欧也听取了拉康在巴黎研讨班的讲座报告，这对巴迪欧的影响是非常重大的。从某种程度上说，《主体理论》是一本向拉康致敬的作品，全书以研讨班的形式展现，时间介于1975年1月到1979年6月。在《主体理论》一书中，巴迪欧将康托尔的数学集合论、拉康的精神分析、毛泽东的政治、马拉美的诗歌交织在一起进行了分析，尤其是通过对主体的位置、例外能指下的主体、匮乏与摧毁、主体化与主体进程等章节的阐释，巴迪欧勾勒出了一个积极主动的政治主体形象。

第一节　一对关键的概念：出位与归位

通过对黑格尔哲学中辩证法的分析，并依据其断裂的逻辑，巴迪欧得出了他自己归位(esplace)与出位(horlieu)的概念，认为归位是一种结构化的运动，它强行将某种力或元素置于某个位置上，而出位是力的运动，它竭力摆脱现有结构的束缚，实现对在其之上的位置的超越。这便是巴迪欧关于主体位置的出位与归位的辩证法，它是关于力与位置的辩证法，也是巴迪欧关于矛盾的论述以及结构辩证法的一个典型体现。

一、主体的位置

在《主体理论》中巴迪欧认为，黑格尔主义辩证法存在着两种过程以及运动的概念，它们打破了以往试图代替昔日风光无限的生成观念的主观认知体系。[①]由此，根据巴迪欧在《主体理论》中的分析，笔者认为：首先，一个辩证的矩阵是由一个个延伸的项所组成的；项通过延伸变成他者，以此可以作为一个完整的概念回到其自身。其次，一个辩证的矩阵的操作者是断裂，断裂的主体旨在表明没有不会分裂开来的整体。[②]断裂后的部分不可能回到自身，在开始与结束之间也没有任何联系，更不用说在与国家分裂之后回到“联合的共产主义”，届时“原始的共产主义”这个概念的解释就显得刻不容缓了。

巴迪欧认为，只有在位置这个语义上，“这”才与“那”构成了区别。可以将矛盾中的这个静止命名为能动性的静止。假设有 A 和 A_p，可以将其称为“此 A”与“彼 A”。这表明 p 的位置是由场所的归位或者那个大写的 P 来决定的。同一个 A 被两次命名且放置，并在这些过程中相互破坏对方。

物体 A 既是 A 又是 A_p，A_p 表明了任何一个位置上的 A。于是诸如 p_1，p_2，…，p_n 之类的都属于位置 P，那么诸如 A_{p1}，A_{p2}，A_{p3}，…之类

---

① Alain Badiou, *Théorie du sujet*, Paris: Seuil, 1982, p15.

② Alain Badiou, *Théorie du sujet*, Paris: Seuil, 1982, p15.

的便属于 A。由此便可以发现位置的无限性。A 总是被放置的，且一旦被放置之后，它便同时是其自身 A 及其位置 A_p。由此可以得出断裂的一个基本公式：$A=(AA_p)$。在这里要指明一点的是，指数 p 表明的是位置 P 的空间，也即任何一个 A_{p1}，A_{p2}，A_{p3}，…的位置。作为自身的 A 被分裂为其纯粹的存在 A 以及其被放置的存在 A_p。导致这样一种分裂的原因主要在于两种对立的相互作用：A 自身与它所归属的被结构化空间以及 A 的存在与整体之间的对立。而辩证法上对 A 的划分则是基于这两种对立之上的：A 与 P 以及存在物与其位置之间的对立。正如马拉美所言，通过与 A 的融合，这种对立将找到其作为断裂的有效存在本身。

事实上，资产阶级并不是无产阶级的真正对立物。在资产阶级与帝国主义社会中，无产阶级都是其最主要的生产力，同时也是反抗阶级的那一方。资产阶级与无产阶级之间的对立其实是一个有限制的、被结构化了的且与整体失联的体系。在这样一个体系当中，主体是创造动力的无产阶级。以往所说的无产阶级与资产阶级，依然没有跳出黑格尔主义的某物与其他的某物的概念。无产阶级的奋斗目标并不是要消灭资产阶级，其奋斗的目标是共产主义。这也就表明，“为了使得如同无产阶级这样的事物建立起来，必须将一个位置废除掉。消灭一切阶级位置所在的空间便是无产阶级的政治目标，这也预示了所有阶级的牺牲。”①

假设 $A=(AA_p)$，于是它就由 P 在 A 上的指数作用来决定。由此可以把 $A_p(AA_p)$ 设为断裂决定的第一个标记，对立物整体的第一个计算程序。这也就是黑格尔所谓的限定(bestimmung)，它是辩证法的核心力，依据围绕在它周围的整体而被划分。例如作为实践主体的工人阶级一方面是它自身（无产阶级）的对立，同时也是其敌对阶级资产阶

① Alain Badiou, *Théorie du sujet*, Paris: Seuil, 1982, p32.

级的对立。与这个统一体相对的便是包容了无产阶级统一体的资产阶级空间与作为新兴官僚资产阶级即修正主义位置的工人阶级。于是在这里，A 相当于工人阶级，而 P 则代表着当代的帝国主义社会，于是 A_p则等于当代的修正主义，由此 $A \rightarrow A_p(A\ A_p)$则表明无产阶级内部的摧毁与重组很大程度上是取决于当代修正主义的，这是无产阶级的一个很辩证的现实状态。由此可以得出以下两个结论：(1)新兴的资产阶级修正主义者决定了工人阶级中激进的马克思主义者，我们用 $A_p(A)$来表示这个辩证的规定。(2)事实上，作为权威的项，在净化自身的斗争中，无产阶级揭示了其在修正主义中的部分自身，同时将其假定为与外部对立项紧密联系的一部分；而这一部分并不是资产阶级，相反，它是帝国主义社会，法共、联盟等都是帝国主义社会中富有成效的载体。从这个意义层面上来讲，黑格尔所说的限定也只是通过再次召集与重复而得来的位置的空间，即这个普遍还原的 P，在其中的 p 是 A 的指数，即 $A_p(A_p)=P$。由此我们可以得出以下两个公式：$A_p(A\ A_p) \rightarrow A_p(A)$，这是严格意义上的限定；$A_p(A\ A_p) \rightarrow A_p(A_p)$，这是向最普遍的空间的倒退。

黑格尔将它们称为“返回原状”，这是位置在其普遍空间中的一个映射，也即限定预示了新的开始。于是可以得出关于辩证法的具有绝对且普遍的本体论意义的几个概念：

1. 自身的差异来源于自身，A 和 A_p，都受制于力量 A 与位置 P 的空间，在其中 A_p是 A 指数上的一个任意点。矛盾对立导致了差异，而不是相反。

2. 断裂是某物作为普遍存在的唯一形式：$A=(A_p)$。

3. 作为整体断裂的限定只有从指数项(而不是纯粹项)中才能被思考：$A_p(AA_p)$。

4. 限定的断裂是根据它所决定的事物而得来的：

——新事物的限定 $A_p(A)$；

——倒退：$A_p(A_p)=P$[①]。

在巴迪欧看来，倒退的本质即是位置的空间，也即场所。所有在位置中的事物都将返回到其由去掉位置而决定的自身的部分当中，它对限定进行了规定且对界限进行了超越。对于这个反向的过程，黑格尔将其称为“界限”，这个“界限”必须被置于资产阶级的权利界限这一背景意义当中：缩小脑力劳动和体力劳动、城市同乡村、农业与工业之间的差距等。这也是积极劳动力的本质所在。

由此可知，只有在结构的界限范围内，A 与 P 之间的矛盾才会存在，且总是与它所在位置的项相对。矛盾都是不平衡的，因为每个任意项都与其他项保持着联系。位置所在的空间也即场所是被包含的那个项，它是矛盾的主体。根据其位置 P，A 才得以形成一个指数 A_p。事实上，矛盾是一个非常纯粹的结构原则，它标记了 A 的重复且在 A 的指数 P 当中，然而想要获取 A 与 P 之间的矛盾却是不可能的。作为一个出位，A 只有在归位的分裂当中才得以被重复。事实上，断裂是矛盾唯一的存在样式。而在具体的军事哲学中只存在一条辩证的原则：一分为二。对于帝国主义社会和激进的富有革命热情的人们来说，它们的矛盾对立面又是什么呢？由于只有在其自身的项内将民众召集起来，资产阶级同无产阶级才能对现实进行掌控，所以对人们的政治划分便成为了这个矛盾所在之处。不存在一种没有民众参与且无组织体系的政治样态。由此，政治上的无产阶级必须进行革命才能获得生存的权利。作为出位的断裂，归位与出位之间矛盾的力量不断重复与相互作用。

辩证法的规则来源于直接的政治实践。作为主体构成的无产阶级并不是来自资产阶级的内部概念，而“毛泽东主义”也不能被归纳到修正主义的概念当中去。辩证法认为存在着一个大写的“二”，且可以

① Alain Badiou, *Théorie du sujet*, Paris: Seuil, 1982, p28.

从这个大写的“二”中推导出一个大写的“一”，以此作为一个动态的分界线，而形而上学只设定了“一”的存在，当然也有如同德勒兹这样的哲学家，假设了一个本体论上为一种隐秘的形而上学的“多”的存在。在巴迪欧看来，“关于‘多’的无主体过程是‘一’的巅峰”。[①]而在拉康看来，真实域是形式的僵局，而形式也是真实域的绊脚石。[②]结构主义辩证法的真谛就在一种完美无缺的形式主义之统一集合的过程中而体现出来了。在一种由形式所拓展的朝向真实域的理论中，真实域不但可以从其位置中消失，也可以借助力量来实现超越。

二、巴迪欧的“矛盾论”

在《主体理论》中，通过巴迪欧的分析，我们可以得出关于矛盾概念的以下三个结论：

1. 矛盾首先是一个差异(大写的“二”)，而差异的强弱则取决于其项的不同类型。最微小的差异能够精确到位置上来，即 P 在两个 A 之间的分布空间，但却不存在最强的差异。这与莱布尼茨的数学原则不谋而合，即只有最小值是存在的，最大值是不存在的。其中每个项通过其他项摧毁的方式使得自身的力量得以加强，就如同无产阶级对资产阶级的摧毁一样，这也是毛泽东所说的敌对性矛盾。

2. 矛盾的原则将个大写的“一”作为大写的“二”的运动，并作为它们对立的载体。作为对立的集合，矛盾这个大写的“二”将大写的“一”进行了划分。更加猛烈的是，在这个对立斗争之中的关联进行了一个摧毁的过程，由此位于项中的个体从其分裂的自身当中分裂了出来。斗争预示了将“一”摧毁后的联合。阶级矛盾一般而言都是结构化的，而阶级斗争的本质是完全政治化的，绝不能将阶级矛盾与阶级

① Alain Badiou, *Théorie du sujet*, Paris: Seuil, 1982, p36.

② 褚孝泉:《拉康选集》，上海：上海三联书店，2001 年版，第 152 页。

斗争画上等号，将矛盾所有的关联都进行实践。

3. 矛盾的基本原则就是不对称原则，它并不是“二”的均衡。对于不对称原则来说，它或许只是一个固定的位置，在其中一个项处于支配地位，而另一个则臣服于它。不对称原则的实质是一种反向的倒转，而并非位置的固定不变，这种反向倒转将以出位为核心的归位摧毁了。这是一种撤销的逻辑，而并非一种包含的逻辑。

由此，矛盾的概念在其差异、关联以及位置这三个组成部分当中被拆分了，据此也可以将这个矛盾合理地分配于辩证法的两端。事实上，每一个辩证过程的本质都是一个结构的矛盾与一个历史的矛盾的融合，它们对同一个项同时起作用。而历史的矛盾是以结构的矛盾为基础的，这个形而上学的基点也是理解主体问题的关键所在。

比如说政治主体。资本主义社会的两个矛盾：生产力与生产关系（基本矛盾）以及社会敌对阶层之间的矛盾（主要矛盾），其中，生产力与生产关系之间的矛盾表明，资本主义者是社会构造中生产方式的原始比例，是给日益增长的生产力社会化所设置的一个障碍。在资本主义社会里，财产的分布（例如各种形式的主体——利润）与生产方式的集中过程便形成了一个有限制的对碰，这便是古希腊古典经济学家们所说的社会基础，其他的便是上层建筑。而社会敌对阶层之间的矛盾则表明，在社会的阶级冲突中，组织资产阶级镇压无产阶级政治生活的还是资本主义，这便是古希腊文学所说的历史动因，剩余的都是意识形态。由这两个矛盾所导致的对资本主义的定义表明，每种社会形态都是由其真实主体所分裂的个体来定义的。由此只能把工人阶级看成生产关系的一个位置或者反对资产阶级的一个集合——尽管在巴迪欧看来，应当把工人阶级看作一个反抗的政党及大众。[①]

当两个不同类的质量作为力量而相互运动之时，它们便被放入到

---

① Alain Badiou, *Théorie du sujet*, Paris: Seuil, 1982, p16.

了一个关联之中。关联是力量的关系体现，它表现了力量之间的相互对抗。在黑格尔的《逻辑学》中对此有过这样一段论述：

在这个过程当中，一种推动力由一个力作用于另一个力，第一个力被动地接受了这个推动力，然而很快便经过这个被动的力转化为一个积极的力，这是力量向它自身的回归。它表现了它自己。这种表现，从某种程度上说，它把外在性作为它自身的时刻，因而否定了另外一个力对它的吸引，因此是一个反作用。①

由此可以看出，力量只有在设定“外在性为它自身的时刻”之时，才可能获取一个以其自身为核心的质量的关联，即使直面遭遇了力量，这个关联的异质性依然存在。当人们以敌对的形象为根基建立起自身内部的政治形象之时，他们得以将其抗压性的独立进行扬弃，从而进入到一个积极的断裂中。关联即是将力量视作行动，从而进入到另一个力量之上，然而鉴于力量的不可削弱性，归位也有待于摧毁来进行调解。

事实上，整体与部分、力量、现象与本质这三个部分是连续的。整体与部分的关系问题也可以说是一个归位的理论，这个理论表明，在结构项中，每个对立统一的关联都是一个出位，其原则是包含。它在力量面前坚持其内部质量不可动摇的地位，而力量则过度地决定了导致匮乏的整体包含结构统一的僵局。黑格尔对这种僵局进行了如下论述：

由于这种存在是一个部分而不是一个整体，也不是一个合成物，因而它是一个单一体。但是它与整体的关系是外在于其本身的，因此并不涉及它自身；因此，自我的存在甚至都不在其自身当中；它只有通过那种联系才成为其中一部分。但是现在，既然它不是一个部分而是

① 黑格尔：《逻辑学（上）》，杨一之译，北京：商务印书馆，2011年版，第126页。

一个整体，它又再次成为了一个合成物；它再一次包含了部分，成为了无限。这种无限仅仅包含关系中两个长期存在的交替的决定因素，在每一个因素中，另一个突然出现，以此每一个因素的存在就是它自身的消失。①

从这里可以发现，如果将力量废除，被假定的这个存在，其本质将消失于无限的循环当中，整体的辩证法也融入到这个消失项中，这便是出位（在这里假设开始是部分）的归宿，而只有自发地与它自身相分离，消失项才得以找到一个位置，这便是归位（这里指整体）的归宿，只有将自身完全废除，消失项才能获得统治位置的出位。于是可以发现，一个纯粹断裂的关联是通过结构辩证法才得以将过程形式摧毁掉的，其目的是在非在的存在与存在的非在之间无限循环。对这个消失项的思考也是结构辩证法的重要内容。

但黑格尔并没有止步于此，他假定力量是产生于震荡断裂之中的。事实上，力量维持了整体中部分的运动，但其连续性并没有消融在部分中，而整体也不再依靠归位来发生作用，整体在这里变为了一种连贯的连续，一种行动中的统一。由此可见，力量的这种理论论调与辩证关联的历史层面的理论不谋而合，而"一"的行动也是建立在位置系统中逐渐消退的关联之上的。在对黑格尔理论的验证中，关联的这种历史性得到了进一步深化。首先，这种历史性设定了一种由力量管制的条件，这也是其关联的实质所在。在笔者看来，可以在力与力的相互作用中来研究力量，这也即它自身的存在：由此，通过另一种力量而形成的限制条件在其自身当中便成为力量自身的行动。理解这个问题的关键在于将关联视作一种行动，而断裂这个力量的轨迹却认为实践优先存在于关联之上。其次，依靠力量的聚集作用，在积极与消极行动的基础之上，黑格尔对关联进行了阐释。在黑格尔看来，在

① Alain Badiou, *Théorie du sujet*, Paris: Seuil, 1982, p51.

关联中,消极的存在只是一个假象,只是经验上关联的衍生而已,其内部的基础是积极的存在。同时黑格尔还认为,假设力量之间的关联是积极的,那么在结构中,其限制条件最初是以他力的形式展现的,于是当力量试图挣脱现有状态摆脱他力控制之时,它便受到了在它自身之外的行动的控制。

在阶级斗争中,无产阶级只有将其内部团结一致,只有通过资产阶级将其意志提炼净化,才能作为力量行动起来并进入到与资产阶级斗争的关联中来,才能在反抗帝国主义归位摧毁性的斗争中取得胜利。如同黑格尔所言,行动是反抗它自身的基本行动。巴迪欧认为,可以将这种对自身的反抗称之为内部的外化,这也是黑格尔所说的力量的无限性。力量的无限性与歌德《浮士德》中的"开始即是行动"有异曲同工之妙,它表现了实践的优越性,与关联的行动密不可分。而这种外化的无限性也导致了黑格尔在这里的辩证走向,他最终将内外部混合在了一起:

> 外部和内部以这样一种方式被限定了,以至于这两个限定中的每一个不仅以另一个为前提并如同进入其真理一样地倾向于它,而且这个作为他者的真理依然被假定为一个限定条件并指向两者的整体。[①]

在拉康主义者看来,这就意味着主体拓扑学的降临,例如著名的莫比乌斯带。[②]在巴迪欧看来,这就意味着在归位的力量逻辑中,不可能再将"二"设定为"一"被排挤的外部了,出位便以这样的形式相互关联着。同时在这种逻辑中,对立统一也不再是一个定向的包含有其历史性本质的关联了,而对于其非定向而言,基本的结构定向是能够被精确地划分界限的。例如在阶级斗争中,作为力量的政治阶层,无产阶级在整个斗争史中都同资产阶级联系在一起,然而这也不能归入到

---

① Alain Badiou, *Théorie du sujet*, Paris: Seuil, 1982, p54.

② 褚孝泉:《拉康选集》,上海:上海三联书店,2001 年版,第 153 页。

整个社会领域当中来，对此我们只能将阶级位置置入其被安置的场所，也即生产的社会关系当中来。

这种内外部的联合，是由内在力量原则统辖之下拓扑学的矛盾所造就的结果，这也就是黑格尔所谓的存在与本质的统一，抑或他所谓的"真实"，这是其《逻辑学》中的重要转向之一，具有很重要的意义。而唯物主义的辩证法则认为，人们在其力量内外部的迷宫中并没有遇见归位所提供的位置，他们在其中获得的是用力量超越了位置的主体。[①]

三、巴迪欧的"主观与客观"

不管是位于归位之上（在国家或象征域位置上的力量），还是对出位进行了揭示（在革命或真实域中的力量），只有在其他力量的结构中，力量才得以将自身进行扩展。由于经常被放置的缘故，力量是不纯粹的。结构的连续性对历史的特征造成了一定的影响，由此力量中的某些物质也与归位具有了同质性。力量是无限的，然而力量也是有其自身的界限的。这与黑格尔的论断是不同的。巴迪欧认为，在任意的一种对立统一过程当中，通过对其自身随机运动的净化，力量展现了它的不纯粹特质。在其自身的无限断裂中，力量中的特征模式展示了自身，而这本身就是一个运动，在这个运动当中，力量将其质性的特征汇集起来并将原本在其位置上的自身摧毁了。

于是，对于政治性的阶级政党来说，在极其危急的时刻，它必须从位置中产生并将其自身的内部力量集中起来，从而将帝国主义的归位摧毁，由此获得自身的解放。工人阶级只有将自身从受奴役束缚的状态中挣脱出来，将其自身内部不能摧毁的事物摧毁，才能使政党得以

① Alain Badiou, *Théorie du sujet*, Paris: Seuil, 1982, p55.

净化。然而这也并不能说明政党就是纯净的或倾向于纯净，即便如此，在其自身及没有被净化的消失项之间，在其阶级的中心处，政党给新旧两条道路之间不可避免的斗争指明了方向。在这场新旧之间的较量中，"新"的聚集导致了力量的净化。由此，马克思主义政党应当接受一切来自群众正确合理的思想观念，因为这些思想观念是很必要的新的思想观念。

由此，巴迪欧认为可以得出这样一个定义："与力量的数量聚集相关联的过程即是主观的过程。"[①]在巴迪欧看来，这个主观的过程是真实的存在现象，是实践的过程。事实上，从某种意义上说，政党也是主观的，徒有其自身而已。而力量被放置的过程即是客观的过程，它是不纯的。由此可见，每一个力量既是主观的又是客观的，因为一方面，它在断裂中聚集起来并使自身得以净化，另一方面，在其被放置到位置的进程中，它又被归位和结构化了。由此笔者认为，可以根据主观与客观来对力量进行划分，对辩证法进行划分。主观、客观仍然与归位、出位是相连接的，依据主客观这两种力量，可以在主观辩证法与客观辩证法之间划定出界限，这就是辩证法的力量。

下图表明了资产阶级与无产阶级之间的经典矛盾：

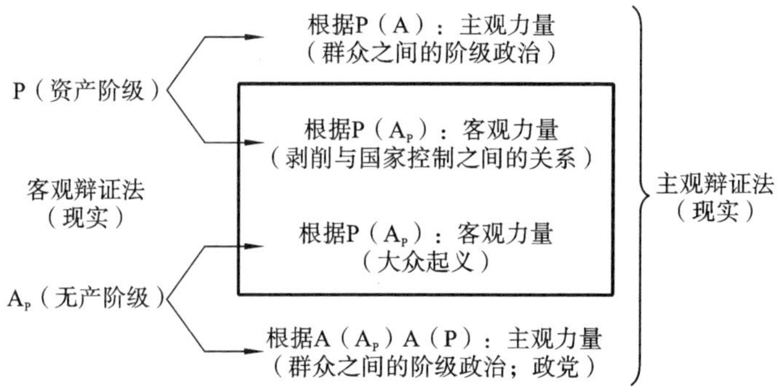

客观辩证法认为人民群众创造出了规律，它关心的是群众的压迫

① Alain Badiou, *Théorie du sujet*, Paris: Seuil, 1982, p72.

与反抗生活，正如那句著名的口号所言：哪里有压迫，哪里就有反抗。而主观辩证法指的就是政治，这种政治是被人民群众中的阶级所创造出来的。[①]事实上，历史与政治、大众同阶级之间的差异就好比整体与“大一”之间的差异一样，是同一个道理。于是笔者也发现，在归位中，资产阶级的主观力量具有防止其机构偏离无产阶级主观力量范畴的作用，由此可见，一切主观活动的目的就在于阻止对立力量净化集中的过程。无产阶级可以付出一切代价，用不计其数的流血牺牲来尽可能地将资产阶级进行摧毁与冲击，这便是无产阶级的基本目标。在巴迪欧看来，马克思主义便是无产阶级用以保持自身作为主体的一种话语，必须坚守捍卫这个观点。例如马克思对《法兰西内战》的分析，是相当客观公正的。马克思认为，这次巴黎行动可以被定义为，国家中的阶级为了其政治目的而发动的一场短暂迅猛的起义。他们的目的是打碎旧的军队和国家机器，用一种新的体系对权力机构进行归位，而并非对它们进行替换或将它们占为己有。而在《公社》中，马克思又将异质的力量同政治辩证法这个在核心统治地位位置的限制连接在一起，由此依据力量（在巴迪欧看来，必须将统治的位置获取才能占据新的质量）和位置（巴迪欧认为必须将其对立的一面征服），马克思也划分了权力争夺的方式。由此笔者也经由辩证法的结构层面通向了其历史的层面，在这里笔者认为，无产阶级除了是位置中的出位以外，还是一种力量的他力。

由此在《主体理论》中，巴迪欧发现，列宁从公社革命的失败中获取了以下经验教训：(1)必须将马克思主义政治学付诸实践，《怎么办？》最富有启发性的一点就在于鼓励人们成为政治上的狂热分子。(2)在国家体系而非联邦制的斗争中，必须对事情形成一个总体的观点。(3)必须训练出一支由农村大众组成的同盟军。(4)必须通过一

① Alain Badiou, *Théorie du sujet*, Paris: Seuil, 1982, p75.

种连续的军事攻击的形式来镇压革命。[①]巴迪欧认为，在列宁看来，作为军队的核心，其政党将这四个经验原则汇集在一起加以运行，并对公社的评判建构起了一套可能性的实践体系。事实上，这种政党是经由力量的主观层面——政治活动而得来的，从某种程度上来说，《怎么办?》其实是对力量主观层面进行阐释的理论学说。在其马克思主义政党的要求下，《怎么办?》必须对《公社》进行评判。然而笔者认为，在《国家与革命》中，列宁对《公社》的评判思路却又截然不同，这是一种以马克思主义为根基的关于国家问题的评判：所面临的文本承载着一个古老的使命，当回归到客体之时，并不能从事物的表象中发现什么。由此就有了让历史学家们左右为难的一面：依据力量与位置的关系来评判的话，按照马克思的说法，公社是一个新事物；而依据主观与客观的关系来评判的话，十月革命是新事物，公社却是一个陈旧不堪的事物，只有通过净化的力量才能将它的实践认知汇集到新的进程当中。

事实上，黑格尔在《逻辑学》中也专门对客观性进行了论述。而这一部分的论述是紧接在主观性的论述之后的。对于黑格尔来说，客观性是纯粹的主观形式的内在性及对其知识的调和。[②]巴迪欧认为这完全是一种唯心主义式的颠倒。在这里，黑格尔建立了关于历史分期的统一体。在这个统一体中，客观性与正式的主体是相关联的，它完全将自身消解并汇入到绝对知识中去了。在内在与外在积极填充之下，形式通过其自身的原则才得以将其内容展现出来。不能忘记这一点，即主体是归位的纯粹律法，经由它，空对自身进行了超越得以进入到出位之中并最终与沉思的整体平衡了。与此同时，用同样的方式，位置进入到力量层面，由此主观也得以与客观相融合。辩证法即是对这一系列运动的阐释。于是与历史分期相关的一个原则便全力以赴地朝着自身前进了，而最终起决定作用的还是那个无限循环的主体。从

---

① Alain Badiou, *Théorie du sujet*, Paris: Seuil, 1982, p98.

② 黑格尔著：《逻辑学(上)》，杨一之译，北京：商务印书馆，2011年版，第103页。

这里也可以看出,唯心主义辩证法是无法分辨出在历史分期基础上有差别的双重断裂的。然而黑格尔对此是不以为然的。黑格尔的辩证法所预设的是关于双重断裂的位置、力量、主观与客观这四个术语,而非关于异化的情势、否定、否定之否定这三个术语,正如黑格尔所言:

这第二个直接的事物,在整个过程中,假如人们总是愿意计数的话,对第一个直接的事物和对有中介的事物来说,就是第三个事物。但它对第一个或者形式的否定并对绝对的否定性或第二个否定来说,也是第三个;如果那第一个否定已经是第二项,那么,那被数为第三的,也可以被数作第四;抽象的形式也将不再是三分法而被当作是一个四分法。否定的事物或区别,以这种方式,便被计数为两分法。[①]

对矛盾的否定(差异)原则的计算并非单单是一种普遍性的行为,事实是,它也可以被当作一个"二",据此,时代分期的四重性也得以建立了,对这一点的理解便是对《逻辑学》中唯物主义顶峰的直觉意识。"形式的否定"与"绝对的否定"之间的差异即是主观与客观之间的差异,这与人们在颠倒的情势中所希冀的不谋而合。然而这种直觉意识立刻又被循环所回归的主题掩盖了:

以这种方式,在以后的规定中,每前进一步离开不曾规定的开端时,也是后退一步靠近开端之时,以至于那后退论证开端和前进往下规定开端初看好像是差异的东西,都相互汇合了,并且是同一回事了。[②]

在唯物主义者看来,只有当其从由历史分期中而得来的"新"所标志之时,开始也才得以存在。发展与反作用是不能共存的。在力量与位置的关系情势之下,人们不能够依据主观与客观的关系来探讨力量

---

① 黑格尔著:《逻辑学(上)》,杨一之译,北京:商务印书馆,2011 年版,第 103 页。

② Alain Badiou, *Théorie du sujet*, Paris: Seuil, 1982, p66.

之下的断裂,他们只有等待第二次时机的到来。但对于黑格尔来说,他也不会等待1917年十月革命的爆发,如果要将巴黎公社的历史意义永存于世的话。为了能够知晓整体当中动力与反作用的地位象征,黑格尔只有始终如一地坚守自己的观点并借此对循环进行追根溯源。事实上,从主观到客观的过渡仍然是《逻辑学》中的一个难点所在。通过主观的纯粹形式化这一特征,可以窥见亚里士多德逻辑学的影子,由此在这里,黑格尔的理论便成为一个由三段论的数据而演绎出物质世界理论的事件了。于是,事物的直接现实便经由其科学的概念得以被抽取出来,它只有在最高形式的数据中才会成形,于是三段论的分裂公式:A是B或C或D,但A既不是C也不是D,因此A是B,这便是黑格尔循环论的根基。对此黑格尔认为,三段论是一种中介,是其循环论假设的完整概念。黑格尔循环论的运动就是这种中介的扬弃,且这种扬弃没有给黑格尔循环论自身带入任何新的事物,每个项都依靠着另一个项。因此,黑格尔循环论带来的结果就是由这种中介扬弃而来的一种直接,一种生成,它不再与中介相类似,它是他者中进进出出的概念。因此,这种生成就是内在于其自身且为着其自身的一个事实(eine sache)——客观性。

尽管如此,在笔者看来,只要能够从时期划分的规定中总结经验,将主体的路径规划出来,同时区分出位置与力量、客观与主观之间的差别所在,也同样可以从黑格尔的这种循环论中得出启示,不再忽视理性形式的存在与作用。

四、例外能指下的主体

毫无疑问,在唯物主义与唯心主义之间并不存在一种中立的辩证法。从前面的分析中可以知道,在其界限的原则之下,辩证法具有结构性的一面与历史性的一面,由此辩证法被划分为位置与力量两种逻辑。在这里，笔者设定古老的唯心主义辩证法公式将由结构辩证法所取代。当然，这并不意味着将黑格尔（马拉美或拉康）的唯心主义看作纯粹内核的外部颠倒，而是将其看成这样一个整体，它是辩证法作为一个整体存在的对立关联的关键项的选择。据此，巴迪欧对结构辩证法进行了如下定义。

> 1. 结构辩证法不可否认是辩证法思想的一种形式（这是它唯物主义的一面），在这个意义层面上，广义地说来，它起源于两个关键的本体论原则：
>
> ——超越均衡原则的过程及超越特征确认的转换运动的首要性；
>
> ——“二”超越“一”（矛盾）的首要性。
>
> 2. 结构辩证法有这样一个倾向（这是它唯心主义的一面），首先，它使得辩证法中的结构层面盛行于其历史的层面，也即，位置优先于力量；其次，还是在这个同样的关于结构根基首要性的内部，让关于“归位”的理论植根于其有规则的经验体系中，优先于“出位”的产生。[①]

由此，巴迪欧将结构辩证法引入到了主观与客观的关系当中。在巴迪欧看来，在结构辩证法中，弱差异是可以位于强差异之上的，事实上，结构辩证法存在着将所有的差异都归类于与位置的纯粹距离相关的问题，而它这样做也是为了将质量的异质性削弱，因为它的存在变幻不定，只有在其短暂的效力中才能够将它捕捉到。从这里也可以看出，结构辩证法更关注的是纯粹的排除、分裂的定位以及交替的关联，而不是以“对立斗争”的名义来获取某种关于质量摧毁的关联。同时，结构辩证法也无意于对次要的生成原则的获取，它意在通过对称或恒定的非对称方式将项的位置固定下来。

尽管如此，在历史的作用之下，结构辩证法在真实域中也面临着

---

① Alain Badiou, *Théorie du sujet*, Paris: Seuil, 1982, p69.

位于自身的局限之外，只有服从于历史规则而不是整体辩证法的规则，且只有当它是一个结构主义的组合之时，结构辩证法才算与历史融合了。事实上，结构辩证法较为突出的特征在于其复杂的溶解行为，借助这一行为，它最终与那个原本将其排斥在外的反向真实界越来越靠近了，这也从某种程度上重构了结构辩证法的权威。这一点在拉康那个打开的结中体现得尤为明显。结构辩证法中存在着几个经典的问题：(1)如何将一种定性的强差异带入到弱差异或位置的差异当中——这是关于将不可图示化图示化、摧毁或产生连锁效应的问题；(2)在探讨力量之时，为了将递减持续下去，如何使所需之物消失呢？——这是一个关于消失项的问题；(3)那个并不存在的消失力量又是如何导致位置的运动以及整体的变化了呢？——这是关于结构行为抑或因果律缺失的问题。

由此，可以获取关于复多的"一"的特征，即连锁效应、消失项、因果律以及分裂。这也是古希腊的原子论者们很早就得出的理论。在古希腊的唯物主义哲学家们看来，原子同虚空之间的差异最为强烈，他们假定了一个表现了物质离散的多重性与空无连续性的绝对异质性的存在。对此黑格尔大加赞赏："它使得'一'的这种简单的确定性及所有事物关于虚空的原则从这种简单的对立中得出了世界无限的多样性，并大胆地假定是从后者推出了前者。"[①]

在这里，来自现实界本身力量的障碍阻挠了抽象结构背后的这种动力。假定当其处于虚空固定的外在边缘，且当其作为原子本身而不是虚空才能够被命名之时，原子们只有保持悬置状态。或许人们又会认为，原子是由于虚空才得以运动的，它将质的纯粹原则以及与其背道而驰的排斥的束缚打破了，于是关联或者方位便开始形成了。于是随意性的虚空，即使不是在原子的作用下，也会在其本身的轨迹线中

① Alain Badiou, *Théorie du sujet*, Paris: Seuil, 1982, p74.

完成它的归位。据此，黑格尔深有感悟并完善了其关于否定理论的空白，他认为最早的原子论哲学家们并不曾使原子论的本源就停留在这样的外在性里，除了它的抽象以外，其中还有一个思辨的规定，也即认识到虚空是运动的本源。原子和虚空的这种关系与这两种规定仅仅并列而各不相关，是大不相同的。同时，黑格尔认为虚空构成运动之根据的这种观点包含着更深刻的思想，即在一般否定物中包含着生成的根据及自身运动的根据——然而在这样的意义之下，必须要把否定物看作无限物的真正否定性。

由以上结论可以看出，关联的显现即是辩证法，抑或思辨深刻的符号象征。黑格尔也认为，原子论最主要的作用在于将原子与虚空之间的强差异进行了弱化，而非关注原子与虚空相互制约的方位。假定存在着一个“二”，那么以上原则便使由“二”中所演化的“一”的问题得以显现了。事实上，这就是一个关于“一”的关联的运动。假若运动是由虚空引起的，那么这个原则对于所有的原子都适用，否则这些原子将会与虚空关联起来。当然事情并非如此，于是原子便成为最开端的原则，而只要与其类似相近的都可以被看作虚空。由此巴迪欧认为，可以设定所有的原子均是依据平行的轨迹线聚集在一起以等速运动着的。然而这个运动并没有组成一个整体，同时由于没有一个能够将其给予标记的参照点（这个参照点即是无限原子共时共性的中介过程）以及怀疑论的影响，巴迪欧认为原子的这种运动是没有任何意义的，它就相当于其自身绝对的静止。于是结果便是什么也没有发生。即便身为动力的虚空凌驾于原子之上，这些原子不同的异质性依旧置身于一种没有意义的机械化当中。由此，强差异（本质上为绝对差异）便成了一个断裂点。尽管没有什么发生，也还是存在着某物的。原子论哲学家们用这些存在着的某物对真实域进行了制约，借此与其原子机械的二元性相抗衡。

要想经由原子与虚空的原则，使得这种机械的二元性进入到“一”

的整体世界中来，巴迪欧认为“很有必要将强差异转变成弱差异，并在原子内部将它们汇集起来，正如马拉美将其本不可能投掷的骰子抛进与它同质但并不存在的虚空中一样”①。在笔者看来，这样就离辩证法中的那个重要的操作——把链条连接起来这一行动越来越近了。这就表明通过强差异的作用，真实域的质以力量的形式，将自身得以显现并与空间中的同质连接相融合了。在这之中，过程便是一个被同类项所组成的联合。这就是古代原子论所谓的克里纳门。在这种克里纳门中，可以通过归位同性的轨迹线将出位的运动辨认出来，尽管这种运动没有规则也无法被标记出来。

如前所述，原子要想通过一种独有的方式同虚空发生关联，就必须与其自身背道而驰（即背离），把自身从律法中独立出来，以此在虚空的效力之下使同质的粒子可以降落下来。事实上，背离的原子是虚空的标志，因为虚空用一种并非原子共同特征的独有方式对原子产生了效力，在这种效力的影响下，原子便得以履行其作为虚空的原子代理的功能。由此，强差异与弱差异的融合开始发生了，发生了背离的原子的行动趋向（克里纳门）与在同质原则中相互复制的原子之间、原子与虚空之间也是异质性的。巴迪欧认为，“我们可以将在资产阶级与无产阶级之间对立原则的指导下、对群众运动所进行的两条道路的划分与原子的这种运动相提并论。”②在这里，在群众创造路线的行动中，他们的联合也将其内部的敌对力量显现出来了。于是便拥有了一个实践的趋向，人民群众对历史的创造也就相当于原子对世界的构成，换句话说，是原始的质性差异把人民从帝国主义中分离出来，并对他们进行了复制。由此也可以发现群众是具有背离的能力的，这也即所谓的群众运动。

事实上，群众的这种实践趋向也即强差异与弱差异之间的辩证法。

---

① Alain Badiou, *Théorie du sujet*, Paris: Seuil, 1982, p76.

② Alain Badiou, *Théorie du sujet*, Paris: Seuil, 1982, p77.

在这里，“出位原子虚空的倾向将位置虚空的原子辩证法化了。”[①]在古希腊时代，趋向取代了古希腊人成为主体，抑或变得主体化了。于是，结构辩证法的目的便在于将力量的制约打破，为了实现这个目的，结构辩证法呼唤归位的发生，巴迪欧将对归位的这种呼唤称为“自由”或“机遇”。在这种自由或机遇之下，归位即是作为强差异的虚空运动及其组合过程。而趋向则变为了一个特殊的出位，一个不可定性的机遇。马拉美也并没有将这个机遇作为其诗歌的主要类型。对于任意一种结构辩证法来说，机遇都是很重要的一个概念。例如在拉康的理论中，剥去机遇颠倒伪装的外壳，所剩下的只是那个冰冷残酷的现实。这也正好印证了马克思的一个观点，即历史是政治需求的机遇。在结构辩证法看来，强差异是无法思量的，由此，只有在弱差异中事物才能够被思考，例如，德谟克利特的原子位置之间的差异、马拉美诗歌中象征符号之间的差异，以及从某种意义上来说马克思主义群众内部政治阶级立场之间的差异等，都是一种弱差异。尽管如此，巴迪欧认为：“我们也必须将强差异这种开放原则运用于真实域中，原因就在于它对归位进行了修复，没有映射出一丁点儿出位异质性的影子，于是在结构辩证法中，趋向被废除了，这也就意味着，结构辩证法的主要目的就在于按照其结果来将力量废除，使我们得以在原子集合的归位中辨认出出位的倾向。”[②]

第二节　主体ψ与主体α

通过对关于起因问题的主体化与关于连续问题的主体进程的设定，巴迪欧进一步论证了从摧毁与匮乏中产生的关于主体的辩证法，不仅如此，他同时又创造了焦虑、勇气、正义、超我这四个基本概念，以

---

① Alain Badiou, *Théorie du sujet*, Paris: Seuil,1982, p78.

② Alain Badiou, *Théorie du sujet*, Paris: Seuil,1982, p79.

及由焦虑同超我相结合所产生的 ψ 与由勇气同正义相结合所产生的 α 这两种形态。而主体也在对 ψ 与 α 这两种形态的划分中进一步体现了它的存在意义。由此巴迪欧又设定了力量、位置、真理、轨迹、摧毁与匮乏这六个概念,用一种更加普遍化的辩证集合方式来进行对主体概念的论证。

一、主体化与主体进程

主体是从何处生成的呢?

或许米勒的说明对结构辩证法的形式主义进行了一个更好的总结,在他看来,只有当符号消失之时位置才会出现,反之亦然。这是否足以证明我们的说法,即只有在其消失当中,位置及符号才获得存在——它仅仅只掌控着其匮乏的边界——在一瞬间?符号的存在就如同匮乏的存在一样,它仅仅"现存"于物体与精神当中而不可捕捉,或者"现存"于一个事物与其他事物的差异当中,于运动、过程当中,不是太早就是太晚。这一过程(这个整体)作为不能成为整体的形式展现自身——或者,作为一个矛盾的整体,也就是说,带着矛盾的整体,或者是带有不可分的元素的整体,其复多也不能被化简到整体中。符号并不是构成(它是相互矛盾的),它继续存在着,它是一个过程。

由此笔者认为,可以在符号象征消失时将主体揭露出来,并在其言说自身的瞬间将主体捕捉到。然而不能忽略的一个问题是,主体到底是怎样生成的呢?其丧失的客体对主体进行了规定,而其存在的匮乏将其缝合入真实域当中,于是欲望将主体进行了划分,紧随着消失项,主体便产生了。[①]作为两个能指之间的间隔,主体把这两个能指互相显现于彼此面前,例如在作为阶级存在的无产阶级中,一场已被命

① Alain Badiou, *Théorie du sujet*, Paris: Seuil, 1982, p80.

名的革命将自身展现于另一场可被命名的革命面前。而在群众这个真实域当中，党派的主体回溯性地遭遇了历史化的断裂。事实上，群众不是历史的本质，它只是重复的禁令，在其中，马克思主义话语在偶然存在的主体中诞生了。

而拉康从真理的四边形与主体的代数规则中得出了以下轨迹：

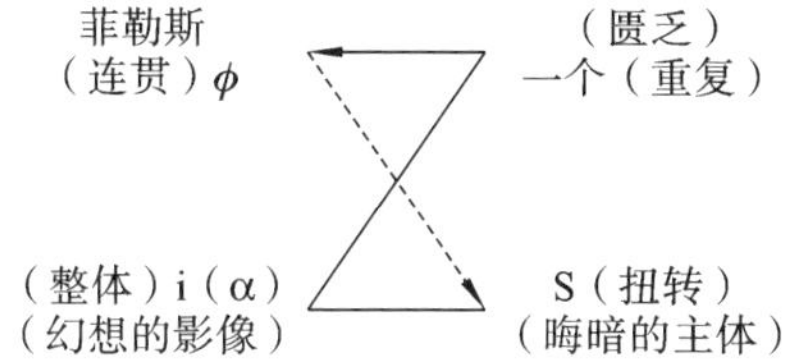

在这条轨迹当中，主体是由组成其丧失的无知所统辖的。归位的操作是置换，从中并不能将丧失辨认出来，而在将匮乏作为连续局部的言说中，主体便消逝了。在拉康看来，是匮乏的效应使保守主义将自身给予保存，而巴迪欧则认为，所被摧毁的，至少是保守主义的不稳定性及其重复的部分，它们共同构成了阻挠它的部分。正是于所存在的匮乏与摧毁、阻挠与重复以及溢出与位置之间的交叉点上，主体便产生了。摧毁是主体的一个基本形象，通过摧毁，主体最终超越了其自身中的匮乏，从而避免成为导因存在效应的重复性终止。如前所述，巴迪欧将这种超越称为力量，如同只存在一个主体一样，也只存在一种力量，而这种力量建立在可重复事物的基础之上，并从这些可重复事物中将自身一分为二，逐渐变成了不可重复的事物。它是作为事件而得以展现的，这个事件也即主体的踪迹，与摧毁一起超越了匮乏。

通过拉康对研讨班中引入性的练习——《被盗窃的信》的评论，巴迪欧发现拉康的主体代数是一个相当极端的公式：

事实上，通过这样的练习将解构的方法引入到精神分析理论的领域中来，这一做法遵循着我教学中的重要发展脉络。与主体化的概念、与关于分析位点的参考一同前进，在其中我宣称将主体的进程形象化。[①]

为了更好地阐明其关于主体的理论，巴迪欧除了设定了两种暂时性——主体化与主体进程以外，他还进一步设定了四个基本的概念——焦虑、勇气、正义、超我，以及两种形态——将焦虑与超我连接在一起的形态 ψ 与将勇气与正义连接在一起的形态 α。作为一种代数的拓扑学剧变，在对形态 ψ 与形态 α 的划分当中，主体也实现了其自身的价值。

巴迪欧认为“主体化”与“主体进程”是非常重要的概念，“主体化”是关于其起因的问题，“主体进程”是关于其连续的问题，必须在主体化的争议以及主体进程的存在中决定主体。[②]例如在“不被阶段所阻挠的革命”中，与“阶段”相对应的是主体化，与“不被阻挠的”对应的则是主体进程，而“革命”则与政治的主体相对应。不经过预测的主体化是不存在的，同时这反过来又可以被主体进程所测量，正如拉康在其《选集》中所言的，使得在由诡辩术所演绎的主体声明中的决断行为如此非凡的原因就在于，它根据其被主观掌控的暂时焦虑而预测了它自身的确定性。同时也不应该忽略这一点，即：主体进程可以作为确定性元素中主体化反作用力的基础，而主体化能够使这种确定性得以实现。

例如，在马克思看来，在其政治性犹豫的主体化中，公社革命的发生是具有突发性的。[③]对于其没有向凡尔赛进攻这一点，马克思是持责备态度的。当然了，这样做也是为了可以反过来对其（胜利的）确定性进行预测，仓促本身是可以成为载体的，只要其能在他者中被解码，例如，在凡尔赛居民最开始的混乱与惊讶中，在由随后的仓促所造成的

---

① Alain Badiou, *Théorie du sujet*, Paris: Seuil, 1982, p89.

② Alain Badiou, *Théorie du sujet*, Paris: Seuil, 1982, p95.

③ 马克思、恩格斯：《马克思恩格斯选集》（第1卷），北京：人民出版社，1995年版，第76页。

将匮乏转化为理性的可能性中，以及在反抗凡尔赛的军事进攻中，等等。后者也将最终在主体进程中被捕捉到，即在一种合理的政治导向中被捕捉到，而这种政治导向也是巴黎群众进入到一个始终如一的主体消失代数的唯一有效途径。

由此可见，在主体化中，确定性是可以被预测的，在主体进程中，连续是具有反作用力的，而理解主体概念的关键就在于将连续放到起因仓促的连续性中。

如前所述，主体受决定位置规则的束缚，由此它不会用其效应的介入将后者摧毁。而这种介入正是其主体化的本质，由此，在其中管制被废除了的规则的位置便包含于摧毁之中了。于是，从介入、新的位置及规则的角度来看，主体可以称得上是一种重组的进程。除了在其被规定的位置(即归位之下)，主体不用顾虑以外，总体来说，由于其所破坏之物也是组成其位置的一部分，主体还是受到了一定的影响。事实上，“从主体进程于介入中发生的角度来看，主体的律法是摧毁与重组的辩证分割”。[①]这就使得主体进程在某种程度上摆脱了重复，原有的同一性效应被破坏了，而这种摧毁则带来新的同一性。

巴迪欧认为，当暴动在一定的机遇之下得以与解放战争的连续性融为一体之时，当位置的偶然性得以于力量的差别中被显现之时，主体便产生了。在这里，巴迪欧也设定了四个前提：

1. 主体位于内部排斥的代数情势当中。尽管能够被指派于律法中，主体却将注意力聚集在律法效应的介入上。

2. 主体位于在位置之上的拓扑学的溢出情势当中。尽管作为一个单独的术语，主体直属于归位，然而作为一个集体术语，它附属于使其位置模糊的邻域系列。

3. 主体即是摧毁/重组，因为绝不会存在一个非位置。位置之上

---

① Alain Badiou, *Théorie du sujet*, Paris: Seuil, 1982, p97.

的溢出决定了一种替换。

4. 主体化在介入的主要维度中指定了主体，在重组的维度中指定了主体进程。[①]

不仅如此，在巴迪欧看来，不管在什么样的情形中，主体都通过对空位置的力迫（为了建立一种在其中溢出的代数规则逐渐衰退的模型，柯亨使用了一种他称之为“力迫”的技术：对这样一个事实的盲目直觉，在那里连续的规则不再被运用，处于争议中的是主体的力量。关于“力迫”将在第三章详细讨论）从而能够在主体化中前行，由此，通过对位置的占据且作为位置本身，一种新的秩序奠定了其自身的基础。由此，归位是摧毁的后续效应，主体化是一种预测，是结构为空的位置；主体进程则是放置了力迫的反作用力。而主体则是这样一种归位，经由不存在之物，在其被摧毁之物中，主体得以产生。对于位置本质上的主体化来说，当它再一次被放置入其边界的空位置之中时，它将跌入到位置与溢出之间的均衡之中，这再一次表明了，在没有定性突破的前提下，位置便是主体的位置，一旦有了这种定性的突破，扭转中的主体效应便摆脱了其原本的限制。存在这样一种基本理念，即在溢出与空位置之间不存在一条关于同一性的定理。对于巴迪欧来说，需要明白这一点，即真实域是不可能成为其他事物的，否则的话便印证了整体辩证法的这样一种观点，即在空位置的逻辑连续与复多内部的溢出之间是存在某种异质性的。

正如萨特多次说过的那样：“知识分子与革命的关系关键在于其普遍化的功能，的确如此，正是由于主体化拓扑学律法的溢出，与旧世界相异的全宇宙本源性才得以从存在主义那里产生。”[②]由此笔者认为，可以把主体化看作一个突破，它只有在力迫的逻辑内部才得以运

---

① Alain Badiou, *Théorie du sujet*, Paris: Seuil, 1982, p99.

② 萨特：《存在与虚无》，陈宣良等译，杜小真校，上海：上海三联书店，2014 年版，第 115 页。

转。暴动式“反抗”也是经由一种绝对限制的非存在之物才得以被力迫的，而这种绝对的限制是在一种超验的方式下，使自己被迫受制于一种直接条件的束缚。

由此，在巴迪欧看来，可以对主体进行如下总结：

1. 主体效应是对在一个空的位置及在这个位置之上的力迫溢出附近结构性波动的分类阐释。

2. 从唯物主义的角度出发，主体效应同时提供了其位置的代数与其力迫的拓扑学知识，它坚持由那些从其位置中消失的事物中消失，且包含于其目标的邻域之中。

3. 主体化可以被称为由溢出所导致的波动的介入。它是一种摧毁。

4. 主体进程可以被称为，将放回于溢出的位置放入到以溢出自身为中心的归位之中。它是一种重组。

5. 主体效应仅仅是主体化与主体进程可分的统一。每个这种时刻都是抽象的。只有根据摧毁与重组的进程来言说主体才是可被接受的，这在第二次阐释中反过来涉及匮乏与溢出的辩证法。

6. 从两个分割的阐释的交叉中可以发现，主体化被分裂成焦虑与勇气。

7. 同样的道理，主体进程将其统一归功于正义与超我的二重性。

8. 主体效应在以下四个概念的拓扑学中被完整表示出来：焦虑，勇气，正义，超我。

9. 拓扑学对以下两对组合打了结：焦虑/超我组合表示效应 ψ；勇气/正义组合表示效应 α。只有根据其分割制造了 ψ 与 α 同一性的进程来言说主体才是合适的。

10. 主体不能在任何地方被赋予（给知识）。它必须被发现。[①]

---

① Alain Badiou, *Théorie du sujet*, Paris: Seuil, 1982, p103.

二、主体的六个概念

不仅如此，巴迪欧还打算用一种更加普遍的辩证集合来建构主体的概念：力量（F），位置（P），真理（T），轨迹（L），摧毁（d），匮乏（l）。这样做的目的便是用一种代数化的符号来表示超我与焦虑，以便将这两个概念与主体的经验及其他部分区别开来。从某种程度上说，这样的超我与焦虑更倾向于同主体的两个过程相关联，它们对“主体/效应”实践物质性的区域进行了定义。于是在这里，焦虑便凌驾于溢出之上了，这种溢出是位于一个能够被象征的真实域的特定秩序中的，由此它也是一个力量的溢出。由此，一个被划分好了的主体便出现了，其自身的真理对其产生进行了破坏，于是，主体在匮乏的规定下也呈现了一种匮乏的状态。巴迪欧设定用$\not\vdash$表示溢出，于是焦虑的密码便可以用以下公式来表达：

$$F \not\vdash P = \frac{T + l(l)}{\$}$$

“二”在这里传达的意思是，在主体化不同的形式当中，主体 S 在溢出之时以分裂的样态得以存在。

而超越则是用一种摧毁的方式对法律当中非法律的部分进行了定义。如上所述，巴迪欧用 L 表示轨迹（在这里也可以表示法律），d 表示摧毁，于是巴迪欧又得出了以下关于超我的公式：

$$F \not\vdash P \rightarrow \frac{L + d}{\$}$$

在这个公式中，“→”表示在主体进程必要且相异的连续效应中，主体 S 只有在法律的恐怖呼唤与衰退中才能得以存在。

事实上，拉康早在 1954 年便对焦虑、超我、正义与勇气这四个概念的重要性做出了说明：

一旦为了主体之客体的出现的周期数量达到了，且他想象域的历史是完整的，一旦主体连续紧张不安的、暂停的又被焦虑所激活的欲望被命名且恢复了之时，尽管如此，并不是所有这些都会被带入到术语之中。最开始在字母O中的事物在这里成为了O'，它不得不涉及到完整的象征体系。分析的结果需要它。[①]

这种延期到何处会停止呢？难道我们不得不将这种分析性的介入延展到在伟大的辩证法传统中关于正义与勇气基本对话中的一点吗？

那是一个问题。而且回答这个问题也不太容易，因为实际上，当代的人们很明显从未谈到过这些宏伟的主题。他们更喜欢按照行为的适应、群体的斗志，以及其他的闲聊来解决问题。

由此可以看出，焦虑是真诚的，超我赋予了摧毁合理的连贯。在拉康看来，当主体连续紧张不安的、暂停的又被焦虑所激活的欲望被命名且恢复之时，精神分析学说便是以一种作为削减真实域溢出的方式而起作用的，它将归位中处于位置之上且于焦虑中对主体溢出部分进行维持的部分进行了重组。于是力量又重新被安置到它的位置之中。当然了，拉康也认为，项并不会包含所有的事物。在巴迪欧看来，“主体理论的辩证之处就在于对其位于结构效应牢固的物质基础之上连续颠倒的探讨，在这种颠倒中，通过对主体进行一种革新，历史重新登上了舞台。”[②]由此可见，这种从可疑的焦虑中所提取的真实域的溢出，不但将症候秩序置入作为出位的位置中，也可能对其扩张进行某种程度上的支持。

而在经由“正义与勇气的基本对话”所到达的“辩证法传统”方式中，鉴于主体对真实域介入的不同态度，它被一种在位置之上的溢出

---

① 褚孝泉：《拉康选集》，上海：上海三联书店，2001年版，第206页。

② Alain Badiou, *Théorie du sujet*, Paris: Seuil, 1982, p117.

力量所安置了。为什么是正义与勇气呢？在巴迪欧看来，经由正义，当主体的节点与位置及法律相连接时，在主体的变形中，正义是可区分的。同时在其中，超我是严格遵守着法律的规则的。不仅如此，正义所需要的正是辩证的不稳定性特征的发生，因为正义的断裂是非常容易受到其重组之影响的，且这种不稳定性是关于法律自身原则的不稳定性的，而不是某种特殊法律的不稳定性。不仅如此，从它作为主体效应的立场来说，当它作为可能履行法律功能的非法律之时，正义便对可能性进行了命名。例如，在马克思主义学说中，与超我相对立的是这样一种理论，即作为国家组成的核心基础，阶级的统治一般都是专政的。在保卫合法专政与议会民主的口号之下，国家是这样一种不合法的存在，它包含了一切合法的权力暴政同作为非法律的法律。与此同时，共产主义宣称，伴随着阶级同国家的日益衰老，无产阶级政治学的最后法律可能就是非法律了。由此可以看出，正义便是共产主义所追求的目标，作为一种当代的革命理论，作为一种法律的非法律，共产主义将正义普遍性原则、党派的主体性发挥得淋漓尽致。由此，拉康所谓的“扩张的、近乎普遍性的”事物也必须以其溢出的事物为基础。

由此巴迪欧认为，“当把真实域中的禁令废除之时，勇气便开始与症候的秩序进行对抗了”。[①]同焦虑一样，勇气也是以真实域的溢出为基础的，但由于它是归位中具有摧毁功能的力量，勇气又执行着颠倒的职能，它主动践行了症候的无秩序性，这是很具突破性的一点。如果说焦虑表明了位置的缺陷，那么勇气则是真实域的载体，经由位置得以分裂了。同时，在由丧失所影响的可逆连接中，勇气与焦虑共同分享一种可分的随意。

而基于焦虑与超我不可破坏的根基之上，经由一种不能被放置的

---

① Alain Badiou, *Théorie du sujet*, Paris: Seuil, 1982, p125.

溢出，勇气与正义把具有分割作用的主体效应与作为症候秩序的归位连接起来了。例如对于一个政治的主体来说，只有将其暴力与革命的连续性、摧毁与重组相结合，它才能够产生。在真实域的进程中，合法戒律的每种秩序及原则都在其内在的分割中逐渐统一起来。由此，来自大他者中的断裂退场了，取而代之的是大他者的那个不能成其所是的大他者连同其无明显特征的大同一性。

由此巴迪欧得出了关于勇气与正义的公式。

勇气位于平衡中摧毁的顶峰，在对勇气的分割中，真理得以被维持下来了：

$$F \vdash P \rightarrow \frac{S+d}{\not{A}}①$$

正义对位置的分割进行了阐释并使得其更加牢固。在法律的符号之下，正义对空间进行了重组。由此，正义是与其自身相连接的匮乏：

$$F \vdash P \rightarrow \frac{S}{\not{L}+1}②$$

巴迪欧将焦虑、超我、勇气与正义称为他的四个数元，关于这四个数元的公式共同构成了主体的效应，如下表所示。

<table>
<tr><td rowspan="6">法律的层面</td><td colspan="4">摧毁</td><td rowspan="6">国家的层面</td></tr>
<tr><td colspan="2">关于他者以至于法律可以现存</td><td colspan="2">关于法律以至于他者可以现存</td></tr>
<tr><td colspan="2">作为非法律的法律</td><td colspan="2">作为法律的非法律</td></tr>
<tr><td colspan="2">国家</td><td colspan="2">大众</td></tr>
<tr><td>柯亨</td><td>$F \vdash P \rightarrow \frac{L+d}{\not{S}}$</td><td>$F \vdash P \rightarrow \frac{S}{\not{L}+1}$</td><td>雅典娜</td></tr>
<tr><td colspan="2">超我</td><td colspan="2">正义</td></tr>
</table>

① Alain Badiou, *Théorie du sujet*, Paris: Seuil, 1982, p131.

② Alain Badiou, *Théorie du sujet*, Paris: Seuil, 1982, p131.

续表

<table>
<tr><td rowspan="6">真理的层面</td><td colspan="2">焦虑</td><td colspan="2">勇气</td><td rowspan="6">阶级的层面</td></tr>
<tr><td>安提戈涅</td><td>$F \curlywedge P = \frac{T+l(l)}{\not{S}}$</td><td>$F \curlywedge P \rightarrow \frac{S+d}{\not{T}}$</td><td>奥瑞斯忒斯</td></tr>
<tr><td colspan="2">[真理,不可维持的整体]</td><td colspan="2">[维持于其分割中的真理]</td></tr>
<tr><td colspan="2">统治阶级</td><td colspan="2">革命阶级</td></tr>
<tr><td colspan="2">力量,位置的丧失</td><td colspan="2">位置,力量的丧失</td></tr>
<tr><td colspan="4">力量</td></tr>
</table>

事实上,马克思主义中的政党、阶级斗争、无产阶级专政以及共产主义这四个基本概念位置的获取也是同其历史拓扑学的劳动力联系在一起的。在其中,政党以历史“大一”中的“大一”身份,阶级斗争以主体的位置身份,无产阶级以汇集于摧毁之上的练习身份,共产主义以经济、社会及文化摧毁(重组)的身份而出现。在巴迪欧看来,如果将无产阶级的主体看作在其专政与阶级斗争掩盖之下显现于共产主义的法律之中的话,便得出了以下的 Z 形图:

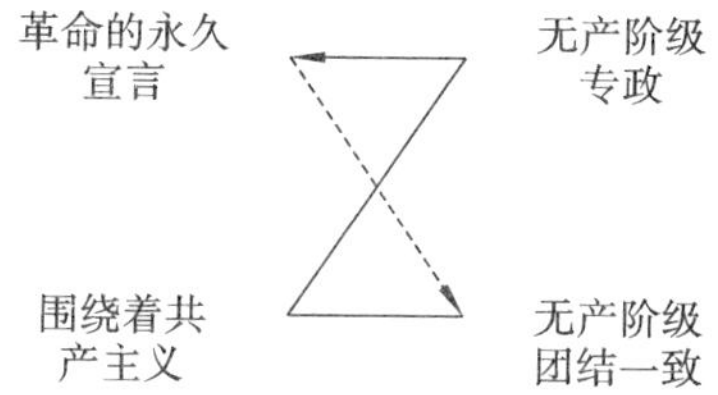

如巴迪欧所言,如果将无产阶级专政看作主体进程的超我形式,共产主义是它正义的外表的话,那么它将在情势之中阐释更多。“过渡”一词是有隐含意义的,如毛泽东曾多次说过的那样,没有共产主义者的运动,就没有共产主义。在超我与正义同一性断裂所产生的相同事物中,无产阶级与共产主义便产生了,这便是阶级政治学的主体进程。从革命的永久宣言中可以发现,它将革命的永恒勇气散播到起义之中,而起义则预示着阶级斗争在位置中的主体化。换句话说:“在反抗斗争中，革命永久性宣言则预示着它将自身从真实域的中心以及其敌对势力中撕裂开来。当让人充满疑问的起义触碰到法律的禁令之时，其暴动之中的承诺便促使它完整主体化的勇气的产生。”[①]由此巴迪欧给出了以下图解：

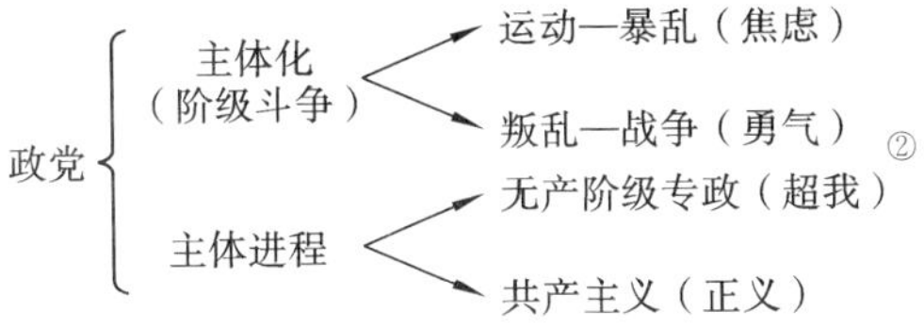

在巴迪欧看来，也可以用以下图解方式将这四个概念进行分类：

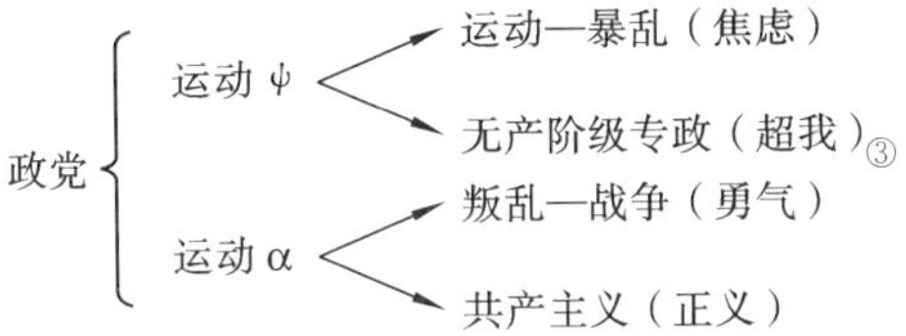

由此可见，在这两个图解中，第一个图解是关于主体化与主体进程的辩证法，从某种程度上说，它遵守的是主体效应的法律；第二个图解是关于主体内部的定性不对称，它是关于代数 ψ 同一性的消退与代数 α 的拓扑学重组，亦即摧毁-重组定理的。马克思所谓的从政党到阶级斗争，到无产阶级专政，到共产主义，再到诸如生产观念学的生产关系模式，也莫不如此。

三、ψ 与 α 的交织

如前所述，巴迪欧设定，作为众多矛盾中的一种，主体进程是进程 ψ 与进程 α 的交织，在其中，ψ 遵守位置的溢出规则，而 α 则颠覆了这种规则。在巴迪欧看来，政治辩论归根到底是这样一个经典命题：它

① Alain Badiou, *Théorie du sujet*, Paris: Seuil, 1982, p139.

② Alain Badiou, *Théorie du sujet*, Paris: Seuil, 1982, p136.

③ Alain Badiou, *Théorie du sujet*, Paris: Seuil, 1982, p136.

是否是一条基本路线或组织路线。[①]事实上，这个命题把“正确的路线”放置到了“政党总是正确的”这样一个语境当中，“毛泽东主义”的政治学的关键也在于将组织的群众路线作为政党建设的根基。换句话说，巴迪欧认为，在毛泽东看来，群众路线是位于政党之上的，由此，群众路线认为那个经典的政治辩论是不可通约的，正是在这个意义层面上，它赋予了主体理论鲜活的意义。巴迪欧认为，主体进程并没有受制于不确定性的束缚，它在其建构的概念——不可判定中得到了实现。“存在着某种不可判定的”，哥德尔的这个著名定理是对此最好的证明。它也表明了不可判定概念存在的合理性，于是巴迪欧将一种计算的规则与主体的规定结合起来了，并由此对主体进行了证明。不可判定是秩序的内在点，而 ψ 与 α 这两种进程的交织决定了其存在的必要性。

然而，巴迪欧并不认为在 ψ 与 α 两种进程之间有一个客体层的存在。在他看来，溢出与匮乏最多只能算是主体化或主体进程，它们并没有什么特有的权利。巴迪欧认为真实域属于一种随意的客体形象，而连续的辩证法则是臣服于这种马拉美式的成就之下的。当然，这并不意味着主体理论又一次地以溢出为核心。事实上，ψ 与 α 的交织没有中心。

由此可以发现，主体化与主体进程这对组合经由原因和连续，将主体置于摧毁与重组的逻辑当中了，而 ψ 与 α 这两个进程的组合则表明了匮乏与溢出交替的首要性。而这四个概念是主体为双重的轨迹命名网络发展的顶峰。根据巴迪欧的阐释，如果将主体化与主体进程看作关于主体分析学的阐释，那么就可以获得焦虑/勇气与超我/正义这两对组合，而如果将 ψ 与 α 这两种进程看作一种综合性的分析，那么就可以获得焦虑/超我与勇气/正义这两对组合。对主体的分析必

① Alain Badiou, *Théorie du sujet*, Paris: Seuil, 1982, p139.

须对这两种轨迹的延展进行讨论，那些通过理论实践对群众起义所进行的分析是对此最好的证明。

在任何一种情形当中，交叉的支援都是一个可命名的物质性的、作为双重进程中的项。在马克思主义者看来，这个项便是作为无产阶级团结力量体现的政党。从精确的意义层面来讲，政党便是政治学的躯体。不管是在动物还是在机构的躯体中，存在的躯体并不能保证主体的存在，然而，由于主体即将诞生并被发现，作为支援的躯体必须存在。由此，巴迪欧给出了以下关于主体静态的图解：

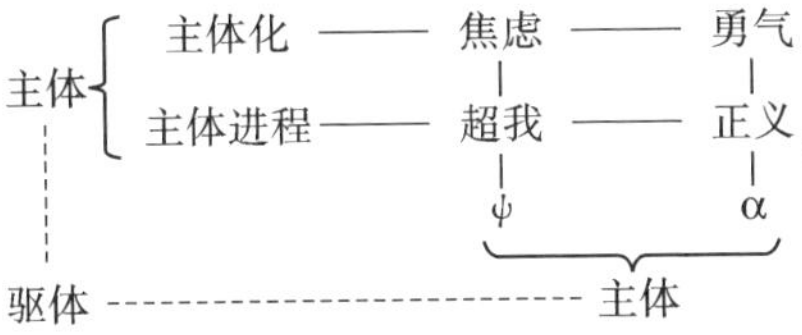

①

在以上这个图解中，如同正义与超我一样，焦虑与勇气是从同一个点运转的，而这个点是关于摧毁与重组的点，由此主体的静态将自身颠倒为动态，巴迪欧用以下图解来表示这个动态：

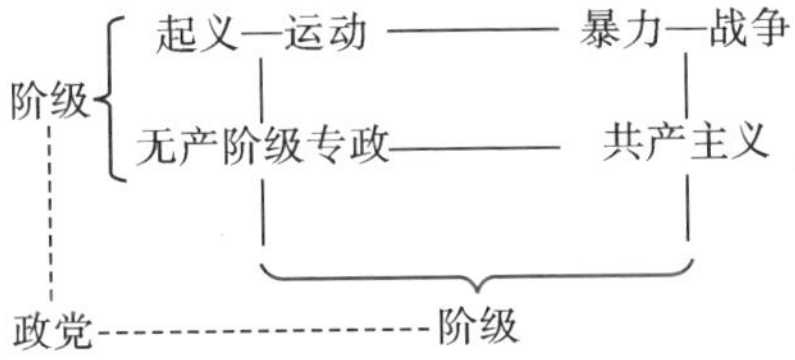

②

在巴迪欧看来，焦虑、超我、勇气与正义均是属于主体效应而不是意识形态的类别。在其中，焦虑是阻断的形式，它作为溢出被真实域占领了，由此位于焦虑中的秩序变为了某种无生命力的秩序。于是，通过阻挠的方式，真实域的溢出将以空位置为核心的波动中断了，在那里，勇气以一种违规的方式运转着。由此，在没有将其空间废除的前提下，主体化将规则中断了。而从历史的角度来看，焦虑是作为"权力真空"的提名而存在的，然而对这种空位置的统治是对无序的一种

① Alain Badiou, *Théorie du sujet*, Paris: Seuil,1982, p152.

② Alain Badiou, *Théorie du sujet*, Paris: Seuil,1982, p152.

歪曲，因为后者在对法律的维持同消亡的秩序的形象中被保存下来了。例如在“五月风暴”的后期，《世界报》便进行了一个完全的转向，从而把这场革命推向了反革命的一端，从革命混乱的点开始，它把焦虑当成对戴高乐主义者超我的暴力诉求而散播开来。在这些极具毁灭性的暴动中所显现的焦虑，在它的效力中预设了摧毁的灭亡，即摧毁中的摧毁。从这里可以看出，焦虑是最能体现自反性的主体，它包含位置由此坍塌的溢出形式。

于是，焦虑呼唤超我的出现。焦虑中的溢出被它自身当中的拓扑学附着原则所制约，而使溢出臣服于位置的修复也即使主体服从于超我这个主体进程。这便是主体转矩的线 ψ。那么这种超我是什么类型的进程呢？它是连续的一个图像，经由将溢出传播开来的方式使它重返于位置当中。由此可见，超我是溢出结构的一面，在这里，拓扑学产生了代数化反应，好像充满了主体化的焦虑一样，位置也在令人恐惧的指示中将自身重组了。事实上，超我是恐怖的主体进程。例如，在巴迪欧看来，“马克思主义者才是持续不断且富有成效的反斯大林主义者，为了重构斯大林政治学，马克思主义者是真正吸收了斯大林政治学精华的人”。[①]对于马克思主义者来说，他们最惧怕的便是一种低俗的反斯大林主义者，之所以惧怕他们，并不是因为这些低俗的反斯大林主义者对集中营与酷刑的疾声反对，而是由于在恐怖行动主体的逻辑面前，当置身于国家客体性或“极权主义意识形态”无效力的主题之中时，他们构成了当下的缺陷。他们的这种政治学缺陷，这种对关联 ψ 潜意识的默认，即使将其转换为修正主义者的焦虑，也并没有在其主体内在性及其意义非凡的政治力量中对后者进行规定。

至于说勇气，它和焦虑处于同一个点上，并因此倾斜到溢出之中。在法律的分割与现实的赌注中，勇气找到了它的支援，并通过这种方

① Alain Badiou, *Théorie du sujet*, Paris: Seuil, 1982, p150.

式对意义秩序的无序产生了影响。勇气的帝国便是溢出的生存之所在，而它反射的关联则是焦虑所控制的死亡秩序。与此同时，勇气也对支持溢出的无效法律的介入产生了影响，由此，勇气将其邻域完全覆盖了，并通过这种方式对位置进行了规定。如果说焦虑以为了被封锁的法律而存在的归位为根基的话，那么它就是去意识化的；如果说勇气以位于分裂法律之下的溢出为根基的话，那么它就是非去意识化的。

而作为混乱起因的连续，即使超我将它绝对化了，正义也使得法律相对化了。这个过程也证明了这个公理，即"更多的是来自真实域，而不是法律中"。[①]假若在超我中，非法律是法律普遍的野蛮体现，那么在正义当中，非法律便是法律本身的衰败体现，同时也是权力衰退路上的主体原则。与超我相反，正义的来源是代数的拓扑学化，在其中，邻域使得基数臣服于它自身。由于模糊了位置，正义便与正确的位置相对了，即使超我——关联 ψ——对焦虑进行了严格的限制，这也使得勇气变得合法化，正义成为有追溯效力的关联 α。如果说超我是一种重新建构的修正主义面孔的话，那么正义便是它建构过程的原则。

如前所述，巴迪欧建立起了水平与垂直的两个关联，水平的关联是由作为主体化断裂的焦虑——勇气与作为主体进程对立的超我——正义构成的，而垂直的关联则是由定义了转矩中线"-ψ"的焦虑——超我与定义了转矩中线"-α"的勇气——正义构成的。同时巴迪欧也设定了这两个连接的阻断——干扰：躯体，主体效应的一般根基以及不可判定的载体。这些便都构成了巴迪欧所谓的想象域的对角线关联。这一观念与拉康的理论不谋而合，马克思主义意识形态理论的分割线也一样。在这里，巴迪欧列举了所谓"北京红卫兵"的例子，在巴迪欧看来，此时想象域将线 α 与线 ψ 连接到了一起，并给它们

① Alain Badiou, *Théorie du sujet*, Paris: Seuil, 1982, p153.

各自管制的实践颠倒命了名。[①]同时，想象域也在匮乏与溢出之间制造了相似点。通过想象域，勇气将超我唤起又把正义召集起来了，而经由正义与勇气可以被推导的点，想象域阻止了焦虑。正是由于能够将主体的两条线进行对角线式的缝合，想象域可以自如应对与自身相同的非存在。巴迪欧认为，想象域的功能就在于，不管是对于神的法律、毛泽东的崇拜抑或乌托邦式狂热的问题，经由一种恒定的同一性原则，通过超我的方式给勇气以慰藉，抑或通过焦虑的方式给正义以慰藉。于是，对角线的功能也显现了：它让"自我"的作用得以发挥，在 ψ 与 α 的联合中制造相似且丰富的幻想，主体由此在产生它的分割中衰退了。

第三节　作为政治的主体

通过对主体归位与出位辩证法的解析，巴迪欧勾勒出了一种积极的政治主体的形象，即一种在革命和马克思主义都陷入危机的情况下，依然践行马克思主义的政治主体形象。这种政治主体的形象尤其在群众运动中表现得更为明显，在巴迪欧看来，群众运动的存在即是为了消失，正是群众运动的这种主体效应使得群众创造了历史，人民成为主体。只有通过群众，通过人民，才能真正理解在斗争中对历史的切割，才能真正体会到具有革命与共产主义双重性质的主体的意义所在。

一、主体效应

在马克思主义者看来，群众运动可以被称为作为历史事件集合的

① Alain Badiou, *Théorie du sujet*, Paris: Seuil, 1982, p155.

消失项。而群众本身静态的存在、他们的组织机构及其集权的位置，共同构成了历史。群众的存在使国家得以存在，而使得群众团结一致的舆论对任何一种既定的社会存在进行了定义，被归位的群众并没有组成历史，他们自身便是历史。然而，在其无法预料的斗争风暴中，群众却开始与原本是为他们的利益而服务的国家形式对抗起来了。巴迪欧认为，“群众运动的存在就是为了消失，在历史的归位中，群众运动的出现是没有预示的”[①]，例如苏联在 1920 年以后或者中国革命委员会在 1970 年以后所取得的成果均是一种消失。至于说群众运动与政治学的关联，巴迪欧则认为，应当将消失项的辩证功能与力量相结合，尽量避免其规模的永久缩减，否则位置的保守主义便会成为可能。正是由于他们稳定的归位形态，可以认为群众即是历史，在其显现—消失的过程中，群众创造了历史。尽管创造了自身，然而“消失”才是群众得以存在的基础。

在巴迪欧看来，政治是位于虚幻的结构当中的。马拉美对此有着更深的认识。在马拉美看来，“为了政府利益而削减或扩张的社会关系及其暂时的计策都是编造的谎言，它仅仅停留于文字层面。政府之所以这样做，是因为社会契约原本就是一个错误的存在，为了将社会契约事件缺席的事实掩盖住，政府不允许人们与政治的信念发生关联。尽管能够将一切都废除掉，对于这种社会契约，政治学却无能为力”。[②]马克思主义者认为，对政治学这种戏剧性的“烘焙”使其承担了使国家消亡这一罪名。在巴迪欧看来，马克思主义的政治学必须要在错误的旧社会秩序内部建立一个“并不存在”的新社会。[③]正如毛泽东所认为的那样，只有进行不屈不挠的斗争才能将旧的社会体系完全击碎，作为当代力量的共产主义政治主体，是力量的袭击将它与其所处

---

① Alain Badiou, *Théorie du sujet*, Paris: Seuil, 1982, p158.

② 雅克·朗西埃:《马拉美:塞壬的政治》,曹丹红译,开封:河南大学出版社,2017 年版,第 59 页。

③ Alain Badiou, *Théorie du sujet*, Paris: Seuil, 1982, p158.

的优先队列隔离开来，这个所谓的优先队列也包含社会主义国家及其政党。

通过主体的力迫，巴迪欧获得了以下公式：$a\in \cdots \in d\in c\in b\in a$。[①] 在这个公式中，集合理论通过禁止人们接受一种以环的类型方式而递减的链条得以保卫了自身。在这些环中，$a\in a$ 是最简单的，它认为集合本应是它自身的一个元素，而那些正式的整体集合则复杂多了，为了简化它们，为了那个特殊的基础定理，巴迪欧又得出了以下公式：$\cdots a_{n+1}\in a_n\in \cdots a_2\in a_1\in a$，通过给不可能事物划定界限，基础定理被恰当地命名了，同时它也触碰到了真实域，通过成为它自身元素的方式，它成为包含其自身的真实域。确实如此，例如斯大林认为，从政治学的角度来说，政党即是阶级，由此斯大林主义阶层也将自身当成一个元素包含了。而毛泽东认为，如果没有群众路线，政党便是一个空无。当然了，在政治问题上，政党将群众的武装解除掉这一点是不包括在内的。由此巴迪欧认为，毛泽东的政党是作为整体的人们的领导核心，并不是阶级分离的产物。政党创建了自身并对自身进行不断的调整，它接纳一切有益的建议，而不是按照组织的律法对自身进行清算。

如果说斯大林的政治学是一个类似代数的封闭且分离的边界，那么，巴迪欧认为，毛泽东的政治学则像拓扑学一样的开放、交织且有倾向性。事实上，拓扑学也是毛泽东政治历史的一个概念。成功—失败—新的成功—新的失败—最终的胜利。这里的“最终”是由历史分期所决定的。每一次胜利都预示了一种新类型的失败的开始，新的矛盾、新的斗争、新的失败，直到新的“最终”胜利。而对于共产主义这个作为另一个时代斗争的名称，毛泽东则认为，他并不相信共产主义不会被划分为几个时期，这里不会有质上的改变。列宁也说过，所有的事物都可以被划分。

---

① Alain Badiou, *Théorie du sujet*, Paris: Seuil, 1982, p162.

在巴迪欧看来，“只要政治学中有一丝反对的声音，它就会在和平的社会中制造冲突与斗争，也只有在资源即将枯竭之时，它才会接受在暴动压力之下断裂的原始条件的主体化例外”。[①]即使行动甚微，巴迪欧认为，这份坚持前进的勇气可以使得群众成为这片新领域中的政治主体。而对于一个激进的马克思主义者来说，对帝国主义世界末日的焦虑、对1968年法国“五月风暴”灰烬中“凤凰”的焦虑抑或对“文化大革命”的焦虑都是存在着的，由此必须将那些模棱两可的事物进行划分并坚持履行对工人们的承诺，而对政治位置的检查也是为了能够将产生于敌对力量之中、有利于实现诺言、帮助规划未来的支柱识别出来。如果说拉康创作了真正的断裂理论，那么毛泽东则坚守了“一分为二”的准则，这种准则的目的在于对不可修复的力量进行保护，而对那些奉行“合二为一”理念的“修正主义者们”予以反击。

在巴迪欧看来，政治学在将自身划分为资产阶级与无产阶级的领域范围时，仅仅产生了迭代的律法。与毛泽东一样，巴迪欧认为，即使在社会主义中，这种划分也还是存在的，且会持续相当长的时期。同时巴迪欧也承认，作为共产主义非政治学的政治诱因，无产阶级将“一”分解了，它划分了一个点，在这个点中，它不再以将自身描述为对立项之一的形式出现。[②]在拉康看来，分析学的理论把坚持这种歧义作为欲望之因，由此便可以对主体进行理解消化[③]，而在巴迪欧看来，马克思主义坚持认为在政治实践中，主体便是政党。[④]在笔者看来，之所以坚持从马克思、列宁、毛泽东、弗洛伊德以及拉康这里来获得这种未被分割的、模棱两可的主体理论，原因便是所依赖的真实域中存在着两种性别、两种阶级。资产阶级与无产阶级之间的敌对状态恰恰说明了一种不可能的阶级关系的存在，并在此为无产阶级的真实域划定了

---

① Alain Badiou, *Théorie du sujet*, Paris: Seuil, 1982, p163.

② Alain Badiou, *Théorie du sujet*, Paris: Seuil, 1982, p168.

③ 褚孝泉:《拉康选集》,上海:上海三联书店,2001年版,第210页。

④ Alain Badiou, *Théorie du sujet*, Paris: Seuil, 1982, p168-169.

界限，这与作为马克思主义客体的政治主体是不同的。真实域作为其机遇、原因以及连贯而被主体遭遇了。对于马克思主义理论的主体来说，这种真实就是人民之中资产阶级与无产阶级之间无法调和的敌对关系。对于任意一种马克思主义的政治学来说，这种敌对关系都是合理的。马克思主义的真实域即是革命，革命是敌对关系存在的表现。由此，不可能的名称对于马克思主义来说也是恰当的。

当然，这并不意味着革命是不存在的。以真实域为基础，马克思主义的革命现状即是它们正在发生当中，在其中，政治的主体宣称它处于当下。“巴黎公社”“十月革命”等并不是经验主义的结构，作为一种马克思主义概念，它们能够让人思考政治主体与真实域即革命存在之间的不可能性关系。这比诸如“生产模式”“生产劳动力”“剩余价值”等马克思的初始概念重要多了。巴迪欧认为，马克思主义是一种将政治主体维持下来的实践话语，它意在通过对象征域的支配来将革命的真实域予以改变，并保证在真实域中的政治主体使“无产阶级”的名称得以保留。比较矛盾的一点是，如果把无产阶级当作一个存在，抑或作为一种可能的资产阶级归位的出位来考虑的话，那么资产阶级的内部性必须被引入到无产阶级当中。无产阶级最初是被看成资产阶级政治学中所分裂的一个特殊形象的。1830—1850 年的工人起义拉开了马克思主义学说的序幕，这也将它们自身归入到欧洲资产阶级的民主运动当中。在资产阶级的政治动乱中，通过历史的征兆所追溯到的主体也可以从中被辨认出来。而在分配到异质性秩序的过程当中，断裂也被引入到主体当中。无产阶级主体的产生将对其内部产生影响的因素进行了驱逐及清除。在巴迪欧看来，无产阶级的政治学是处于资产阶级政治学内部被排斥的边缘——其客体的边缘之上的。对于任何一种既定的历史化形象来说，只存在一个政治的主体。在任意某种政治出位被制造的地方，无产阶级也产生了。而对主体标准的规定则需要一种严密的逻辑学知识，它在对位置的摧毁中超越了自身。这并不是一个空的位置，也不是主体在政治动乱中对自身控制而显现的力量。

摧毁是一种必要且延长的无产阶级宣言。这种野蛮的宣言不允许在传统结构的现代性、传播、腐败以及颠倒中想象政治的主体，也不允许在清算的切口中想象一分为二的世界。例如贸易工会主义，它既掌控着国家又对国家绝对忠诚，也服从于帝国主义的法律。工会起源于匮乏的逻辑，即它来源于法律，对其辩护是通过合理的定义而实现的。政治学的结构方式也是如此，只是它的来源是其自身的毁灭。

无可避免地，等待是政治学本质的一部分，但列宁通过其《危机成熟了》这篇文章向人们表明，暴动将政治学的本质打破了。在巴迪欧看来，主体效应在此分裂了，作为一种封闭的力量形象，它不会“等待”，以免在其情势状态中将自身毁灭掉了。由此，在这里，对于主体来说，其存在的纯粹形态便决定了，而这种决定要求将摧毁点于连续匮乏的决定性整体中分离出来，这也解释了为什么属于决定的事物如此之少。当被摧毁的溢出不能被放置到其被指定的位置中时，“一”便是他者的丧失，相反，当其停留于位置之中时，超我中的力量也被浪费掉了。正如马克思在巴黎公社革命期间所发现的那样：

> 如果你们翻开我《雾月政变》的最后一章，你们将会发现，我认为法国革命的下个目标将不再是像从前那样，将官僚资产阶级的军事武器从一方交到另一方手里，而是摧毁它，而这是欧洲大陆每一场真正的群众革命的前提条件。这也是游行于巴黎街道上英勇的政党们努力要实现的目标。①

在这个关于摧毁的问题当中，假若存在主体的质量这样一种英雄行为倾向的话，那么它便会产生一种受欢迎的暴动维度。在摧毁与上

---

① 马克思、恩格斯：《马克思恩格斯选集》(第1卷)，北京：人民出版社，1995年版，第420页。

述问题中的历史现象所受欢迎的程度连接之间，马克思创建了一套理论学说。如同在 1848 年 6 月所发生的那样，无产阶级作为主体的可能性大大加强了。在对位置的阻挠也即对国家顽固机制的摧毁当中，作为整体的人们的利益得以实现。只要没有发展成镇压的焦虑与恐惧的超我所统摄的血腥暴力，日益激进的革命便会成为摧毁的勇气及重组的正义的一部分，这表明革命是一种群众的行为，在这种行为当中，无产阶级为政治学的“大一”命了名。在对归位的维持中，统治阶级获取了它的位置。如果说统治阶级是全部，是一切，那么它的真理便只被言说了一半，且这种真理掌控着重复，认为所有感知的连贯都是不可持续的。而革命阶级却是一个将其分割中的真理得以维持的主体，在这种主体极度偶然的政治存在之上，一半的言说变为了“大一”的言说。

由此，巴迪欧认为，马克思主义学者对于阶级的分析就如同拉康主义学者对真理的分析一样。它们都建立在扭转之上，如同拉康所言，真理是不能被言说为一切的，又如同马克思主义认为，不存在凌驾于阶级之上的真理，因此真理不能被言尽。这些都表明了真理必须不能被言尽，它只能在主体的遮蔽之下被言说：为了“大一”而竭尽全力，因为他者而充满了革命性。由此可见，无产阶级也不能被看作一切真理的政治名称。

二、历史的主体

在关于谁是历史的主体这个问题上，毛泽东认为，只有人民才能成为世界历史的推动力。在巴迪欧看来，此处的人民是处于一种超验的主体位置之中的。事实上，在马克思主义关于主体行动聚集的问题上，列宁主义也标志了一个主要阶段。其中，阶级分析理论是受制于实践主体的组织理论的。在巴迪欧看来，也需要获取关于自身的一种意识幻想批判理论，在其中，阶级位置就相当于意识形态装置的一部分，它们使得主体自身精神修养中的想象功能发挥出来了。之所以这样做是因为巴迪欧认为，被原子化的马克思主义已经处于危机当中了。这种危机来源于 19 世纪 60 年代的一系列运动，例如“五月风暴”、国际解放战争及“文化大革命”等等，从中我们可以获得思想与行动的碎片化集合。而西方所谓的“毛泽东主义”在巴迪欧看来也只是一种任务及历史的指导方针，它并不是一个最终的结果，而是一个关于思考与践行后列宁主义的问题。不管道路有多么坎坷，历史必须继续向前行，以此对旧事物做出评价，对摧毁进行阐释，并将来自于其独立抛锚匮乏的政治学予以重组。正如巴迪欧所言：“在今天，保卫马克思主义就意味着保卫一种嗜好。我们必须践行马克思主义。”①

在巴迪欧看来，主体理论需要马克思主义中的唯物主义来作为其思路的指导线索，正如 1848 年的开创者对共产党这个新主体进行的如下说明一样。

共产党人不是同其他工人政党相对立的特殊政党。

他们没有任何同整个无产阶级的利益不同的利益。

他们不提出任何特殊的原则，用以塑造无产阶级的运动。

共产党人同其他无产阶级政党不同的地方只是：一方面，在各国无产者的斗争中，共产党人强调和坚持整个无产阶级共同的不分民族的利益；另一方面，在无产阶级和资产阶级的斗争所经历的各个发展阶段中，共产党人始终代表整个运动的利益。

因此，在实践方面，共产党人是各国工人政党中最坚决的、始终起推动作用的部分；在理论方面，他们胜过其余的无产阶级群众的地方在于他们了解无产阶级运动的条件、进程和一般结果。②

---

① Alain Badiou, *Théorie du sujet*, Paris: Seuil, 1982, p36.

② Alain Badiou, *Théorie du sujet*, Paris: Seuil, 1982, p234.

由此可见，在历史的进程中，共产党人才是政治的主体，而统治阶级则对位置与归位进行了维护，目的就在于阻断、封锁，使重复得以保护，从而阻止政治主体的诞生。从某种程度上说，共产主义是具体的，它由精准的社会差异所规定，根据真实域的需要来使政治学的问题得以展现。当政治的主体于阶级中显现出来之后，它将受到一系列的约束。对于工人阶级来说，对断裂的重新吸收是无法完成的工作，由此，在其社会即时性与其政治工程之间，工人阶级生成了。在巴迪欧看来，政党这个束缚于其位置拥有者行动的政治主体并没有创造历史，也没有组成历史。如果说共产主义与无产阶级专政是相辅相成的，那么当政党成为它们的主体支撑之后，马克思主义者的罢工游行也就开始了。

修正主义是始于1964—1965年的一种对法共将其阶级目标抛弃的事实进行反思所带来的景象。覆盖了这个政党的政治实践的便是对事物概念的充分论证，也即同一性的论证。在这之中最著名的当数1968年5月—6月，由贸易工会主义者们打着修正马克思主义意识形态的幌子所发起的反革命运动。由于所有教条式的修正都是极其脆弱的，这种解码的操作给了人们极大的希望。经由真正的马克思主义与真正的群众，人们可以想象出，在阶级革命的意识形态与资产阶级及其修正主义仆人，也即法共工人阶级理论家之间，除了暴动与“毛主义”的洗礼，还充斥着新兴的资产阶级、垄断资本主义及官僚资本主义。其中，作为一个短暂的意识形态产品，修正主义也在一开始就位于“苏联帝国主义”的权力掌控之中。

当政治学意味着制造一个主体之时，巴迪欧认为，在这种情况下，既不能将政治学当作物质，也不能将其当作自我意识，而是必须将其作为阶级主体化物质性的政党与它臣服于现行机构的自我形象区分开来。然而事实是，政党绝不会成为阶级，它只能无限地接近那条来自群众的政治学形式的渐近线。如果政党在两大阵营可以被追溯到的战略部分中将阶级的位置映射出来的话，那么可以认为它是在一系列的虚构中发现了自身。这才是政治路线的真正名称，同其他任何真理一样，政治学的真理是位于扭转的结构当中的。在巴迪欧看来，之所以说政党是历史性且充满危机的，是因为在没有及时包含一种需要其不断练习非同一性有倾向的余数前提下，政党的进程形式是不会与其自身或阶级保持一致的。

《反杜林论》中的经典矛盾在于，只要知识是绝对的反射，那么它同时也是相对的渐近线；只要它是至高无上的，尤其是对于“永恒真理”的产品而言，它同时就是残缺不全的。[①]

1917 年的十月革命开启了马克思主义历史的新阶段，1848 年 6 月与 1871 年 3 月巴黎公社的失败所导致的问题通过一种反射的方式而得以解决了，这个解决对历史的新阶段进行了定义。可以这样来表示这个问题：通过什么样的组织结构，无产阶级才能将敌人的国家机器摧毁呢？到底是什么造就了一场胜利的起义呢？对于这个问题，列宁主义政党提供了解决方案。由这种组织形式所规定的可能性领域便组成了第三国际。在第三国际中，政治的阶级组织与已经建立的布尔什维克模型如出一辙。在这里，作为对布尔什维克主义的反射，“大一”实现了政党的布尔什维克化。例如中共对权力的夺取，朝鲜、南斯拉夫以及阿尔巴尼亚的共产党对权力的夺取，等等。事实上，通过对人民以及工人阶级进行镇压，从某种程度上说，列宁主义政党已经“达到并成为资产阶级政党的条件了”。在巴迪欧看来，在没有诉诸余数教条的前提下，与一个右翼的毕达哥拉斯学派将对角线驱向虚无一样，人们断定这些退化的政党并不是列宁主义政党，这种保守的立场意在重构业已消失的列宁主义政党。

事实上，对于国家与革命矛盾中所产生的问题，列宁主义政党给

---

① 弗里德里希・恩格斯：《反杜林论》，北京：人民出版社，1999 年版，第 12 页。

出了历史性的回答，它涉及对胜利的摧毁。而对于国家与共产主义之间的矛盾，也即关于进程的问题，政党又将怎么办呢？在这个进程当中，通过一种过渡的作用，国家/阶级将不再被摧毁而是慢慢枯萎，苏联的历史是对这一观点最好的说明：纵然对那些胜利的起义发生了作用，对于向共产主义的过渡这一任务来说，列宁主义却是不可通约的。正如在欧多克索斯数学中的不可数一样，对可部分化必要扩张的约束是为了证明这一点，即中国的“文化大革命”在共产主义起义的零星火花中偶然发现了政党，这更进一步地表明了列宁主义政党灭亡的事实。在巴迪欧看来，列宁主义关注的焦点是国家，而诸如关于政党中共产主义的问题它并没有涉及，在其中并没有关于这个问题实际存在的位置。而“文化大革命”的发生则展开了对这个位置的制约，它促使人们在对整个马克思主义实践领域进行重构的前提下，将“新类型的政党”命名为为了共产主义而生的列宁主义政党。由此，这从反面证实了，如同斯大林所言，作为这些问题的余数，列宁主义的问题被剩下来了，由此，只有在他们执政的时候，共产主义的问题才会反射过来。对于布尔什维克来说，其反射的渐进线便是共产主义。国家/革命之间的矛盾是一种必须被破坏并被重组的约束，经由与国家/共产主义之间矛盾有关的对其余数的历史命名，这种破坏与重组得以实现了。由此，巴迪欧认为这是“一场位于马克思主义之中的革命，一场‘毛主义’的革命”。

在巴迪欧看来，当中国的共产主义者们在19世纪60年代经历了苏联的意识形态危机之后，他们遵从以下三个原则：“1. 修复马克思-列宁主义科学概念的严谨性。从这个意义层面来说，它具有代数的、反拓扑学的属性，尽管这种拓扑学与和平共存、互相渗透、‘无边界的现实主义’及共产主义有关。2. 维持在国际解放战争形象中依然活跃的革命主题。在这个意义上它是算术的，而不是一个不变的组合。在所有发挥作用因素的压缩点，也即一个限制点的符号之下，他们将代数世界范围内的矛盾推向了其拓扑学的边缘。3. 永不放弃作为普遍政治主体的无产阶级。这些都表明马克思主义科学性的潮流，即世界范围内列宁主义的正统反克里姆林宫修正主义的运动，对自身进行超越并在'文化大革命'中一路朝向其逆转。"[①]这同拉康主义者们如出一辙，他们打着返回弗洛伊德及反美国经验主义者的旗帜，将人道主义与结构主义者所宣扬的去主体化的一般主体进行了颠倒，一路朝向它逆转并由此进入到一种分析的理论中。正是在这个真实域中，在丧失其形象与律法的过程中，主体自身得以揭示。

巴迪欧认为，马克思主义者们必须将"群众"看作真实域，因为只有通过群众，我们才能理解一种在冲突中奋力抗争的历史的切割。群众既不思想也不可思。这些存在的群众是历史真实域中的消失模型，例如，按照列宁的观点，在一种革命的情形也即国家的装甲中，存在着某些缺陷与裂缝。同时，巴迪欧也认为，不管是作为政治连续唯一原则的群众，还是作为已经建立起来的政治代数集中保证的国家，以及作为社会认同与诸如想象域分配点的阶级，只有在普遍大众活动的规则中，它们才会连接在一起。不管是经由暴力手段还是和平方式获得，国家仅仅只有从群众的许可中才能使自身得以保障。而作为分配原则的阶级，由于同想象域并非一致，它们直接的主体物质是巨大的。

由此在笔者看来，可以把群众看作将国家与阶级联系在一起的真实域，作为连续的保障，如果群众将国家与阶级分散开来，那么国家将退回到其封闭的装置中，而阶级将退回到其历史的想象中。唯物主义对"群众创造历史"这一观点的肯定是基于以下两点的："1. 作为消失的革命项的代数；2. 作为政治位置普遍连续性——国家、阶级以及群众自身的波罗米安结的拓扑学。"[②]对于政治的主体来说，它用系住结的事物创建了国家、阶级与群众，而在政党的内部，政治主体从革命的

---

① Alain Badiou, *Théorie du sujet*, Paris: Seuil, 1982, p251.

② Alain Badiou, *Théorie du sujet*, Paris: Seuil, 1982, p253.

现实中将其时机抽取出来了,从群众的连接中将其连续抽取出来了,而从国家中将其目的抽取出来了。对基于国家之上的阶级观点的解释阻挠了群众中的连续,由此,这种连接将其序列从主体的连续中抽取出来了。在巴迪欧看来,政治学就是这种解释的主体效应,由此,对(群众)真实域概念的分割是必然存在着的。这就为革命的代数性质进行了定义:它是一个关于作为消失的真实域的能指事件;而连续的原则又为共产主义者的拓扑学性质进行了定义。这是一个关于编织绳索的事件,一旦它与无产阶级专政连在一起的结在群众作用下变为波罗米安结,国家便得以解放了。

因此笔者认为,可以这样总结:这种主体同时具有革命与共产主义的性质,在与现实的抗争中、在国家的交替循环中,以及在传送于暴动的阶级过程中,这种主体消失了。这种趋势并没有为了代数的利益而对现实界进行分割,在一种幻想的"无产阶级"的阶级名义下,它们对某种特定历史实体的面貌以及国家与群众的反共产主义融合进行了定义,这个实体便是产生于政党自身内部的新兴资产阶级,而要想成为这种新兴资产阶级的一分子,人们就不得不将其在政治学中的共产主义理想丢掉。巴迪欧认为,在这种情况下,"国家也仅仅向我们保证了一种连我们自身都很少提及的连续"。[①]

政治上的敌对产生了一种从根本上异质于其基础代数的连续原则。由此,必须将阶级的拓扑学与阶级的代数与社会存在区分开来。在党派的政治拓扑学中,对代数的超越会达到它可以分裂的极限点,这是一件极具风险的事情。在摧毁中,工会得以保存下来。由于政党是对完整主体的支持,因此,建立于工人阶级基础之上的无产阶级的目的就在于将阶级被安置其中的代数框架进行解体。巴迪欧认为,在无产阶级当中是不存在工人阶级的。作为消失的起因,工人阶级存在

---

① Alain Badiou, *Théorie du sujet*, Paris: Seuil, 1982, p258.

于政党之中，它的存在抑制了使得随意性成为可能的事物的生成。分散的工人们由于阶级的客体存在而聚集起来了，而共产主义者们则因为阶级的政治存在而聚集起来了。在这两种情形中，由连续造成的断裂是不对称的，而阶级的现实界则是代数与拓扑学的不平衡体现。致力于平衡状态的只有工会主义，因为其目的在于从资本主义的起因中制造出连续性。

西方认为"毛主义"者们争论的焦点在于，旧的规则并没有在政治主体的僵局中被修复。巴迪欧认为，在苏联当代国家普遍且重复的概念之下，并没有某种"被打断的"革命，也并非人们对资本主义世界中的极权主义一无所知，实际所拥有的是一种新型的资产阶级。而要想为这种新方式的思考打下基础，就必须让真实域搁浅于连续中，且在主体化的争议以及主体进程的存在中决定主体。

在巴迪欧看来，共产主义革命可思考且可实践的存在已经处于一种很危险的境地当中了。如前所述，在"不被阶段所阻挠的"革命中，"阶段"应当与主体化相对应，"不被阻挠的"应当与主体进程相对应，而革命则应当与政治的主体相对应。拉康却将这些革命的完整概念省略掉了，在存在的理念之下，拉康让连续进入到想象域中，让共产主义走向一种乌托邦，而让革命归于相同代数的结构空白之中。拉康认为，政党即是主人，巴迪欧则认为共产主义政党是主人与国家的话语，同时也是歇斯底里，也即起义与快速旋转时刻的话语，就如同它是大学及分析者的话语一样，政治学在阶段的萎缩过程中，共产主义群众必须反对政党对大转移的清除。

只有当马克思、列宁或者毛泽东将自身暴露于历史征兆摧毁性的现实中时，当他们追随着一个连接并获得了两个连接之间的媒介物时，政治主体才能被解密。在巴迪欧看来，《1848 年至 1850 年的法兰西阶级斗争》《危机成熟了》《湖南农民运动考察报告》这几个文本是最具代表性的例子。在《1848 年至 1850 年的法兰西阶级斗争》中，当在凶猛的辩论与紧急的调停之间被捕捉到时，发现主体的运动便创造了奇迹。例如：

……尽管不同的社会主义领导者们在围绕他们自身的斗争中提出了所谓的作为其反对彼此社会革命转接点之一且自命不凡的附属的体系，——无产阶级在革命的社会主义与共产主义之间越来越团结了，对此资产阶级也创建了其自身的布朗基体系。这种社会主义宣布了革命的持久性、无产阶级专政作为废除一般阶级区别、他们所依赖的生产关系，以及与这些生产关系相一致的、所有社会关系的转折点与来自这些社会关系的所有思想革命的转折点。

由此可见，在《主体理论》一书中，巴迪欧对群众、阶级与国家职能都进行了思考，对一种新型的作为政治主体的政党进行了思考，对共产主义、革命以及无产阶级专政也进行了思考。在《主体理论》中，巴迪欧也显示出了其在历史分期上的天赋。在这里，巴迪欧不仅呈现了关于无历史的历史性唯物主义理论；同时，为了介入到马克思主义真实的历史进程中来，巴迪欧也进入到这样一个"沟渠"中来，以此作为可供参考的几种关键事件序列话语：从《共产党宣言》到巴黎公社成立期间所发生的著名的暴动和起义，十月革命的胜利以及贯穿苏联集团的社会主义国家的组成部分等。对于这个一不小心便会相当正统地致力于历史分期的原因，它是与一种军事的原则相一致的，即它反对一种科学的，更不用说是一种纯粹学术的——用马克思建立的话语来理解，正如巴迪欧在《主体理论》中所言："对于马克思主义来说，任何一个不是来自群众内部政治秩序的有效操作，都不值得我们一丝的关注。"[①]当然，这并不意味着忽略马克思主义的危机，在《主体理论》中，巴迪欧也亲口承认了这一点，即马克思主义正处于危机当中，马克思

① Alain Badiou, *Théorie du sujet*, Paris: Seuil, 1982, p146.

主义已经被分裂。然而，与反马克思主义战争机器中反极权主义的话语不一样的是，这种危机必须从在真实政治与军事进程中有指导价值的马克思主义话语内部的缺陷来理解。如果马克思主义除了它自身不可否认的历史危机外，还必须经历一种积极的概念上的摧毁，那么它就总是着眼于其自身作为一个政治性的话语可能性的改变。此外，这些关于主体教条的双重历史性冲压，与马克思/列宁一道是严格地与弗洛伊德/拉康一致的，正如巴迪欧在《主体理论》中所表明的那样，拉康自己也仍然有很重要的信息要传达，他认为《主体理论》可以与马克思主义的摧毁与重构话题相提并论。换句话说，尽管在《主体理论》中，巴迪欧承认要从“击败”说起，正如巴迪欧所言，“在今天保卫马克思主义就意味着保卫一种缺陷”[①]，但笔者认为也不应当忽视这样一个事实，即在这个“承认”之后，不可防御的缺陷便规定了一个任务——必须将马克思主义践行到底。

① Alain Badiou, *Théorie du sujet*, Paris: Seuil, 1982, p145.

第三章　过于数学化的主体——《存在与事件》中的主体理论分析

《主体理论》完成之后，巴迪欧也参加了由让-吕克·南希（Jean-Luc Nancy）和菲利普·拉库-拉巴特（Philippe Lacoue-Labarthe）开办的两个研讨班的学习，这两个研讨班分别开办于1983年1月和1984年6月。正是通过在这两个研讨班的学习，巴迪欧逐渐认识到，他在《主体理论》中对于主体的思考太过于政治化了，甚至直接将政治作为主体的唯一领域，而仅仅从政治的角度来思考主体是不够的。在巴迪欧看来，阿尔都塞主义"结构性辩证法"的框架已经不能帮助他去思考真正的政治问题了，比常规的结构辩证法更为重要的是例外，一种不能用结构性认识论来把握的、作为结构的不可能性而存在的例外，这便是《存在与事件》中"事件"概念产生的原因所在。此时的巴迪欧认为，一定存在着一个真实的实在，这个实在不是以传统的感知、语言或话语来获得，而是以一种数学的形式化来表达，由此我们才能脱离我们有限存在的束缚，才能获得通往无限的思考主体的哲学方式。在《存在与事件》中，巴迪欧明确提出了"数学即本体论"的观点，解释了"一"与"多"、情势与情势状态、展现与再现、属于运算和包含于运算、序数与基数、极限与超限数、可递集合、可建构集合与不可建构集合等概念，以及外延公理、幂集公理、并集公理、分类公理、替代公理、空集公理、选择公理、奠基公理等康托尔集合论和非康托尔集合论的主要公理体系及相关的康托尔定理和埃斯顿定理等，并分析了什么是事件的数元、主体的介入又是如何在数学本体论上成立的、力迫运算又是如何完成真理程序的建构等一系列核心问题。

第一节 主体问题产生的背景

在《存在与事件》中，巴迪欧逐渐开始回归柏拉图了，这也标志着巴迪欧在主体问题上的数学转向，同时也导致了他在《存在与事件》中"数学即本体论"思想的产生。通过与柏拉图主义及海德格尔本体论思想的分析比较，巴迪欧的本体论思想即是，将存在当作在"大一"联合的众"多"中的某个纯粹的"多"来思考。[①]作为一种操作，计数为"一"就是展现的"多"或情势，它一方面作为非连续的复数展现，另一方面又在其分裂中变为一个连续的复数。如果"一"不存在，巴迪欧的本体论思想也只是一种在其显现中的实体之思，存在的单一性使得实体的价值大打折扣且使得"一"变为了"二"，并由此成为计数为一的本体论，也即一种关于"多"的存在的前康托尔思想。

一、数学即本体论

在《存在与事件》的序言中，巴迪欧说道：

在对关于"多"与其部分集合之间关系最近调查的明显矛盾进行研究之后，我得出了这样一个结论，即在可识别的数字可以被发现的

① Alain Badiou, *Being and Event*, trans. O. Feltham, London: Continuum, 2005, p5.

> 唯一方式中，如果“一”首先被接受了，那么在数学上并非正式、易懂且可建构的“多”的概念就是一个真实域了，其内部的差异与困境是由这个理论所导致的。
>
> 由此我断定，很有必要假定，书写了存在本身的数学在“多”的纯粹理论领域中是有发言权的。①

宣称“多”(Multiple)为数学理论的真实域意味着什么呢？通过对拉康理论的解读，巴迪欧发现，真实域履行着作为数学创造的内部约束的功能。事实上，巴迪欧在关于作为有理数领域一种严格且不可能的负一平方根的“颠覆无限小”中对此已经做了说明。数学上这些不可能的时刻是“真实的”，因为它们向我们提供了一些负指数：指数标志了一种不可避免的障碍，负属性在于这种障碍没有实质性的积极性；它并不是数学话语的外部参照。巴迪欧精确地为他的本体论“减法”命了名，正是在这些绝对功能紊乱的点上，即在这些来自数学连续推论链条的减法运算上，数学在某种程度上抛锚于“真实域”当中了。在这里，“真实域”并不能被理解为真实的现实世界，而是弗洛伊德意义上的一种现实验证(reality testing)：阻碍我们实现愿望的机制或我们对现实的幻想的，正是这个真实域。

由此可见，巴迪欧对“真实域”这个术语的使用经历了一个从不可能性到必然性的转换。由于数学的创造被迫围绕着集合论的悖论运转，且由于它所发展的交替结构是连续的，那么对数学话语的借用便是必需的了。

向柏拉图的回归就意味着巴迪欧必须将本体论从一种诗意的语言转入到一种数学的语境当中。这种“数学的转向”对20世纪哲学的“语言学转向”及其与利奥塔《分歧》这本著作(在这本著作中，哲学的作用便是保卫不同词组规则之间不可还原的异质性)后现代的连接发

---

① Alain Badiou, *Being and Event* , trans. O. Feltham, London: Continuum, 2005, p5.

出了挑战。在《存在与事件》中，巴迪欧论证了数学公理对于哲学逻辑的基本作用。对巴迪欧来说，数学提供了一种在纯粹复多外在的非连续中对其进行操纵的可能性。巴迪欧之所以将数学等同于本体论，主要是基于以下两点原因：首先，巴迪欧的本体论是围绕着"存在之所为存在"(being-as-being)这个概念展开的，且它是根据纯粹的"多"来进行的。这个纯粹的"多"的展现是被假定为一个集合的，且从集合论的观点来看，它被假定为一个无"一"存在的"多"。巴迪欧宣称"一是不存在的"，由此，"存在着某个大写的一"[①]，这是他本体论公理化的出发点。这个宣称维护了"一"的派生特征，它是由赋予大量"多"连续性的一种操作——计数为一(the counting-as-one)所导致的结果。其次，尽管由于 y 的法语发音引发了一个错误的"一"，但在存在的内部，"一"还是占据了一个位置。

《存在与事件》的第一部分，"存在：多与空——柏拉图/康托尔"，向人们提供了关于本体论的一种谱系，并证明了"一"与"多"之间的互反关系只是一种虚构。由于集合的理论决定了存在并不具有形而上学的特征，巴迪欧关于科学的存在所关注的便是存在自身的展现。由此可见，巴迪欧对再现(representation)与哲学中的延迟存在都不大感兴趣，正如在海德格尔的基础本体论当中，由于哲学的遗忘及它所引起的本体论差异的崩溃，存在与其自身的资源相分离了。

在巴迪欧看来，存在所赠予的仅仅只能展现为"多"或者在存在将自身从任意某种关系中抽取出来的纯粹展现当中。"多"的复多性以两种方式展现其自身：非连续的方式(没有"一"，没有通过一种特殊的计数来"被结构")或者连续的方式(众多"一"的组合)。因此，情势(situation)就是计数为一且形成为一个联合的展现。一种情势的展现特征存在于这样一个事实当中，即"多"在其中被计算、辨认或者命名。

---

① Alain Badiou, *Being and Event* , trans. O. Feltham, London: Continuum, 2005, p6.

例如，如果人们将法国大革命看作一种情势，那么展现这种情势的"多"就是个体的人、话语及位置。然而，人们可以确认的唯一事实是，与所有"多"相关的一点便是它们都属于"法国大革命"这种情势，这就意味着所有通过一种情势得以展现的"多"都是属于这种情势的。

于是，一种情势通过一种适当的辨认操作对计数的或可能被计数的集合进行了命名。尽管如此，由于它是其所执行计数为一操作未被说明的术语，因而展现最初的计数法并不能将其自身从中区分开来。从这里巴迪欧推断出这样一个结论，即展现并不能通过自身而得以被展现，而仅仅只能通过一种其功能在于向展现提供再现的不同结构的存在而得以实现。一种情势的状态与其部分有关，且是辨认与分类的一个程序。

在《存在与事件》中，巴迪欧认为，"跟随着海德格尔，哲学本身只能被归为一个本体论的问题"[①]，由此开始了他接下来的事业。与《主体理论》这部著作相比较起来，《存在与事件》标志着巴迪欧的一个巨大转变：巴迪欧的关注领域不再是关于革命知识的辩证法学说了，他现在关注的是哲学及其转型的问题。其对话者或者辩护者也不再是黑格尔与结构辩证法了，而变成了海德格尔与有限哲学了。在《存在与事件》文本的开端，巴迪欧就揭示了这种变化的原因："当代哲学的'本体论'完全是处在海德格尔这个名字的统治之下的，他碰巧又是'最后一个被大家所普遍认可的哲学家'。"[②]其实这些说法本身是有很大争议的。似乎巴迪欧是伴随着一种分裂的争论来开始他的哲学体系建构的。然而，如果我们将它们限制在法国哲学中且探索到它们的目标所在的话，巴迪欧的这些论点也就不那么惹人争议了，因为当时让-吕克·南希的《非功效的共通体》以及菲利普·拉库-拉巴特《政治的幻象》中都提及了卓越的海德格尔的有限哲学思想。

---

① Alain Badiou, *Being and Event* , trans. O. Feltham, London: Continuum, 2005, p2.

② Alain Badiou, *Being and Event* , trans. O. Feltham, London: Continuum, 2005, p9.

不管在何种情况下，巴迪欧都利用海德格尔来展示他最基本的问题，即在不臣服于其以“大一”形式展现的莱布尼茨所谓的非实存即为不存在的形而上学的捕获中思考。对于巴迪欧来说，这与海德格尔在宣称存在必须以除了客体之外的形式被思考，或者与当他说出实体的存在并不是实体之时的任务是相同的。海德格尔认为形而上学在既有的柏拉图理念的切口之处或者当代的客体中创造了一种对存在的遗忘，在巴迪欧的术语当中，这种“遗忘”既不是属于哲学的也不是属于历史的，而是属于结构的，它是为了计数为一存在，也即它的联合。由此，存在必须优先于这种计数，也即，作为一种纯粹或非联合的“多”而被思考。

巴迪欧利用海德格尔来表达他的本体论话语并规定出它的任务：将存在作为纯粹的“多”来思考，也即，作为优先于“大一”联合的众多中的一个“多”。而随着巴迪欧对此任务的检验以及对本体论性质所带来的结果的确认，巴迪欧与海德格尔渐行渐远了。我们可以通过“有什么?”(What is there?)这个经典的本体论问题来跟上巴迪欧的步伐。对于诸如“物质”“单子”“情势状态”之类的哲学回答，巴迪欧又增加了“展现的多”(presented multiplicities)这样的回答。对于巴迪欧来说，一种“展现的多”或情势即是计数为一，它是一种操作。换句话说，情势最初并不是“一”而是“多”，这种联合允许我们将情势作为计数为一的结果。由此，每一种情势都具有以下两方面的特征：一方面，作为这种操作的结果，它是由联合的众“多”所组成的统一的重数(multiplicity)；另一方面，它优先于那种操作的地位是非连续的或纯粹重数的。连续与非连续的重数的内部对立类似于《主体理论》中出位本身与通过结构而被放置的出位之间的区别。正是在这一点上，那个“巨大的诱惑”产生了，即宣称本体论本身是一种例外的话语，它可以直接通往存在以及其他所有存在非连续的复数。巴迪欧将消极的神学作为这种诱惑之下的事业，但他真实的目的却是将海德格尔诗意的言说作为这种存在言说的邻居。相比之下，黑格尔的绝对知识在这里并不是巴迪欧所追捧的对象，因为它明显地将自身归为其他所有存在的整体化，这种整体化是通过直接到达它们而存在的方式。与这种诱惑相反，巴迪欧提出了他的第一个论点，“即本体论本身就是一种情势，一种存在的展现，它臣服于其自身的计数为一”。[①]由此可见，本体论的问题在于，一方面它要展现作为非连续的复数，而同时自身又要在承受着瓦解的痛苦中成为一个连续的复数。这与毛泽东在控制为确保政治暴动的连贯而产生的自发性与教条性时所遇到的挑战是一样的。

本体论自身的结构，即它自身的计数为一并将它所展现的一切事物都联合起来了；存在由此就等同于“一”，且由于结构的原因，形而上学并没有出路。因此，挑战就在于能够发现这样一种话语，它是一种能够展现非连续复数的连续复数。由此，我们也进入了巴迪欧所定义的其哲学事业的最初论点：“只有数学才能够应对这种挑战；数学是作为存在之存在的科学，是非连续复数的展现。”[②]由此，与海德格尔的观点不同，“数学既不是一种虚无主义的符号，也不是技术时代所取得的成就”。[③]

由此可见，在这里，巴迪欧对海德格尔的处理方式就如同海德格尔对尼采的处置方式一样：“所宣称的形而上学已经被摧毁并不完全属实，行动还需进一步贯彻落实。”[④]

二、柏拉图主义与数学本体论

P. 百纳斯莱夫（P. Benacralf）与 H. 帕特南（H. Patnam）在其编辑

---

① Alain Badiou, *Being and Event*, trans. O. Feltham, London: Continuum, 2005, p13.

② Alain Badiou, *Being and Event*, trans. O. Feltham, London: Continuum, 2005, p3.

③ Alain Badiou, *Being and Event*, trans. O. Feltham, London: Continuum, 2005, p9.

④ Alain Badiou, *Being and Event*, trans. O. Feltham, London: Continuum, 2005, p9.

的《数学的哲学》中认为，柏拉图主义者们是这样的一群人，他们把数学看作对独立存在于数学家思想或活动的结构真理的发现。而巴迪欧认为，数学结构的外在性（或超验）标准鉴定了柏拉图主义是怎样在几乎所有的科学哲学中被构思的。这种鉴定在现在看来显然是严密的。不严密性是由柏拉图主义者们对内在性与外在性、认知的主体与已知的客体之间差异评估的结果所导致的。事实上，这种差异与真正的柏拉图式的装置截然不同。由于在当前的认识论中，这种差异可能比较牢固，且鉴于大写的主体与真正的主观事物、客体与客体性的主题也比较确定，于是从这些推论中，人们也只能怀念一下与柏拉图一起思考的时光了。

在巴迪欧看来，数学结构的"独立存在"应当被当作与柏拉图完全相关的事物。[①]这个怀旧的类比说明，思想不会或者说绝不会受制于它将要从中分离的客观束缚。理念在此刻便形成了。如果在思想中理念没有被"激活"的话，那么它将仍然是不可思的。在这里要特别说明一下数学理念，《美诺篇》中对此进行的详细论证，主要是为了确保数学理念也能够被几乎没受过教育且无名无个性的人（即奴隶们）所接触到。

由此可见，柏拉图的基本目的就在于宣布已知与认知思维的内在特征、共同属性以及它们基本的本体论具有可通约性。假设柏拉图宣称"思维与存在是一回事"，那么可以说巴门尼德和他就是"亲父子"无疑了。一旦数学触碰到了存在的领域，它本质上就可称得上是一种思想了。反过来说，如同数学是一种思想，那么它便触碰到了存在本身。认知主体的动机在于不得不"瞄准"一个外部客体——即使客体被认为是理念，这种动机的背景却来自于经验主义——这对于柏拉图对数学存在的哲学使用来说是不恰当的。

---

① Alain Badiou, *Being and Event*, trans. O. Feltham, London: Continuum, 2005, p9.

柏拉图对"本身"(in and of themselves)中的数学结构考虑得如此之少以至于:

首先,理念实际上是可思考之物的统称,它绝不会使数学变得单一化。正如年迈的巴门尼德曾经评论年轻的苏格拉底那样,既然我们想到了泥巴或头发,那么就必须承认存在着泥巴的理念与头发的理念。事实上,理念是作为思想之思想的名称。柏拉图哲学的主题在于使得内在与超验不可识别。它致力于在这种差异不起作用的思维空间中来解决问题。一种数学理念既不是主观的("数学家们的活动")也不是客观的("独立存在的结构")。它在一种跌宕中攫取到了一种智者式的喘息与一个明智的位置,人们可以将其称为思想。

其次,柏拉图对所谓的数学"客体"并不感兴趣,他关注的是思想的进展。这是因为数学到最后仅仅是通过差异来认同辩证法的。不可否认的是,可思考领域内的一切事物都是理念。因此,想要站在客观性的一面于思想规则之中找寻出某种差异便是徒劳无用的了。仅仅是运动的单一性(它在假设中停止了或者返回到首要原则中)便使得人们能够从辩证的思考中为数学思想划定界限。"客体"的分离位于其次且隐蔽晦涩,它是于思想中抽取的指数而存在的外包(outsourcing)。

最后,可以肯定一点:数学是一种思想(用柏拉图的话来说,这就意味着数学同可感觉的直观相决裂了)。辩证法也是一种思想,当在它们的实践中来思考之时,这两种思想是不同的。

通过这种理念,巴迪欧试着为"哲学思维"的数学前提起草了一个柏拉图式的定义:

柏拉图主义将数学视为这样一种思想,它对于可感觉的和语言学的经验都是不可传递的,且依附于一种尽管假定一切连续的事物都存在着却为不可判定的事物让出空间的决定。[①]

我们可以从弗伦克尔(Fraenkel)与巴-希勒(Bar-Hillel)的《集合理论的根基》一书中预测对柏拉图主义所下的这个定义带来的争论尺度。柏拉图主义者们确信,伴随着每一个定义明确的一元论前提[例如在 $p(x)$ 中,x 被归类于一个变量],通常存在着一个包括了所有满足这个前提的实体以及这些实体本身的集合;反过来,这个集合也是一个本体论状态与其元素相类似的实体。

然而在巴迪欧看来,一个柏拉图主义者是根本不能够通过这种方式被说服的。柏拉图自己一直在努力地向人们展示,与概念相关联的事物或者定义明确的命题也可能是空或非连续的,或者与它相一致的能够要求一种高于所有包含于启动公式的本体论地位。这就是与善(the Good)相关联的事物,定义明确且如其实践那般明显的事物,要求从理念(the idea)状态——善在理念之外的存在中获取一种分配的方式。在诸如“一存在”“一不存在”这样直接的宣称中,《巴门尼德篇》的主要目的就在于让人们确信,在任何关于“一”或者除了“一”以外的其他事物关联的假设之下,一种非连续性被获取了。尽管是一个纯粹的哲学例子,它却是第一个关于绝对不可判定论断的例子。[②]

与弗伦克尔及巴希勒的宣称相对的是,巴迪欧坚持认为不可判定是柏拉图主义中的一个关键范畴。很关键的一点是,人们永远不能预测是否有一个可思考的实体与一个定义明确的公式是相一致的。不可判定证实了这样一点,即它对能够决定某物是否存在的语言的明晰性缺乏一种柏拉图式的信任。从这个意义上讲,只有策梅洛定理(Zermelo's axiom)才能够称得上是柏拉图主义的。对于一个既定的公式来说,它允许使其生效的“实体”的存在,就如同它也允许这些实

① Alain Badiou, *Being and Event*, trans. O. Feltham, London: Continuum, 2005, p91.

② 柏拉图:《巴门尼德篇》,陈康译,北京:商务印书馆,1982 年版,第 35 页。

体集合存在一样，只要它们位于一个在先前设定的集合存在中。

至于说柏拉图对话篇中的内容，不可判定指挥了一种复杂的、充满了疑难的对话风格。这个过程导致了不可判定的意义在于，它表明思想从严格意义上来讲应当决定事件的存在；思想并不是一种最重要的描述或建构，而是一个（与意见或经验）相决裂的断裂，由此，思想是一种决定。在这一点上，巴迪欧认为哥德尔似乎更具说服力——毕竟哥德尔总是被“数学哲学”归类于柏拉图主义中的一员。

如同康托尔在其著名的文章《什么是康托尔的连续统问题?》中所认为的那样，关于数学直观客体的客观存在的问题（这恰好是关于外部世界客观存在问题的复制）对于目前讨论的问题并不具有决定性的作用。关于直观的存在仅存在这样一个事实，即它足以能够制造出集合理论的定理，且关于它们一系列开放的延展又足以为关于诸如康托尔连续统假设正确或错误命题的问题赋予意义。然而最重要的是，证明这种集合理论中真理标准的可接受性的是这样一个事实，“即对数学直观的连续呼吁不仅对于获取超限集合理论问题中的清晰答案是有必要的，也对于获取（哥德巴赫猜想）有限数论问题中的解决方案是必需的，在那里进入概念之中的意义性与明确性是确定无疑的。这承接于这样一个事实，即对于每一个公理体系来说，这种不可判定的命题类型是无限多的”。①

这篇柏拉图式的文章最重要的特征在于：

第一，“直观”（intuition）这个单词除了具有一种关于对公理可理解的创造性思维的决定性意义以外，别无他意。用哥德尔的话来说，这就是一个关于创造集合理论公理的事件，且这种能力的存在只是一个简单的事实。这种直观的功能并没有努力抓住外部的实体，而是决定了一种首要的或还原的命题。将这种数学命题证明为思想的正是

① Alain Badiou, *Being and Event*, trans. O. Feltham, London: Continuum, 2005, p26.

对这种公理的广泛性创造，并由此将它们暴露于真理之中。

第二，以上所说的客体的客观存在直接被宣布为是居第二位的（它对于目前所讨论的问题并不具有决定性的作用）。除此之外，它也并不具有数学的特征，因为这种存在也处于同外部世界相同的标语之下。事实上，在数学的存在中，存在呈现了一种刚刚好的状态。在所有的情况当中，可思考的事物（泥土、头发、三角形或复数）会被质疑其除了存在以外的实存。

第三，真理是很关键的一个问题。一旦直观的思考产生了（公理的可理解性记录了那个事实），人们便能够为由这种思考所产生命题的真或假赋予意义。这种观念起源于这样一个事实，即根据理念的要求，可思考的事物必须触碰到存在。“真理”是一个名称，通过它而使存在与思想在一个单独的过程中互相协调。

第四，有限与无限并不是思想最主要的差异所在。哥德尔坚持论证对这种真理标准的接受是如何成为直观或者公理化决定的结果的，这就不断地要求与有限算术或者超限集合相关的问题决裂。这也就意味着关于思想的运动在无限中并不比在有限中更不同。

第五，不可判定的问题是有组织地受制于数学的约束之下的。它并不是人们所宣称的关于“界限”的问题，而是一个永恒致力于践行创造性的直观的问题。每一种数学的思想装置都被概括进包含一种不可判定的业已建立起的定理中了，由此可以得出这样一个结论，即直观并不是一无所是的，数学必须被一遍又一遍地推敲。

由此可见，在巴迪欧看来，只有将数学看作一种思想，且这些思想于不可推论的推断的不可判定中引发了（直观）决定，而数学也仅仅对于思想可感的连续性的存在进行了质疑，只有这样，才能合理地将关于当代数学的前提，以及由此引发的关于本体论的探讨称为一种柏拉图的哲学起源。

三、本体论争议:巴迪欧与海德格尔

巴迪欧对“数学即本体论”的哲学宣称形成了他《存在与事件》的核心论点。而促成他形成这种思想的关键便是海德格尔及其对西方形而上学的批判。如同海德格尔一样,巴迪欧也认为哲学只有通过一种对本体论问题的全新审视才能得以重生,然而对于海德格尔后来向诗学的回归这一点,巴迪欧并不是特别赞同。

海德格尔认为系统本体论不具有任何的合理性,正是在这一点上,巴迪欧发现了海德格尔的问题所在。海德格尔的这种观点是基于这样一种信仰之上的,即系统本体论总是开始于在存在与“一”或同一性之间力迫的一种同一性。这种同一性导致存在分裂成几种不同的实存部分;形而上学的历史便将自身消耗于使这两个部分一致且重新聚合的不可能的任务当中了。对这个问题的解决方案便是将形而上学视为某种必须被抛弃的事物,其唯一积极的作用在于使存在的问题通过它所导致的困境而变得更加深刻:这种困境被视为一种简单的如其所是的存在,它被一种绕过了所有分析的诗意思想所论证了。在这里,存在被视为一种简单的在场,而基础与实存这两个方面则共同属于一种优先于任何分离的无差别的照耀。

巴迪欧应对海德格尔的方式是双重的:使哲学同本体论分离开来并提倡一种不基于“一”的系统本体论(systematic ontolgy)。正是这种提议导致了他所谓的本体论“博彩”:“一并不存在”诞生了。[①]“并没有什么关于存在的纯粹展现,更不用说一种海德格尔式的诗性又积极地展现了,相反,存在于所有的展现中被彻底抹除了。”[②]哲学历史的问题并不在于它试图用一种连续且系统的方式来展现存在,而是它试图

---

① Alain Badiou, *Being and Event*, trans. O. Feltham, London: Continuum, 2005, p23.

② Alain Badiou, *Being and Event*, trans. O. Feltham, London: Continuum, 2005, p36.

将存在作为"一"来展现。对于巴迪欧来说，如果存在不是"一"的话，那么它试图将存在作为"一"来展现；如果存在不是"一"的话，那么它仅仅只能被作为一个纯粹的"多"："存在"存在着，由于它不是"一"，所以它必须"多"。于是我们在这里便拥有了关于本体论的两个关键前提：存在是"多"，"一"不是"多"。本体论必须为存在纯粹"多"连续展现，而问题在于连续的展现包含了"一"或同一性。巴迪欧竭力避免通过将存在作为计数为一的纯粹操作而使得存在的某个点成"一"。在巴迪欧看来，"一"必须保持一种进程，因此，作为计数为一操作而展现的"一"绝不是其被展现的自身，它仅仅只是一种展现的结构。它关乎的是"多"是如何被展现的，而并非"多"是什么。由此，同一性仅仅是作为关于存在纯粹的"多"的计数为一的操作而被展现的，正如巴迪欧所说的那样："将要被计数为一的在并没有成为'一'的基础上变成了'多'。"[①]这使得巴迪欧可以在连续与非连续的"多"之间做出一个具有决定性的区分。由于存在纯粹的"多"被计数为一的操作分裂到被反向委任的、优先的非连续以及作为展现的"一"的连续结果当中，这些区分被运用于作为存在纯粹的"多"之中了。

在详细研究他为实现这一本体论而开创理论数学的呼吁之前，我们有必要来思考一下巴迪欧采用这种方法所希望达成的目的所在。事实上，巴迪欧想要达到的目标并不是使得哲学超越其对基础、起源以及开端的痴迷。哲学不仅仅应当放弃对基础的搜索，也应该放弃它对这样一些不可能存在的起源的后现代哀悼。对于巴迪欧来说，以主体努力制造的真理形式出现的新发明，并没有在当前存在的、其踪迹存在于所有展现的不可能性中发现其源头，只有在对事件的忠诚中它才能找到其来源。主体确定某些事情发生了并准备好了承担所带来的后果，事件是否真的发生了或许是不可判定的，然而情势向主体提

---

① Alain Badiou, *Being and Event*, trans. O. Feltham, London: Continuum, 2005, p24.

供了必要的物质材料,使得其不仅可以区分各种不同的事件,也可以辨认出与来自基础问题不同的、由事件所引发的问题。

巴迪欧的目的在于建立两种基本不同的、他认为在哲学上已经被混淆的非关系性的概念。第一种非关系类型就是以上所描述的那种:"存在与'一'之间必定没有关系。这是来自展现存在的单方面减少。非连续的'多'是绝不会被展现的,存在的只是对它的一个连续展现。这种非关系的类型是一种否定的关系,其中本体论是展现结构的情势,而存在本身是没有结构的。"[①]"关系,或者说功能,总是连续的本体论展现,然而它们并不总是享有同样的可决程度。"[②]

第二种非关系类型更倾向于是一种非测定性的关系。巴迪欧本体论中连续的"多"通常受制于两种不同类型的展现:广泛性的展现(它与多的基数大小有关),以及集中性的展现(它与多的序数规则有关)。这两种展现类型分别来自两种不同的数系:基数与序数。在有限层上,这两种数系是一致的且运转也是相似的,然而在无限层上,这两种数系的分歧就显现了,且它们彼此之间的关系也变得含混不清了。无限层开启了一种空间,由此关于多的可能性关系在这两种数系之间得以维持了。在巴迪欧看来,更重要的是在某种受限制的情势下"多"得以存在的可能性,这种"多"没有集中的展现,有且仅有一个广泛的展现:它们被称为非可构造的。为了改变一种情势,这些非可构造的"多"提供了主体所需的材料。关于这种类型的"多"很重要的一点是,它是一种无序连续展现的形式。连续的展现并不依附于顺序;它并不受制于可被建构的事物,而是包含了无序多样性的最小化结构。这种结构顺序的匮乏不应当与连续的匮乏相混淆:无序的并不是非连续的。

---

① Alain Badiou, *Being and Event*, trans. O. Feltham, London: Continuum, 2005, p26-27.

② Alain Badiou, *Being and Event*, trans. O. Feltham, London: Continuum, 2005, p2.

巴迪欧认为，本体论必须要在关于无序的不确定性与非连续性之间做出区分。由此它对集合论方法的运用必须取得以下成果：首先，它必须建立一种基于纯粹的"多"之上的本体论；其次，在这个本体论系统内部存在着不确定的或者难以识别的物质；最后，这种物质能够被主体获取并使用。激发了主体的事件本身总是在本体论之外且被本体论排除在外。①

由此可见，巴迪欧所提出的解决方案显然是自相矛盾的，即它毫不犹豫地放弃了以海德格尔为首的哲学家们对哲学所提出的任务要求。除了《存在与事件》中这种对真实数学的自反性横越以外，将自身从并非作为存在的存在之本体论决定中减掉也是哲学义不容辞的责任。然而，通过这种方式将自身于存在中减去，通过介入的方式让数学偶然发现的便是事件了。由此，巴迪欧认为，哲学也只不过是事件或非实存的一般理论而已，就如同它是真正本体论的认证一样。作为事件的思想，哲学是关于将自身从没有同一性存在的本体论减法中减去的理论。为了理解这一点，我们必须消除两种误解。首先，事件于存在中的减法绝不会组成向"一"的回归。当然，通过事件向"一"回归是没有问题的，而事件也不会取代"一"的位置。其次，这种减法是不完整的：正如我们在瞬间中所看到的那样，事件并非外在于存在，而是通过一种它所独有的形式与存在连接在一起的。或许有人会问：为什么需要关于事件的理论呢？为什么巴迪欧觉得这个概念很有必要且他只能将事件作为一种介入，一种减法，而不是诸如补充或者存在本身呢？正是在这一点上，巴迪欧的思想有力地挑战了海德格尔的思想。在海德格尔看来，事件即存在，尽管它是这样一种事件，通过它，存在总是同人的命运相连接，而人也同存在的命运相连接。然而在巴迪欧看来，事件是关于存在的一个断裂，它从属于巴迪欧所谓的"超存

---

① Alain Badiou, *Being and Event*, trans. O. Feltham, London: Continuum, 2005, p189-190.

在”结构之中。[①]

海德格尔认为，数元(matheme)的插入就标志着诗歌及其为了思想纯粹的工具性概念本体论潜力的消除。不能对数学抱有任何希冀，除非它在评判且操纵世界这一方面是一个日益有效率的工具。但数学绝对不是思想，更不会是关于诸如存在的思想。想要在海德格尔与巴迪欧的结论之间设想出一种突出的对比是很困难的。通过以上分析可知，对于巴迪欧来说，本体论必须使自己同哲学及诗意的思想相分离，同语言学相分离，并回归到其如柏拉图所期望的真实的数学起源当中。在巴迪欧的哲学思想中，诗歌是有其自身的地位的，然而诗歌中却并没有本体论的一席之地。诗歌是不能够对诸如纯粹的“多”进行思考的。

事实上，海德格尔的思想并不是关于“多”的思想，它是一种关于差异(difference)的思想。但是这种差异并非两个个体(或实体)之间的差异，就如同作为“一”的实体与那种实体存在之间的差异一样，这种存在既不是“一”也不是“多”，因为“多”只不过是一种没有“一”的存在，或者说对“一”的否定。的确，存在是一种基于将存在作为整体来阐释的单个术语：它是亚里士多德致力于追寻的“向一”(pros hen)，认为科学的存在最终会实现。然而存在并不是范畴，更不是在其之上作为整体的实体能够被思考的类。如果说海德格尔式的本体论是一种减法的本体论，如果存在确实于“一”中将自身减去了，它也是从作为联合的“一”(就如同作为整体的存在一样)中减去的；这是一种将自身从实体的实体性思想中减去的本体论，这种本体论是差异而不是“多”。

在这里便回到了一种对海德格尔来说非常有效的决定当中了。对海德格尔这个对于“多”的地位没有任何评价的哲学家而言，“多”仅

① Alain Badiou, *Being and Event*, trans. O. Feltham, London: Continuum, 2005, p189-190.

仅只属于在其当前现状或实体性中被考虑的实体，这一点巴迪欧也是公开承认了的，因为他拒绝将现实界的维度赋予一种实体性并由此将存在与实体性等同起来。然而如前所述，对海德格尔来说，本体论是开始于差异的，而存在的问题也完全是关于其来自实体或者作为差异的存在的问题了。存在是关于诸如差异的运动，一种时空的运动或操作，通过它实体得以“存在”了。海德格尔将这种运动当作存在于其历史重叠中的存在显现，它不能改变任何事情。[①]

由此可见，用一种海德格尔式的眼光来看，尽管在巴迪欧看来，这种激进的位移似乎是通过将其于哲学话语中转移到数学思想中的方式而成为哲学的——主体本体论的最终转向，而结果也仅仅只是传统本体论的一种延续而已；即使没有“一”的存在，巴迪欧的本体论仍然只是一种在其显现（或现状）中的实体之思，因此是不能够将其自身提升到本体论差异的思想层面上来的。在巴迪欧看来，在海德格尔所探讨的将存在的问题视为与存在真理相关的问题版本中，存在的单一性仅仅导致了实体的贬值、超验思想视野的加深以及“一”变成“二”，并最终成为一种关于计数为一的本体论，一种关于“多”之存在的前康托尔思想。

第二节　主体理论的根基

在这一节中，笔者将介绍巴迪欧在《存在与事件》中关于主体理论的几个主要理论来源：集合论、无限集以及选择公理。在巴迪欧的哲学思想中，集合论是能够提供一种将“一”的缺点掩盖掉的关于纯粹的“多”的本体论的。在其中，巴迪欧着重探讨了策梅洛-弗兰克尔的集

---

① 马丁・海德格尔著：《存在与时间》，陈嘉映译，上海：上海三联书店，1996 年版，第 76 页。

合论(即 ZF 集合理论),并将其与康托尔集合论进行了对比,发现它们极其类似。事实上,巴迪欧的这种集合论是基于特殊集合是存在着的这个论点之上的,它在数学的历史中形成了一种象征符号,并将存在作为其公理的一种潜在产物。而作为创新空间的无限集进一步丰富完善了巴迪欧主体理论的集合论根基,最后,通过选择公理的阐述,巴迪欧将自然情势与历史情势(historical situations)进行了区分,认为选择公理不仅使个体通过介入而成为主体得以可能,也使通过对事件的忠诚而让主体得以维持获得了方法途径。

一、集合论根基

对于巴迪欧的哲学来说,很关键的一点就在于集合理论是否真的会提供一种可以避免"一"之缺陷的关于纯粹的"多"的本体论。只有在接受了集合理论的用途之后,才能开始研究巴迪欧是如何用集合理论来研究其主体理论的。《存在与事件》的前几篇都介绍了集合理论,它意在向人们展示这样一种本体论是可能的。

对于集合理论是如何提供一种可以避免将存在归因于"一"的关于纯粹的"多"的理论这一点,人们尚未知晓。即使接受了这一点,即作为操作的计数为一避免了将存在作为"一"来展现,它仅仅将同一性归因于展现的结构,一种没有对其评论的理念,然而人们面对的仍然是一种徒有其表的理论。在巴迪欧看来,"策梅洛-弗兰克尔集合论的正式公理系统通过将集合中任何一种形式定义排除在外的方式,从而避免了使展现于计数为一的操作进入到存在之中。"[①]对于"什么是集合"这一点,人们是无法定义的;存在也绝不会被归因于一种集合的概念。一个集合可以被看作其元素集合为一的集合,它们被计数为一,

① Alain Badiou, *Being and Event*, trans. O. Feltham, London: Continuum, 2005, p30.

然而集合中的元素是多之多中之多,如此无穷无尽。对于"什么是集合",我们尚不能给出正式的定义,由于对它的理解依赖于现有的关于集合的知识,以下讨论的目的便在于将自身不是集合的原子实体标记出来。集合展现内在的同一性取决于展现的操作,而不是取决于任何正在展现事物内在的同一性。

随后,ZF 理论中的大部分定理为集合的正式管理划定了规则,但它们并没有使任何集合的实际存在成为必需。如果一种识别或产生集合的定理不能再被给予,为了防止系统成为空集,ZF 理论就有必要明确宣称某些集合的存在。

在这里"一"可能被再次引入,这取决于所宣称存在的集合类型。对于引入基于逻辑公理之上的集合有许多不同的方式,但并不是所有的方式都可以提供一种关于"多"的纯粹理论。仅仅只是在简单地使用这种正式的公理系统的层面上引入了原子的个体,在巴迪欧看来,这将组成作为"一"的存在展现。遵守简单的管理原则的公理并不是两种明确的关于空集与无限集的公理。最终,关于空集的公理允许巴迪欧宣称集合理论是关于纯粹"多"的理论。为了更好地理解这种公理的意义,有必要在这里引入一些关于集合理论的术语。

巴迪欧最开始对作为计数为一操作结果的、纯粹展现"多"的概念的引入与康托尔最初对集合的描述极其类似:"通过集合我们可以明白任何一种进入有限整体 M 集合及其分散的客体。"[①]这样一个集合 M 被写作:$M=\{m\}$,或者说如果 M 中有更多的元素,那么 $M=\{m_1, m_2, m_3, \cdots m_n\}$。因此集合就是分散元素的汇集,这些分散的元素据说是属于同一个集合的。这种属于关系是构成所有集合最基本的非逻辑关系,它被写作"$\in$"。例如在以上所说的集合 M 中,括号内的所有元素都属于 M:$m_1 \in M$,$m_2 \in M$,等等。对于巴迪欧来说,集合就是位

① Alain Badiou, *Being and Event*, trans. O. Feltham, London: Continuum, 2005, p56.

于其中元素的连续展现。“元素”(element)这个术语多少会让人产生误解,因为它似乎暗示了元素本身就是“一”,并由此将同一性引入到了集合理论之中。巴迪欧尽量避免将这些项称为元素,而更倾向于将它们称为展现的项。集合中元素的建构将会使得这一点变得更加显而易见,即它们不是原子式的个体,而更像是纯粹的“多”。

巴迪欧声称基于逻辑公理之上而存在的初始集合中没有任何元素,什么都不属于它。即使有属于它的元素,这些元素也只能被合理地认为是原子式的个体。这就保证了“一”是存在的,并且与“一”不存在这个赌注恰好相反。因此,最开始宣称存在的集合并没有与以上赌注相对立,注定是一个空集。毋庸置疑,空集公理认为这样一个集合是存在着的。巴迪欧对这个公理有一个专门的公式:

$$(\exists\beta)[\neg(\exists\alpha)(\alpha\in\beta)]$$

这个公式可以读为:存在着这样一个β,在其中不存在任何属于它的α①,集合β为空。在这个公式中,巴迪欧选择两次使用全称量词∃,“存在着”,而不是更普遍使用的全称量词∀,“对于所有”。这个公理更常用的公式如下:

$$(\exists\beta)(\forall\alpha)\neg(\alpha\in\beta)$$

这个公式可以读为:存在着这样一个集合β,对于所有的α来说,没有α属于β。对于巴迪欧来说,这种双重的存在形式是很重要的,存在着这样一个β以至于在其中不存在α。在这里所展现的是并没有被展现的事物,对于巴迪欧来说,这是一种纯粹的非连续的多样性。

这个公理使得关于纯粹“多”理论的最终要求——一种没有“一”的连续展现被获取了。这个公理的元本体论意义在于使得不可展现的、作为展现之展现的一个减法项被展现了。正如巴迪欧所宣称的那样:“如果由于存在发生于每一个展现之中,而不可能存在一种关于存

① Alain Badiou, *Being and Event*, trans. O. Feltham, London: Continuum, 2005, p68.

在的展现的话——这也是为什么它不展现自身的原因所在——那么留给我们的只有一种解决方案了：将本体论情势作为一种展现之展现。"[①]空集公理至少保证了有一个集合存在，且其他的集合可以由此产生，但这个集合仅仅展现了其自身而已。空集被记作$\varnothing$，可以就把它看成一个空的括号：$\varnothing=\{\}$。如果一个集合是展现其自身元素的正式操作的话，那么一个不包含它所展现元素的集合便是这种正式操作本身：空集$\varnothing$没有展现任何事物，而仅仅是它自身的一种展现。

这种连续的展现通常被认为是荒谬的，或者说是一种诡计：宣称空集$\varnothing$存在就意味着这个理论并非为空，而只是理论的内容为空。所展现在这里的仅仅是关于存在是如何被展现的，即计数为一的操作。尽管展现的结构非常丰富，但数学集合论的内容为空。与其他 ZF 集合理论相连接的空集可以被用来产生无数其他集合，而这些集合最终什么也不会展现。因此，尽管理论被展现的各种空结构所填充了，但它最终仍然为空。

在这里可以发现这个理论是如何满足"'一'不存在"与"存在是'多'"这两个结论的。每一个由计数为一所导致的集合都来自于空集，以至于尽管展现并不为空，也存在着一种展现的结构，即空无，它是一种非在，也被展现了："一"不存在。因此，存在于其作为"一"的所有展现中被减去了，通过对空无即非"一"的展现，空集完美地表达了这个观点，那么如果存在不是"一"的话，它便是"多"。

空集的这种独特性意味着它是存在的一个专有名称。"空集$\varnothing$并不是存在本身的展现，而仅仅是它的专有名称。空集的独特性是直观的，因为空无对它进行了区分；空集的独特性是基于中立之上的。"[②]巴迪欧认为，空集是中立的但并不是不可辨认的，并不是不能于空集中辨认出所被展现的事物，而是说没有什么可以辨认的。当不可辨认的

---

① Alain Badiou, *Being and Event*, trans. O. Feltham, London: Continuum, 2005, p27.

② Alain Badiou, *Being and Event*, trans. O. Feltham, London: Continuum, 2005, p68.

集合作为主体理论的核心存在被引入时,这一点就变得相当重要。

由此可见,集合论并不是基于集合的普遍定义之上的,而是基于“特殊集合是存在着的”这个论点之上的。空集∅使得集合论为纯粹的“多”的本体论成为可能。

那么巴迪欧为什么要选取集合论而不是数学的其他领域来作为他本体论论述的基础之一呢?在巴迪欧看来,“伴随着其悖论与危机,集合论在数学的历史中形成了一种症候”。[①]这让人想起了他在《主体理论》里将马克思对社会叛乱阐释中关于革命知识的辩证法视为一种症候。在这里,这将再一次地是一个关于将资源分配给思想运动或知识改变,并于机能障碍的瞬间找到这种资源的问题。因此,集合论是一种本体论的论点是不能与这个论点分离开来的,“即集合论本身是一种激进的变化过程,或者是一种类性的真理程序”。[②]之所以选择集合论是因为巴迪欧认为,它显示了包括关系与操作在内的所有数学实体是如何能够被视为纯粹的“多”的。与德里达、拉库-拉巴特同海德格尔对形而上学的批判相一致,巴迪欧的集合论本体论并没有将存在看作一种形式或客体,相反,它将存在视为其公理的一种隐形结果。

当然了,那些数学家们在创立他们的集合理论之时并没有想到其所具有的哲学意义:由于悖论的出现,他们不得不将集合明确的定义抛弃掉。在《存在与事件》中巴迪欧对此进行了说明。例如弗雷格(Frege)就试图将集合定义为一种概念的延伸,他认为这种集合是所有被业已形成的公式所定义的、拥有自身属性的“多”的集合。而罗素则反对这样一种观点,即并不属于其自身所有集合之集合对并不能与“多”之集合保持一致的属性进行了定义。如果这种假设的集合属于它自身,那么,根据其所定义的公式,它并不能属于其自身。换句话说,如果我们假设这个集合不属于它自身,那么根据定义,它必须属于

① Alain Badiou, *Being and Event*, trans. O. Feltham, London: Continuum, 2005, p76.
② Alain Badiou, *Being and Event*, trans. O. F eltham, London: Continuum, 2005, p52.

它自身。然而，一旦人们着手处理这种接踵而来的“多”之矛盾，最开始的命题就必须被驳回。正是那个命题在业已形成的公式与集合之间建立了一致性。在这里我们遭遇了以上所概述的关于真实域的第一个具体的例子：一种不可避免的障碍，一个关于不可能性的要点，它迫使集合论的本体论为了保持连贯而作出改变并发展出一种新的结构。在这种情况下这种新的结构便是策梅洛的分离公理，它宣称人们只有通过将一个新的集合作为一个预设且未被定义的准素集的子集分离出来的公式，才能使得它与一个公式相符合。巴迪欧将这个公理作为集合论本体论的一个唯物主义指示：它题写了一种在语言权利之上为了区分“多”的关于纯粹“多”的溢出。换句话说，为了使语言能够得以操作，作为纯粹“多”部分的存在必须被预设为从语言的操作中分离出来了。

二、作为创新空间的无限集

通过上一节的分析可以知道，建立一种集合论的本体论是可能的，现在就有必要证明这种集合论的本体论并不是枯燥乏味的。由集合论所开创的空间不能够被用来阻止创新。令人担心的是，集合论将会展现一种将要在结构上被决定并被封闭的正式体系。尽管在有限层级上的确如此，在无限层级上并不存在一种绝对的结构。对于巴迪欧来说，“无限的观点并不与超验及整体化的主题密切相关，相反，它使得不确定的与不可判定的成为了可能”。[①]接下来，笔者将分析无限(the infinite)这个概念是怎样将本体论从任何一种单独的结构中解放出来并允许不可辨识的或非可构造的集合显现的。

为了更清楚地说明这些概念及目的，有必要更多地引入《存在与

① Alain Badiou, *Being and Event*, trans. O. Feltham, London: Continuum, 2005, p82.

事件》中关于集合理论的术语。

康托尔建立集合论的最初目的便是引入可能存在的最抽象的数学对象：从本质上说，它们应当是来自于其内容与其显现的次序的纯粹的“多”。独立于这两个内在本质之外，集合作为一种纯粹的外在的“多”而被展现了。这种观念以外延公理的形式依然存在于当代的ZF集合理论中，而这个外延公理也仅仅根据集合的元素定义了集合的特征。集合就是它所收集的元素的聚集，不管这些元素是怎样被聚集或被安排起来的。这个公式如下：

$$(\forall \gamma)[(\gamma \ni \alpha) \leftrightarrow (\gamma \in \beta)] \rightarrow (\alpha = \beta)$$ ①

它可以读为：集合α与集合β是相同的集合，如果且只有在α中的每一个元素同时也是β中的元素情况之下，反之亦然。对于巴迪欧来说，集合的这个外延的或结合的概念是非常重要的，一个关于纯粹“多”的集合恰恰是由它所展现的“多”所定义的。

康托尔将集合的这种抽象的外延展现称为它的幂或基数，但是也可以根据其固有的次序来将集合定义为有序型(ordinal type)。如果一个集合是良序集，那么它的有序型便成为它的序数。如果一个集合中的每一个元素都有关于其他元素的一个位置，那么这个集合便是部分有序的。对于每一个属于集合M的m_1、m_2($m_1 \neq m_2$)来说，要么是$m_1 < m_2$，要么是$m_2 < m_1$。这与对自然数、有理数甚至实数的一般理解是相同的。良序集是一种稍微比较严格的次序形式，它将有序集限制于只有在自然数中才能发现的离散序类型中。这些自然数中的每一个数字总是有一个直接的、在原始数字与其后继数字之间并没有数字显现的后继。

如果在集合α与集合β之间存在着一种一对一的关联的话，那么这两个集合便拥有同样的基数；集合α中的每一个元素都映射了集合

① Alain Badiou, *Being and Event*, trans. O. Feltham, London: Continuum, 2005, p86.

β 中的一个独特元素，反之亦然。如果类似的一对一的关联存在的话，集合 α 与集合 β 也可以拥有同样的序数，只是这种一对一的关联必须将集合的良序维持下来。正是集合的基数与序数特征之间的区别以及这两种关联之间的关系，构成了康托尔一生对连续统假设的痴迷与巴迪欧对集合论与无限集兴趣的中心。

基数与序数之间的差异是很容易理解的，但只有当无穷集被纳入思考范围之内时这种差异的意义才显现出来。基数评判了一个集合的大小，而序数则是基于次序之上的等级的评判尺度。例如集合 $\alpha=\{1,2,3,4\}$，这个集合有四个基数幂与四个有序度。它有四个基数幂，是因为很显然，它有四个元素。它有四个有序度是因为其元素的最高等级是 4。如果一个集合有一个清晰的次序的话，那么只需找寻它最高等级的元素便可知晓它的序数了。

在有限集的层面上，每一个集合都可以是良序的，且这种次序也是独一无二的：不可能通过重新安排其元素的方式来改变一个有限集的序数价值。每一个有限集都只能同一种序数相连接。这种序数与它的基数幂也是相同的。在以上所举的例子当中，集合 α 同时拥有有限序数与基数。无限序数的概念只能通过产生有限序数的方法扩展来得到。这是一个看似简单的“添加一个”概念。巴迪欧构建序数的方法开始于他对属于(belonging)与包含于(inclusion)所作出的区分。巴迪欧宣称：“正是这个区分为《存在与事件》的独创性提供了源泉。”①

假设集合 $\alpha=\{a,b,c,d\}$，属于它的元素是 a、b、c、d。但是如果有与 α 共享重合元素的集合怎么办呢？例如 $\beta=\{a,b\}$。诸如 β 这样的集合被认为是包含于 α，或者说是 α 的一个子集，可以写作 $\beta\in\alpha$。如果集合 β 中的所有元素同时也是 α 中的元素，那么 β 就是 α 的子集。由此，幂集公理宣称，如果集合 α 存在的话，那么它所有子集的集合也是

---

① Alain Badiou, *Being and Event*, trans. O. Feltham, London: Continuum, 2005, p85.

存在的。对于巴迪欧来说,幂集公理是非常重要的。如果说集合展现了它们的元素,那么它们也表现了它们的子集。集合的完整表示就等同于它的幂集,巴迪欧将之称为情势状态(state of a situation)。正是在无限集/情势与其幂集/状态之间的最小关联中,一种可能的创新产生了。

一开始,巴迪欧的集合理论领域中只存在着空集。他创造的第一个新集合是 $\zeta(\varnothing)=\{\varnothing\}$,一个仅有一个元素的集合,一个单元素集合。这一点也不奇怪,如果广义的规则规定一个幂集的元素个数为 2^n,在其中 n 是元素的原始值,如果 $n=0$,那么 $2^0=1$。由此巴迪欧派生出这样一条规则,即对于任何一个给定的集合 α 来说,它的单元素集 $\{\alpha\}$ 也必定存在着。

现在便要来分析一下有限序数的建构了。空集 $\varnothing$ 可以被看作第一个自然序数 0,它带有一个与序数 1 相一致的单元数集 $\{\varnothing\}$。这两个序数的后继便是它们的合并:$\{\varnothing\}\cup\{\varnothing\}=\{\varnothing,\{\varnothing\}\}$,即序数 2。后继的过程意在于当前序数与其单元素集合之间形成一个联结。序数 3 的建构方式如下:并集 $\{\varnothing,\{\varnothing\}\}$ 与其单元素 $\{\{\varnothing,\{\varnothing\}\}\}$:$\{\varnothing,\{\varnothing\}\}\cup\{\{\varnothing,\{\varnothing\}\}\}=\{\varnothing,\{\varnothing\},\{\varnothing,\{\varnothing\}\}\}$。在通常情况下,如果 a 是一个序数,那么它的后继便是 $a\cup\{a\}$,这与增加一个序数的观念是相同的。这种序数建构很有趣的特征在于,其所建构的先前阶段都作为元素显现于当前的集合当中了。序数中的每一个元素本身也是一个序数,正是这种嵌套与同质性使得这个集合成了一个传递集(transitive set):

$$\forall\alpha\forall\beta(\alpha\in\gamma\,\&\,\beta\in\alpha)\rightarrow\beta\in\gamma$$

这个公式读作:如果 α 属于 γ 且 β 属于 α,那么 β 属于 γ。巴迪欧将这种传递集称为正常集(normal),并将其视为自然情势(natural situations）的特征。[1] 每一个序数都是一个传递集，通过属于（belonging）的关系被划分好次序。

由此这种方法可以被用来产生关于序数的任意一个有限数。但是这种方法并不能被用来创造一个比所有有限序数都要大的无限集。序数的这种特征就意味着一个比所有有限序数都要大的序数将包含所有这些元素的序数。它将成为用简单的后继方法所产生出来的所有序数的集合，且是这个生产过程的极限。这个有限序数被称作 W，它只有通过另一个存在的宣称才能够被引入。无限公理宣称：存在着一个集合 W，对于任何一个有限序数 a 来说，a 与其后继序数 $a \cup \{a\}$，都属于 W。尽管存在着首个无限序数，却没有最后一个有限序数。由此便有了两种类型的序数：由后继的方式所产生的有限序数以及宣称作为后继过程极限而存在的无限序数 W。由此便拥有了后继序数与极限序数。现在可以检验一下序数与基数概念之间的显著差异了。

在无限层上，序数的后继无须经过改变便可以被再次引入。在 W 之后有一个新的序数 $W \cup \{W\}$，或 $W+1$。再一次地，关于新序数的无限序数可以被创造，它们的结构是由以上两种生成模式所使用的次数定义的。例如，由所有奇数集合紧随其后的偶数集合，$\{2,4,6,8\cdots;1,3,5,7\cdots\}$，在其内在结构中两次使用了后继过程极限的规则，因此它的序数 $W.2>W$。另一方面，基数并没有注意到集合的内在序列且依据元素的数量来测定纯极（pure magnitude）。如果两个集合之间存在着一种一对一的关联的话，那么它们的基数是相等的。对于以上的例子而言，这一点是微不足道的，1 将要映射到 1 上，2 将要映射到 2 上，等等。因此，由奇数集合紧承其后的偶数集合的基数与自然数集的基数是相等的。每一个序数集也不再像以前那样能够与一个独特基数联系在一起了。无限序的无穷数享有同样的基数，它们都与 W 相等。

---

① Alain Badiou, *Being and Event*, trans. O. Feltham, London: Continuum, 2005, p132-134.

与 W 相连接的基数被称作阿列夫零 $\aleph_0$，所有使用以上两种建构方法的序数集合都拥有同样的基数。

接下来巴迪欧所关心的问题是：序数集内在的序数与其广泛的基数之间有何关系呢？为了使序数的体系成为一个封闭又连贯的体系，康托尔又增添了第三种序数生成规则，即"限制原则（priciple of limitation），它声称一种新类型的序数（Ⅲ）可以通过将使用前两种规则所产生的序数聚集起来的方式产生出来"①。这个新序数 W_1 拥有超过了 $\aleph_0$ 的基数，被认为是 $\aleph_0$ 之后的新基数 $\aleph_1$。W_1 有一个很重要的特征，即由于它不能够被放入与可数的自然数一一对应的关系中，所以它是不可数的。这种方法可以用来产生无限的序数系列类别；每一种类别的序数都拥有与下属类中所有序数总和相同的基数。每一种类别的第一个序数即是一个极限序数且对应着一个基数：极限序数（$W, W_1, W_2 \cdots$），相对应的基数：$\{\aleph_0, \aleph_1, \aleph_2 \cdots\}$。尽管这种方法也可以用来产生新的基数，但它并不是直接地产生它们，这些基数是一种序数建构所产生的结果。由于这两种体系必须被作为完整的数字体系而被考虑，有必要在没有参考序数产生方式的前提下找到一种直接产生无限基数的方法。

为此康托尔借助了幂集的功能。如上所述，如果 α 是一个具有 β 个元素的集合，那么 $\zeta(\alpha)$ 将是一个拥有 2^β 个元素的集合，且 $2^\beta > \beta$。由此便拥有了一种直接产生新基数的方法。这对于无穷基数是非常适用的，由此 $\zeta(\aleph_0) = 2^{\aleph_0} > \aleph_0$。通常来讲，如果 $\aleph_\alpha$ 是一个无穷基数，那么 $\zeta(\aleph_\alpha) = 2^{\aleph_\alpha} > \aleph_0$。随着这个新方法的建立，这两种数字体系之间的关系也能够被提出来了。很明显的一个选择是使得这两种体系彼此完全相同。如果 $\zeta(\aleph_\alpha) = \aleph_{\alpha+1}$ 的话，这一点就可以实现了。这个最小的决定可以被不断地加强，连续统假设及其普遍化都坚持这一

① Alain Badiou, *Being and Event*, trans. O. Feltham, London: Continuum, 2005, p149.

点，然而 $\zeta(\aleph_0)$ 的其他价值也可以证明这一点。在这里，康托尔将它视为集合理论体系内部的一个问题，即集合理论没有能够形成一种由一套单独的集合规则所限定的封闭体系。然而巴迪欧却将此视为它的优点。在巴迪欧看来，正是这个不可判定的领域为集合理论内部创新的显现且使主体臣服于这种创新行动并开启了一个内部空间。而柯亨的力迫理论证明，正是连续统假设的独立性开启了这种可能性。

由此可见，根据集合与其幂集之间的最小关联或者情势与其状态再现之间的最小关联，创新可以在一种情势的内部应运而生。可以确定的是，状态的再现是要比原始情势大得多的，但溢出的范围是永远不会被知晓的。然而，为了将组成这种不可判定的溢出状态的非可构造集的溢出完全开发出来，它们必须被传送至主体那里。主体必须能够确认，存在一定数量的不可构建集，而不需要对其进行完整的建构或识别。

三、选择公理：介入与主体的时间

选择公理在由事件所导致的主体实现中所发挥的关键作用取决于巴迪欧对情势的两个基本分类，即自然情势（在上一节已经引入了）与历史情势。自然情势是正常的，这种正规性是由它们的传递性质所提供的。在这里，集合广泛的基数存在于其集中的序数建构之间并共享一种绝对最小化的关联：根据序数产生的规则，存在的一切事物都是可建构的。在这里连续统假设认为，如果 W 是一种自然情势的呈现，那么 $\zeta(W)=W_1$ 则是其状态的代现。由此每一个子集，或者说状态的代现，与一种正式的生产是等同的。自然情势状态的限制不允许任何事情“刚好发生”。另一方面，“历史情势是不正常的；它们代表了从一个情势状态代现中所抽离出来的某物”。[①]它们呈现了一种奇异性，这种奇异性是被呈现而不是代现的，它“刚好发生”了。

对于巴迪欧来说，“一个单独的项是在一种情势下呈现但并没有代现出来的‘一’”。[②]事件中的主体总是无限程序中的一个有限部分，它试图代现一个单独的项，这即是真理的生产。因此，一个单独的项并不是一个严格的没有被代现的呈现，它具有一种关于主体的暂时性。它是一个还没有被代现的项，或者说是一种将要被代现的项。这是《存在与事件》中一个反复出现的主题：通过对在数学中同时发生的推理与程序仔细分析，巴迪欧进行了意义深远的哲学区分并对它们施加了一种暂时性的结构。

这种时间化（temporalization）对巴迪欧的讨论基础是非常重要的，也是他区分自然情势与历史情势的关键。基础是一个关于起源的问题，自然情势对于它的回答简单又独特：自然情势建立于空集∅之上。通过空集，所有其他的集合都可以产生于一种严格的序列之中，而这种序列总是可以被追溯到其基础那里。当然了，这种基础也是公理化的。公理本身只是宣称了空集的存在，但并没有对此进行证明。一种情势中的基础元素与它之中其他的任何元素都不同。这显示了它的生成函数，由此其他的元素得以产生。这种观念体现在奠基公理（the axiom of foundation）当中：

$$\forall \alpha \exists \beta[(\alpha \neq \emptyset) \rightarrow [(\beta \in \alpha) \& (\beta \cap \alpha = \emptyset)]]$$ [③]

对于每一个非空的“多”来说，至少存在着一个不与“多”本身有任何共同之处的元素，这即是一个基础集。而历史情势则至少拥有一个非空的基础集。巴迪欧将这种非空的基础集称作事件位（the site of an event）。很显然，这样的一个集合与空集有诸多共同之处，它们都

① Alain Badiou, *Being and Event*, trans. O. Feltham, London: Continuum, 2005, p74.
② Alain Badiou, *Being and Event*, trans. O. Feltham, London: Continuum, 2005, p99.
③ Alain Badiou, *Being and Event*, trans. O. Feltham, London: Continuum, 2005, p150.

是基础性的，且都从在其中它们没有任何共同之处的情势中被减掉了。正是这些属性使得巴迪欧宣称这种事件位是处于空的边缘当中的。尽管它们与空或空集有共同的属性，但又与空或空集有所区别，仅仅因为它们是非空的。事件关心的并不是关于存在的适当名称，它关注的是事件本身的特殊发生。

事实上，在这里巴迪欧已经承认了这一点，即正是因为历史情势的存在，本体论与思想之间的代沟第一次被打开了。严格说来，如果历史情势被赋予了一种时间维度的话，那么它们只能本体论地显现。在柯亨的力迫理论中，被选择用来扩展集合论标准模式的集合是一个其元素均为非可构造集的集合。在这里，如果初始的情势被看作 W，其状态的代现被看作来自于它的所有可构造集，那么如果 α 是 W 的一个非可构造子集的话，可以得出以下公式：$\{\alpha\}\cap W=\varnothing$。这看起来好像是一个基础集，但必须记得一点，即 $\alpha\notin W$，但同时 $\{\alpha\}\cap W\cup\alpha=\alpha$。因此，在位被增添到情势之前，它仅仅只满足基础的某一个方面要求，在其被增添到情势之后，它仅仅也只满足了基础的其他条件。只有将其视为一个暂时性的实体，而不仅仅是一个永恒的数学实体，非可构造集才能组成一个位。

关于这个位是否属于一种决定是不可判定的。想要确认它是否属于一种决定仅仅取决于实际发生的事件以及开始使它成为属于自身过程的主体的介入。由此，所扩张的情势并不拥有一个位，它仅仅是被决定的痕迹所标志了。柯亨的力迫理论所创造的新情势是那些旧情势的延展，但这些新情势是自然的，它们是标准的传递集模型。想要维持一种历史情势就需要通过对情势内部主体的聚集保持一种不断开启的力迫过程。

暂时性的一面又再一次地被强调了。在一个主体的介入之后，也即一个关于不可判定的属于情势位的决定之后，这种情势状态仍然是那种先于介入的旧情势。主体的任务就在于通过对所发生事件的忠诚来利用它们介入所产生的影响。后事件的状态是永远不会被完全实现的,因为有限主体将情势状态延展的无限任务是绝不会完成的。

关于事件的全部理论基本依靠对集合理论情势与暂时性的挪用。这即是巴迪欧对本体论的哲学使用,即关于情势的个体概念,因此主体也不是数学/本体论概念上的主体。柯亨的力迫理论发展于一种"暂时性的缺席之中,因此是关于前方未来的理论……它意在于不可辨识与不可判定的关系之间建立起本体论的图解来"。[①]

这有助于解释巴迪欧独特的事件数元理论。事件的数元也不是一种本体论的声明;它明确地表示了对非连续性的偏好。巴迪欧将事件称为"超一"(ultra-one),并用以下公式来表示它:

$$e_x = \{x \in X, e_x\}$$

在这个公式中,e_x 是发生于 X 中的事件,它不仅呈现了 $x \in X$ 中的所有元素,也呈现了它自身。巴迪欧对奠基公理的使用使得这样一个集合不可能出现在相容数学本体论的内部,它是事件存在的禁令。使用奠基公理的集合体系中是禁止自我包含存在的。数元在本体论之处起着一种不相容的补充作用,这使得主体意识到它的任务永远不会完成。"主体的任务就在于使得事件的真理在情势内部是相容的,在不可辨识与不可判定之间建立一种关联。"[②]在集合理论的术语中,利用非可构造/不可辨识集合的情势的类性扩展,可以对无法判定的命题进行仓促的决定。很重要的一个例子便是对连续统假设独立性的证明,即这个假设在一个相容的情势中是不能成立的。对于巴迪欧来说,这个过程是在情势内部被经历的,在其中,主体无尽的任务便是被这种外在的补充所激发并实现的。

对于个体或主体在情势内部经历哲学理解的关键便是选择公理。它不仅为个体提供了通过一种介入成为主体的潜力,也提供了通过对

① Alain Badiou, *Being and Event*, trans. O. Feltham, London: Continuum, 2005, p410.

② Alain Badiou, *Being and Event*, trans. O. Feltham, London: Continuum, 2005, p428.

事件连续的忠诚来无限维持主体性的方法途径。“介入是事件的非法名称，它打赌般地宣称事件已经发生了。”[①] 对这个名称的选择并不是通过当前的情势被辨认出来的，对于状态来说，它是一种无选择。当前状态的限制并不包含事件的名称，这意味着名称的呈现根据当前状态的律法是不可构造的。这个名称并没有遵守任何状态的代现律法。通过宣称一个事件发生了并将它命名为介入的状态装置，主体便诞生了。

事实上，选择公理也极大地简化了基数算术，并规定每一个无穷基数都是一个阿列夫数。由此可见，选择公理具有三个不同的用途。首先，选择臣服于当前情势的律法。任何看起来是自由选择的事物其实都与当前情势可建构且合理的部分是一致的：没有什么新事物产生。其次，一种主体的介入宣称自由选择的非可构造集属于那种情势。它们通过所允许的新的建构对当前的情势进行了延伸。最后，自由选择的非可构造集在当前情势中被认为是新颖且不可构造的，但是在一种假定的新情势中它们是可构造的。只有第二种情境，即主体的情境才允许非法保留它们的非可构造地位。尽管在真理程序的产生过程当中，非可构造集的名称变得合法了，它们的非可构造属性依然存在。可构造与非可构造集是共存的。

非可构造集的这种随机偶然性并没有被主体视为一种缺陷，主体强调的是它们的机遇属性。对于巴迪欧来说，主体将情势扩展了而并非创造了新情势这一点是非常重要的。新情势的产生暗示了主体履行着一种超验的作用。在这种转变中，为了解决关于“多”的不可构造性问题，主体于当前情势之外获得了一种序数。这种新的序数具有足够的复杂性来对先前不可构造的“多”的建构进行定义。在巴迪欧的理论之下，主体依然处于当前的情势之中并从本质上对它进行了改

---

① Alain Badiou, *Being and Event*, trans. O. Feltham, London: Continuum, 2005, p205.

变。他对元数学概念唯一的诉求在于事件的数元。数元并没有为这种改变提供一种超验的“多”,而是开启了一种主体操作其中的暂时性空间。

第三节　主体的真理:力迫与不可命名

在巴迪欧看来,真理具有内在性与类属性、无限性与不可命名性这两类特征。巴迪欧所关注的是从超验性与内在性、可预测性与不可预测性、无限与有限以及可命名与不可命名这四个层面上对真理进行分析,实现他向真理的回归。巴迪欧意义上的真理是纯粹内在的,这种内在性是由其不可判定性所决定的,且作为情势的一个子集,真理不会异质于由知识形式所列出的子集,这便是真理的内属性特征。而真理的无限性仿佛对每一种与有限相关的哲学进行了批判,为了跳出拉康关于真理有限与无限的论争,巴迪欧认为必须借助于数元与力迫才能实现。而由于类性子集的不可命名性,适合于真理的情势也找不到合适的名称,这也导致了真理的不可命名性特征。主体通过类属使得忠诚的操作程序得以浮现,而通过力迫这种主体的律法,主体便获得了一种关于新情势预期性的知识。

一、真理的内在性与类属性

巴迪欧认为,这是一件很合乎寻常的事情,即:“词源学用最丰富的技巧证明了一种自然性,也就是说,关于真理,哲学家们从爱的偏见中发表了他们的意见。”[①]毫无疑问,正如它在遭受诽谤之前的几个世

① Alain Badiou, *Being and Event*, trans. O. Feltham, London: Continuum, 2005, p156.

纪的记录与称赞中一样，柏拉图式的姿态倾向于在哲学中发现一种智慧的友谊，即一种高强度的内涵，因为在智慧的遮掩之下，人们解开了真理之谜，即在平静友谊之下的爱之风暴。无论从什么意义上说，通过这种移情，哲学——正如拉康在其一系列研讨班中的奇怪挪用所展示的那样——将它自身呈现为对真理的热爱。

因此，当拉康强调一个精神分析学家的立场并不在于对真理的热爱之时，毫无疑问他是在追求一种他自己称为反哲学（anti-philosophy）的思想。显然，作为一名反哲学的哲学家，拉康将自己视为未来所有哲学家们的老师。而对于巴迪欧来说，当代的哲学家们必须拥有坚定的克服拉康的反哲学所带来的一系列问题的决心。由此，巴迪欧致力于向人们解释他"向真理回归"的含义所在。

拉康在其名为"精神分析的另一面"（The Other Side of Psychoanalysis）的研讨班上确立了他的真理概念。他认为，"真理最初就是一种无力感，它是有必要的，即如果一种对真理的热爱存在着的话，那么这种热爱即是对那种无力感的热爱"。[①]在这一点上，可以发现拉康与尼采的观点是一致的。在尼采看来，从某种程度上说，真理是力量的无力形式，或者说真理是无力形式的力量。然而，拉康很快远离了这位酒神精神的传教士。对拉康来说，真理所依赖的这种无力感的根基绝不是一种复仇的命令。相反，用一种难以克服的限制影响真理的是阉割（castration），真理即是它自身缺陷的面具。这一次拉康同海德格尔的观点是一致的。对海德格尔来说，真理是在其自身倒退存在中的面纱。阉割是结构性的，或者说它本身就是结构。这就意味着，对拉康来说，并不存在着诗人以及前苏格拉底的思想家们为海德格尔所建立的前阉割的原初的位置。至于说这种结构的权威性，拉康认为，对真理热爱所导致的结果即是我们所说的：对真理的热爱即是

① 褚孝泉：《拉康选集》，上海：上海三联书店，2001 年版，第 375 页。

对阉割的热爱。正如拉康在 1970 年 1 月 14 日的研讨班上所言："对真理的热爱即是对我们所揭开面纱的缺陷之热爱，这种对被真理所隐藏的事物的热爱就是阉割。"[①]

由此，在人们对其热爱的幌子之下，真理用另一个面纱影响了阉割，于是阉割被剥夺了它所激发的纯粹的结构效应。对于哲学家们来说，它是这样被规定的：真理仅仅对于思想是可以容忍的，也即，真理只有在哲学上才被人热爱，因为一个人的视野不是在其丰富或完整的学说上，而是在它减法维度的资源上。

因此，巴迪欧致力于在真理的力量与缺陷、进程与限制、积极的无限性与其基础减法的层面上对真理进行探讨。他将通过以下四个分析来进行：

1. 超验性与内在性的层面。真理并不是凌驾于既有经验之上的事物的秩序，它从后者中获得，或者它坚持认为其是一种独特的内在价值。

2. 可预测与不可预测的层面。并不存在着一种包容并将真理的成分进行整合的单一性特征。这也是真理被认为是无特征或类性的原因所在。

3. 无限与有限的层面。在其不完整的存在中，真理是一种无限的"多"。

4. 可命名与不可命名的层面。真理将自身作为知识评判标准的能力被限制在一个不可命名的点上，这个点如果没有引诱灾难的话是不能被力迫的。[②]

因此，真理从其显示的存在中被减去了四次。它并不是在它自给自足的闪光中的最高统治者，不是由知识谓词指定的任何事物，不是臣服于熟悉的界限，也不是一种关于其知识潜力的无限力量。

---

① Alain Badiou, *Being and Event*, trans. O. Feltham, London: Continuum, 2005, p211.

② Alain Badiou, *Being and Event*, trans. O. Feltham, London: Continuum, 2005, p168.

热爱真理并不仅仅意味着对阉割的热爱，此外也要热爱其四个基本特征，即内在性、类属性、无限性以及不可命名性。

首先是内在性与类属性。

真理，至少巴迪欧意义上的真理，是纯粹内在的，这是弗洛伊德简单又基本的直觉之一。弗洛伊德坚决地保卫着这种内在性原则，尤其是用它来反对荣格。毫不夸张地说，拉康最初的动机便是用这种观点来反对芝加哥学派在科学与伦理上的客观主义的。巴迪欧用“情势”(situation)这个词来描述关于真理产生的环境、语言及客体的“多”。巴迪欧认为这种操作是处于这种情势当中的，而且既不是它的项，也不是它的规定或命运。

然而，如果真理的过程是严格内在性的，且它不再作为一个深层的秘密或亲密的本质出现在情势中的话，那么真理产生自何处呢？如果都不在情势中，它又怎能在情势中得以发展呢？拉康的高明之处就在于将问题的答案视为包含在问题中。如果真理不能从既有的情势中产生，那是因为它起源于一种消失。最初的消失在一瞬间到来并为情势做了补充，它并不位于情势之中（除非它没有任何事物赖以存在），它精密地坚持真理就在于它不能作为显现被重复——这也就是巴迪欧所说的“事件”。哲学上的事件类似于弗洛伊德所说的原处场景，由于它仅仅在其废除之中才拥有了一种真理的力迫，或者说由于它只有在其业已发生的消失之中才拥有一个位，这种类似就意味着，在情势的现实主义类别中询问它是真实的还是虚构的将毫无意义。从某种意义上来说，这个问题是不可判定的。真理的效应就在于反过来确认了这样一个事实，即靠近这种不可判定之时，消失产生了——它是如此真实以至于它内在于情势——这种情势不仅是不可判定的，也是关于不可判定的问题的。

这就是真理的第一个减法维度，它的内在性取决于这种内在性所追溯的不可判定性。

那么关于真理的真相又是什么呢？它只能是情势自身的真理，因为对于既有的情势来说，没有什么超验的存在，也没有任何真理允许我们理解的超验存在。这就意味着，既然于纯粹存在中获取的情势仅仅是一个特殊的"多"，真理也仅仅是这种"多"的一个子集，这种集合的子集就称作"情势"。这是本体论严密的内在性要求。既然真理于情势中得以发展，那么它所证明的根本就不是超越这种情势本身。由此可以说，真理包含于情势中，这就是真相。

现在来看看僵局(impasse)维度。在巴迪欧看来，真理只有在它的过程结束时作为情势集的子集才会出现。情势随意指定子集的数量。这实际上给予了人们对知识的最广泛的定义。知识就是情势的子集。情势的语言在一种可预测的属性之下，拥有将情势的元素聚集起来并由此组成一种概念性延展关联的精密功能。因此，根据概念中所有术语或元素的识别指数，子集在语言的概念中被捕获了。巴迪欧将这种名义概念上成群的知识形式称为情势的百科全书。这种百科全书是子集的一个分类以及语言不断引起的多样知识形式的缠绕。

但是，如果真理仅仅是情势集的一个子集的话，那么它又是如何从知识的标题中区分出来的呢？这是一个很关键的哲学问题。问题在于，要知道为内在性所付出的代价并不是对知识纯粹又简单的真理还原。如果是这样的话，这将向所有实证主义的变化保证一种决定性的让步。更重要的是，对于包含将康德所给予的、后经海德格尔更新的推动力抛弃掉的新古典主义形式，以及真理与知识同时也是思想与知识之间关键的区分，都保证了一种决定性的让步。拉康不仅在真理与知识形式之间做出了区分，还指出了这一点，即：真理基本上是不可知的，它是知识形式上的一个洞。在巴迪欧看来，拉康的这一做法就宣称了精神分析学并不是一种知识类型，而是一种思想类型。由此，他不得不力迫我们的僵局并建立起这样一种观点，即：纵然它可以被还原到情势的虚幻子集中，情势的真理绝不会与由知识形式所列出的子集相异质。[①]

真理是情势集的一个子集，这种情势集是通过这样一种方式被形成的，即它的组成部分不能在语言的谓词下被整合，不管这种谓词会有多么复杂。由此真理是一种难以区分且不确定的子集，因为它将其成分聚集起来的方式，能够使这种集合在知识中被识别的共同属性被抹除掉了。同时也显然是因为它被包含于在其概念单一的不确定形式之下的情势当中，且它从每一种百科全书式语言的分类中被减去了，以至于这样一个子集并不是这样一种情势区域特质的知识，而是一种纯粹"多"于存在之内在生产情势的真理，一种存在之为存在的真理。

就像经常所发生的那样，拉康凭着直觉选择数学作为其论证的援助。20 世纪 60 年代初，保罗·柯亨从集合中确定了这样一个子集。柯亨将这种从一个固定的语言公式中所减去的子集叫作类性子集，且认为这种子集的存在是相容的。[②]后来哥德尔也提供了关于子集的一个严格定义，即子集是在知识中被命名的。这种子集中的元素确定了语言中的一种固定公式。哥德尔称它们为可构造子集（consturctible subsets）。[③]相反，柯亨的类性子集是一种严密的非可构造集。它们是如此不确定以至于它们不能与一种独特的预测性表达相一致，或者被这种表达整合在一起。

毫无疑问，可构造集与类性集之间的对立从本体论上为真理与知识之间对立的存在提供了一种纯粹内在性的支撑。通过这种方式，柯亨对这个事实的证明，即类性子集的存在是相容的，为不可还原到任何既定百科全书的真理是可以存在的事实提供了一种真正意义上的现代证明。在数元的本体论根式中，柯亨的定理完善了开始于康德对

---

① Alain Badiou, *Being and Event*, trans. O. Feltham, London: Continuum, 2005, p169.
② Alain Badiou, *Being and Event*, trans. O. Feltham, London: Continuum, 2005, p169.
③ Alain Badiou, *Being and Event*, trans. O. Feltham, London: Continuum, 2005, p172.

思想与认知之间做出区分的现代性。

二、真理的无限性与不可命名性

现在来说真理的无限性与不可命名性。

真理的无限性似乎反对每一种关于有限的哲学，即使通过其对象小 a 的观点，拉康将界限作为其欲望理论的核心。事实上巴迪欧认为，拉康关于有限与无限的辩证法是相当扭曲的，由此在真实域中，精神分析是可行的。只有当真理是内在性的且仅仅只有当它触碰到真实域之时，真理的无限性才对哲学在有限性上的沉思提出异议。尽管拉康支持真理内在性的观点，然而他也仅仅只是严格审视了一下关于这种思想原始决定因素的内在性束缚，在其他的地方，拉康在这一点上发生了很大的变化，这主要是由于他不愿与有限的诠释学断绝关系的缘故。同时在其《……或者更糟糕》（*... Or Worse*）中，可以发现拉康表述上明显的含糊其词，在其中，拉康认为康托尔的非可列超限基数代表了一种巴迪欧认为很神秘的客体。在巴迪欧看来，如果想要在追寻真理无限性的道路上更进一步的话，就必须将非可数的基数作为真实的存在，而不是某种很神秘的事物。

巴迪欧认为，如果想要超越拉康，就必须对数元给予基本信任，必须确认真理是无限的这样一个事实。真理的无限性预示了它是不完整的。对于它所组成的子集来说——这些子集是在基于事件的消失之上被描绘的，它们是由建立了时间的连续所组成的。尽管内在于这种时间延展的规则是存在着的，但这种时间本身却是有限的。因此，展现于时间之中的真理并没有获取其无限存在的完整组成部分。弗洛伊德的天才之处就在于从精神分析的无限维度的掩盖中识别出了这一点，它总是敞开着，就像一个巨大的鸿沟，真理进入了由精神分析所开启的时代之中。在巴迪欧看来，这将我们带回到真理面纱之下的阉割之中并允许我们热爱它。

如果真理不断地通往其存在的无限的话，那么它会拥有什么类型的力量呢？通过消失的事件所建立起来的时间组成的有限性与其存在的无限性之间的关系是一种没有测量的关系。甚至可以说真理是无法言说的。那么，将真理的力量作为一种建立起可能存在的无力感概念的必要力量是否是合理的呢？答案是肯定的。事实上，巴迪欧已经用来自柯亨的一个数学概念——力迫（forcing）来表达真理的这种力量了。“力迫所涉及的一点是，尽管不完整，真理对知识的预测进行了授权，不是关于它是什么的论断，而是关于如果真理实现了那将会是什么的论断。”[①]

预测的维度需要的是在未来完美的情况下，对真理评判的公式化应当被制定出来。这就意味着，尽管“真理是什么”无法被言说，然而当涉及那种真理如果被言说了而将导致其后果之时，力迫的存在便使得几乎所有的事物都能够被陈述出来。通过这种方式，真理在几乎没有任何东西的倒退中和对几乎所有事物的期待中起作用。

决定性的一点如下。正如柯亨已经在数学本体论领域所解决的那样：毫无疑问，类性子集是不能够被命名的，因为一个类性子集在其无限的构成中是不完整的，且从每一个在语言中对它进行标志的谓词中被减去了。但是可以保证的是，如果情势中的这种元素将会位于考虑之中的“多”假设完整的类性子集，那么这样一个合理地与问题当中的元素相连接的陈述就是正确的。柯亨将这种方法称为力迫，因为它是这样一种方法，即将陈述的正确性限制为无限类性子集组成的预期前提。

巴迪欧之所以说“正确”（correct）或“正确性”（correctness）[②]，是因为：为了与知识同真理的对立相对应，拉康在“正确”与真理之间添

① Alain Badiou, *Being and Event*, trans. O. Feltham, London: Continuum, 2005, p175.

② Alain Badiou, *Being and Event*, trans. O. Feltham, London: Continuum, 2005, p178.

加了一种对立。在力迫中被捕获的陈述不可能在没有严重混淆的情况下被认为是真理。这主要是因为,它的价值只有在属于类性子集的存在前提,也即真理的前提下才能被决定。对于巴迪欧来说,"真实的"这个术语更适合些,因为它同时表明了与真理的联系及差距。因此巴迪欧认为,为了预测柯亨的数元给哲学家们所带来的影响,真理在没有力量或对自身的言说或实现的前提下于情势中行进。这是一种完全被阉割的感觉,几乎不是它自身了。对于一个既定的陈述,真理确实有对以下前提判断进行预测的力量:如果这样一个成分出现在被假定是完整的真理中,那么问题中的陈述将是真实的(或错误的)。在其未来完美的维度中,真理的力量就存在于对其自身存在的预测以及为真实的可言说进行的立法当中。真实可言说之物显然属于知识,且真实之物的类别属于知识的类别。因此可以说,对于其自身直接力量的阉割,真理是关于其可能知识的全能形式。阉割的符号在知识与真理之间并不通行。它将真理与其自身分离,同时释放了来自知识形式百科全书式领域的假设预测力量。这种力量就是力迫的力量。

在巴迪欧看来,考察那些很多已故大师的文本中停留在解释问题上的怀疑,并不是一件很过分的事情。"这不应该让我们感到惊讶,如果我们想起来形形色色的解释学冲入由保罗·利科所打开的缺口之中并致力于在承担着将精神分析与被修订的虔诚话语的压力下承受着'解释'(interpretation)这个词。"[①]巴迪欧认为精神分析并不能成为一种解释形式,因为它的规则不是含义而是真理。它当然也不是真理的一种发现,因为它是类性的,应当知道希望是徒劳的。由此,仅剩的希望便是在风险预测的游戏中,精神分析就依赖于真理知识的力迫,通过它,在其显现的过程中,类性真理零散地传送了一种可建构的知识。

---

① Alain Badiou, *Being and Event*, trans. O. Feltham, London: Continuum, 2005, p183.

衡量了真理的力量之后，可以说即使在其显现的“多”的前提中，真理也能在没有例外的情况下延伸至在它前行位点中传播的陈述中吗？尽管由于它是类性的，真理拥有对所有可想象真实的命名权力吗？这将意味着无视阉割的返场，无视在绝对障碍的最终形式中通过真理将我们与之相连接的爱，以及尽管在情势中被给予在某种程度上不可力迫的点。巴迪欧将这个点称为不可命名，而在精神分析的领域，拉康将这个点称为愉悦(enjoyment)。

考虑一下这种情势，在其中真理作为一种消失事件的进程而得以前行。由此可以获得一种通过生成为其自身真理的内在方式而被增补的情势。一种类性真理的悖论就在于它是一种纯粹内部无特征的增补，一种内在性的增加。那么这种结构的真实域又是怎样的呢？巴迪欧认为，在由情势以及真理的类性生成所决定的领域中，真实域是由项以及在其中真理之力被悬置起来的点所证实的。存在着这样一个项，与之相关的是，在其类性子集上没有预期的假设允许力迫一种判断。它是一种真实的、不可力迫的项，不管在真理的进程中有多么先进，它都不能用其被真理所限制的方式所规定。不管适合于真理内在痕迹的变形资源有多么丰富，对于这种情势的项并没有合适的名称。这也是巴迪欧称其为不可命名(unnameable)的原因所在。不可命名不仅仅可以理解为与现有的知识资源有关，也可以在它仍然与基于真理之上的真实预测保持距离的意义上进行理解。它并不是在其自身之中不可命名，这一点是毫无意义的；它是在关于真理的单独进程中不可命名。不可命名仅仅出现在真理的领域。

或许拉康理论的困境之一便在于这种不可命名的悖论。巴迪欧将这种悖论表达如下：“如果不可命名对于真理的领域来说是独一无二的话，那么它不也就可以被这种属性命名吗？因为如果不可命名是独一无二的话，‘不可命名’便可以作为其合适的名称。难道不可命名最终不都是成为通过其真理而被横越的真实域情势的合适名称吗？

难道无法言说的愉悦不都是真实域中主体的名称吗？只要它让步于伴随着其真理的治疗情势的话。”[①]

然而由此不可命名便在真理中被命名了，它被力迫了，且真理的力量储备是相当丰富的。在这里巴迪欧又开始运用数学作为其理论援助了。1968年，逻辑学家福克亨(Furhen)向人们证明，不可命名的独特性并没有对它的存在形成威胁。事实上，福克亨建立这样一种数学情势，在其中语言的来源同其命名的力量都被清除定义了，且在其中，有且仅有一个项存在着，这个项并不能接受一个名称，因为它不能够被语言的公式所标志。由此，在数元的序列中，将这个既定情势中唯一的项，于类性真理的角度保持不可力迫就是相容的了。在由真理所增补的情势中，这是被一种增补的真实所引起的。不管真理多么有力量，不管它是多么真实，这种力量都反对一种独特的项，这一举影响了从强有力到无力的波动，将对真理的热爱从其显现（即对类的热爱）转换到其本质（即对不可命名的热爱）之上。

对类属的热爱并非毫无意义。通过其自身，它迅速地与那种来自为了完整可构造性、毁灭性欲望的爱之观点区别了开来。然而对不可命名的爱却走得更远些，它在没有于其整体性中影响真实之物的灾难或分解的情况下维持了对真理的热爱。因为在与真理有关的事件中，只有臣服于关于其无力的测试，才能找到适合接受其力量的伦理学。总之，在巴迪欧看来，在数元严格的标准之下，可以在如下发现中继续前行——即：通过力量与无力、力迫与不可命名这两种方式，可以发现对真理的热爱与阉割是有关联的。应当将这两种方式与真实及不完整联系起来，与有限分析及无限分析联系起来。

① Alain Badiou, *Being and Event*, trans. O. Feltham, London: Continuum, 2005, p186.

三、力迫与类属:主体的工作

力迫与类属是巴迪欧《存在与事件》的中心思想,也是全书的难点所在。对于变化这一思想而言,其重要性如下:它们可以将来自整体情势中的元素聚集起来的“多”的大纲一步步地建构起来,在其整体当中,它们是完全不可知的且不与人们所拥有的关于情势组成的知识相一致。换句话说,在情势当中隐藏着某些事物抑或有某些事物在运转,它们仍然需要通过一种建构性的实践来被发现。简而言之,在政治、科学、艺术与爱中,存在着某种未知的相容以及起作用的方式。

然而,一旦事件被命名为“属于”情势,这种相容就不会立即出现。相反,它是在一种由巴迪欧所说的“探询”(enquiries)所组成的无限程序中被一步一步地展开的。探询是一种与情势各种类性的“多”的相遇,在这种情势中,所做出的决定是关于这些“多”是否与事件相联系。那些被证明与事件相联系的“多”慢慢地聚集起来并形成了一种类性“多”,它是情势的一个子集,其新颖性就在于,它在情势的既有知识中是不可归类的。也就是说,不管人们采取何种概念或类别来标记这种合成的“多”,它总是至少包含一个不与那个概念相一致的“多”。在巴迪欧的概念术语中,类性“多”“至少从一个点中经由任何特征的识别将自身减去了”,这也是它为什么被称为是不可辨识的原因所在。①在这种真实的真理程序中,这种减法转化为在继事件之后的新实践与并没有履行事件承诺的旧观念、旧实践之间的一种无尽过程的划分。

当然了,类性“多”并不仅仅是不可辨别的;对于人们所选择的拥有那种特征的类性“多”的某个元素来说,它也是类性的。用数学上的术语来说,控制数就是否定一个属性同时定义与其对立的一种属性的

---

① Alain Badiou, *Being and Event*, trans. O. Feltham, London: Continuum, 2005, p370.

"多",类性子集就是与控制数中的某些元素相交并包含它们的"多"。由此,类性"多"至少包含一个与每种属性都相一致的元素,它包含了一些事物。巴迪欧说道:

> 于艺术、科学、政治以及爱(如果它存在的话)中所发生的事情就是对时代中不可辨识之物的理解,就其本身而论,这既不是一种已知的或可辨认的"多",也不是一种不可言喻的奇点,而是在其"多"的存在中将问题中集合的共同特征保留住了——从这个意义层面上说,它是集合存在的真理。①

由此,在哲学层面上,巴迪欧为真理赋予了一种新的定义:情势的真理是这样的一种类性"多",它包含了根据其与事件之名相联系的存在,而逐渐在探询中与他者相分离的特殊元素。之所以说类性"多"是情势的一种真理是因为它具有包容性,对于任何既定的属性而言,它当中的某些元素拥有它却无法识别它,没有任何属性将其归类为一个整体。鉴于此,巴迪欧认为忠诚的程序横越了存在的知识。它并不发生于知识外部的某个顶点,而是穿过并与每个类别相交。顺便提及一下,这正是巴迪欧所言的,他的哲学确实同海德格尔的哲学相类别,即与一种分析哲学或主体激进或临床的教条相关。需要注意的一点是,阿尔都塞也提醒,在"X 是 Y 的真理"中,X 与 Y 是截然不同的,这也是黑格尔式辩证法的主要动力之一。应当支持这样一种观点,即:"类性'多'是原初情势的真理",这就是某种辩证法,一种辩证序列的动力。

从类性"多"的定义中得以保留的最重要特征便是,这种类性"多"不仅通过分割的工作得以构成,也通过合成的工作得以构成;它不仅通过否定——不是那种"多",也不是那个"一",也通过对那种"多"中的某个以及他者中的某个的肯定而得以前进。最终,一种类性的忠诚

---

① Alain Badiou, *Being and Event*, trans. O. Feltham, London: Continuum, 2005, p17.

程序就如同某种过度挑剔却又无止境的购物清单，在其中，所列举的商品甚至都还没有被制造出来。然而，是什么指导着这种选择与合成的程序，又是什么决定着一种“多”是否与事件相连接呢？这正是关于类性真理程序相容性的问题。如果后者从既有知识中展现了某些不可辨识的事物，那么很显然，没有哪种类型的知识可以从它所不相容的既有知识中保证其相容性。在《存在与事件》中，巴迪欧宣称：“在每一个真理程序中，忠诚的操作者浮现了。”[①]如前文所述，这即为哲学上的异质驱逐：哲学将其自身的问题驱逐到一个不同的领域或一种论证的实践中去。在这里，除了说“存在着一个忠诚的操作者”以外，对于类性程序相容性的问题，巴迪欧并没有找到一种综合性的哲学解决方案。当然他也不可能找到这样一种解决方案，否则的话哲学将处于一种把不可辨识的真理程序的“多”统一并识别出来的境地。为此，巴迪欧所列举的第一个例子便是集合论本体论自身的科学真理程序，其中忠诚的操作者便是推论。

总之，声称一种类性“多”是存在的就等于说，在客体与既有保证缺失的情况下，程序仍然能保持一致。不管遇到什么样的、关于动力与反动力的困难、介入、损失，也不管遇到什么样的各种探询的地理与历史分割，一种潜在的未知且无限的相容性仍然需要慢慢被展现出来。然而这种展现怎样才能发生呢？在知识的匮乏下，人们怎样才能知道他们是否仅仅在简单复制与事件相连接的事物呢？对于这个问题，巴迪欧认为唯有力迫才能解释。力迫是允许知识在即将到来的新情势下被获得的一种操作。后者被称为“类性延展”（generic extension），它起因于被作为其自身元素之一的类性子集所补充的原始情势。如前所述，巴迪欧将力迫的操作称为主体的律法。这种律法宣称，如果人们能够证明，关于情势特殊的“多”可以容纳一种与关于

① Alain Badiou, *Being and Event*, trans. O. Feltham, London: Continuum, 2005, p19.

即将到来的情势陈述相关的、可知关系的话，且如果那种特殊的“多”被证明是与事件相联系，并由此作为类性“多”的一个元素的话，那么那种陈述对于即将到来的情势(类性延展)来说便为真。由此，力迫便制造了一种关于新情势预期性的知识，这种知识是处于这样一种条件之下的，即：在其中，其真理于探询的机遇中被悬置起来了。巴迪欧为力迫所提供的操作是对新知识生产局部与累积性的描述，这正是他早期对阿尔都塞进行研究的目的所在。任何关于知识生产的理论都必须为从错误与一套套逻辑中将知识区分开来提供标准。巴迪欧认为，“并不是任何一种陈述都会被力迫：有些陈述将不会与任意一种情势的‘多’有一种已知的关系，其他的陈述将会与每种情势的‘多’拥有关联；只有某种特殊的陈述才会与某些而不是其他的‘多’发生关联。”①

对于巴迪欧来说，力迫不仅仅是关于知识的理论，也是关于他的主体的理论。对此，巴迪欧并没有简单地接着《主体理论》的工作继续前进，相反，在《存在与事件》中，他选择性地吸收并将主体理论的部分内容融入到了新的名称之中。在这里，“主体进程”(subjective process)被重新修改为“力迫”(forcing)。在《存在与事件》中，主体是真理程序的一个碎片，也就是说，主体是一系列成功的探询，一系列事件名称相关的“多”。由此，在一种政治的真理程序中，与其说主体是一个代理人，不如说它是一系列的会议、小册子、抗议及议会的日常活动。在一种艺术的真理程序中，主体可能是一个意外事件、一份乐谱或一系列的诗作。作为与事件相关联且在探询的随机序列中被遭遇的一套“多”，主体是不属于本体论范围的。因此在巴迪欧的术语中，本体论并不能对主体的存在进行思考，但是能对其操作进行思考，这个操作就是力迫。然而，主体作为一套“多”与力迫的存在之间并没有分离：力迫的一个特殊情况便是将那套“多”生产或显现出来的事物。

① Alain Badiou, *Being and Event*, trans. O. Feltham, London: Continuum, 2005, p195.

因此，并不存在主体的部分存在可能是力迫来源的空间的情况。换句话说，在巴迪欧的主体内部不存在变化的分离的代理人。主体就是作为力迫的变化。将集合论本体论自身当作一种真理程序，正如巴迪欧在“沉思二十”中所指出的那样；在这种程序中，主体并不是康托尔这个个体，而是作为一系列恐无前例数学陈述的康托尔。主体并不是变化工作背后的代理人，而是变化工作本身。[①]

从《主体理论》到《存在与事件》，摧毁(destruction)的作用也发生了变化。在简单的自我批判练习中——一种典型的毛泽东实践——巴迪欧承认他早先在创造的过程中误用了摧毁的用途。在这里，巴迪欧认为，摧毁只涉及不再精准的业已建立的分层与价值声明的存在；“多”自身绝不会在变化的过程中被摧毁。在全球层面上，那种在其毛泽东时期作为整体分离的过程，现在成了与不可辨识的子集相关联的原初情势的缓慢增补。而子集，如前所述，被增加到作为元素展现的层级上来了。显然，这将业已建立的情势结构瓦解了，并要求一种对那种结构完整且平缓的改进，以至于可以包容作为元素的类性“多”。并且，由于原初的情势是无限的，这也是柯亨类性“多”数学建构的关键作用之一，类性“多”也是如此。严格说来，这就表明类性的真理程序是永远不会完成的——不管走了多远，它都会回来。然而，这并不意味着在原初事件过后很久所发生的探询与在尼采理论中被称为“德国唯心主义”的古希腊悲剧的探询，以及对《俄狄浦斯》三部曲所构成的探询是完全不同的。将早期与晚期探询区分开来的是巴迪欧所谓的“主体习语”(subject-idiom)的出现，它们是由大量的其参照物从新增补的情势存在中悬置开来的新名称组成的。这种习语致力于对真理程序的相容性进行加强、例示以及投射；在结构层面上，它建立起了巴迪欧所说的“对立情势”(the counter-state)术语，它是一套对被证明

① Alain Badiou, *Being and Event*, trans. O. Feltham, London: Continuum, 2005, p221.

与事件相关联的“多”的再现或重组。主体习语与对立情势都是通过力迫陈述的缓慢聚集或陈述与名称合成的变化概念，它显示了巴迪欧继毛泽东时代之后已经前行了很远了。在其毛泽东时代中，其变化的推动力与对死胡同的规避都只能通过永恒的分割，一种在法国左翼历史或拉康式精神分析中才更加清晰的实践来保证。并不是说巴迪欧拥护共识，而是远非如此，因为共识总是取决于对情势既有知识的了解。忠诚的类性程序仍然是一种分离，但它也通过新的史无空前的合成来得以发展。

由此可见，《存在与事件》对于巴迪欧的主体哲学具有重大的意义，尤其是“数学等于本体论”的宣言，更是具有里程碑式的意义。公理体系集合论以及后来的集合论的发展，尤其是柯亨和布尔巴基小组的贡献，已经可以让巴迪欧认识到，存在着一种激进的数学，一种非逻辑实证主义框架的数学。真正的问题并不在于去建构一种绝对完善、在逻辑连贯性上无懈可击的数学，而是相反，数学思考能够打破通常被视为是逻辑连贯性的东西，即真正彻底激进的数学不是去塑造连贯性和统一性，而是要像拉康一样提出，数学要面对真实，要在既有的逻辑连贯性的“能之链”上打洞，让那些被逻辑连贯性体系视为不可能的因素通过某种数学的表达——如柯亨的力迫——呈现出来。也就是说，巴迪欧所关心的数学，不是那种使逻辑符号体系与事实性一一对应的体系，以符号性的真理对应于事实性的真理，从而借此建立起强大的逻辑体系和本体论体系。相反，巴迪欧的激进数学指向了一个不同方向，即数学能够呈现出一种纯存在，一种不依赖于一一对应关系的纯存在，用巴迪欧自己的话来说：“严格来说，数学并不展现任何东西，也没有构筑一个空洞的游戏，因为除了呈现本身——大写的‘多’——之外，它并没有任何其他东西展现，因而就绝不可能采用对象(ob-jet)的形式，而这正是在存在之所以为存在基础上的所有话语的一个前提。”[1]巴迪欧的激进数学，或者数学的本体论，并不是一个像后现代主义的以拆解和解构为目的的学说。尽管他的激进数学的思考方式，避免面对着对既有逻辑框架的悬搁和决裂。实际上，巴迪欧十分传统，与那些后现代主义者不同，巴迪欧分别向柏拉图和斯宾诺莎两位哲学家致敬。在《存在与事件》的“沉思二”中，巴迪欧的思考就是围绕着《巴门尼德篇》中的一个重要命题，即“若一不存在，则无物存在”而展开的。此外，巴迪欧所崇敬的数学家，如哥德尔、柯亨，都是数学上的柏拉图主义者，正是哥德尔和柯亨的柏拉图主义式的数学理念，使得他们倾向于反对康托尔的连续统假设，为非康托尔集合论或后康托尔集合论奠定了基础。事实上，从这个角度而言，无论是哥德尔，还是柯亨，他们所相信的不是数学可以建构一个完整统一的连贯性逻辑体系，相反，和两千多年前的柏拉图一样，他们所相信的数学实质上是真正的面向存在和真理的数学，而在真理和真实面前，逻辑体系本身的完整性实际上不是最为重要的，数学的关键在于，是否能摆脱沉溺于自身连贯一致和完整性的诱惑，面向真理，真正地呈现出存在的必然所在。同时，巴迪欧也向另一位哲学家斯宾诺莎致敬，他的《存在与事件》通篇采用斯宾诺莎《伦理学》中沉思的方式来书写，这种形式化语言的论辩方式成为巴迪欧写作的模仿对象。不仅如此，在《存在与事件》中，巴迪欧的“沉思十”就是向斯宾诺莎致敬的，因为这位哲学家的形式化表述方式，以一种更为清晰明朗的方式，让我们接触了存在本身。

---

① Alain Badiou, *Being and Event*, trans. O. Feltham, London: Continuum, 2005, p222.

第四章　过于身体化的主体——《世界的逻辑》中的主体理论分析

《存在与事件》是一个奠基性的著作，更准确地说，它只是巴迪欧一个总体框架的形式架构部分，即巴迪欧所谓的他自己的“逻辑学”部分。然而，正如后来巴迪欧的一些批评者所指出的那样，仅仅停留在形式架构和数理逻辑演算的部分，并不能让巴迪欧的主体哲学获得广泛基础。巴迪欧自己也意识到了这一点，即《存在与事件》中的主体过于抽象且脱离了现实，他必须重新面对现实，面对一个现象的世界来思考主体的问题。由此在《世界的逻辑》中，在《存在与事件》的主体拓扑学网络基础上，巴迪欧进一步深化并扩展了这个网络，提出了蒙昧的主体、忠诚的主体以及反动的主体，以此来思考如何通过主体解决存在于政治、科学、艺术与爱这四个领域中的问题。

第一节　《世界的逻辑》——《存在与事件》的后续

由于《存在与事件》本身对关于主体某些方面的论述过于绝对化，且存在一些潜在的问题，于是巴迪欧用《世界的逻辑》这部著作来对世界的特征以及事件局部显现的逻辑进行了探讨。作为一种对本体论情势可能性的描述,《世界的逻辑》对《存在与事件》中“数学即本体论”的观点进行了进一步的论证与完善,用“世界”替换掉了《存在与事件》中的“情势”概念,同时对《存在与事件》中某些未充分论述的部分,例如逻辑进行了详细探讨。

一、《世界的逻辑》产生的背景

很多人将巴迪欧《世界的逻辑》看作其《存在与事件》的一个后续,由此《世界的逻辑》也被称作“存在与事件 2”。那么这种后续会给巴迪欧的哲学带来什么样的概念性后果呢?在回答这个问题之前,有必要辨别出巴迪欧在《存在与事件》中某些立场的关键特征,尤其是其关于哲学前提“绝对性”的立场。这些前提——“科学,爱,艺术与政治——被证明是绝对的,因为它们的出现是不可分离且偶然的,它们内在于其情势当中,给予其自身的论证支撑,对于所有关于自身利益的存在形式持中立态度,对于其位置保持平等主义立场,且对于它们的延展进行严格的限定。哲学就是由这些前提所传递的单一指令的呈现,且这些前提的重组在同一个体系中发生作用。”①然而,《存在与事件》的某些方面也隐藏了一些困境。例如,关于主体变化的细节、事件与它们位点的关系、身体与情势的局部状态,以及最重要的,将数学与逻辑的关系放置一旁,不予理睬。在《世界的逻辑》中,巴迪欧便正面遭遇了这些困境。为此,在没有抛弃其关于真理超越现世教条的前提下,巴迪欧用范畴论(category theory)来竭力锻造一种可以解释世界特征与事件局部显现的“大逻辑”(grand logic)。尽管这种尝试让人称赞,但其实并没有带来很大的效果。《世界的逻辑》在这里动摇了,因为在黑格尔辩证法缺席的情况下,它复兴了除去自身的一些黑格尔式的元

① Paul Ashton, A. J. Bartlett, Justin Clemens, *The Praxis of Alain Badiou*, New York: Anamnesis Press, 2006, p180.

素,这些元素使得将前提作为例子成为必须。当还原到例子之上时,真理就不再是哲学的前提而是其客体了;然而,作为客体,这些真理并不能用哲学所需要的方式来对哲学进行支持;而没有了这些支持,哲学便沦为一种关于显现逻辑的理论。或者可以这样说,《世界的逻辑》是一本超哲学的著作,它关心的是对作为本体论情势可能性的描述,而不是直接参与到这些情势自身当中。随着书中不断升级的言辞,不断增加的例子,未被分类的结构以及在解决旧问题幌子下所产生的新问题,这些哲学"外部"的症候也逐渐明显起来了。总之,《世界的逻辑》有时太过于黑格尔化有时又不足以黑格尔化。与《存在与事件》不同的是,《世界的逻辑》不再致力于一种绝对性,而是与一种变化性(variabilities)共存。

首先引人注目的是《世界的逻辑》这本著作的篇幅。在法语原版中,《存在与事件》有560多页,封面厚重又华丽,而《世界的逻辑》有630多页,且封面工艺与印刷水平似乎降低了不少。《世界的逻辑》这本著作组织结构独特。如果翻看其目录,会迅速被一种特殊分割的迷宫包围——前言、七卷以及一个结语。书中有旁注、技术说明、附录、序言、资料、评注及题外语、声明、字典、参考文献、索引以及图解;各细分部分充斥着标题,甚至有时候同一个标题会在不同的卷本中重复出现,它们有时候有编号,有时候又没有(例如,"存在""原子逻辑""不存在之物"等)。

对于熟悉《存在与事件》结构与词汇的人来说,《世界的逻辑》中的很多标题都让人觉得陌生或异常。《存在与事件》是经典的最小化的结构样式。它开始于《存在与事件》所介入的哲学结合的论述,然后以一种有序的方式推进,即在逻辑上、时间上以及主题上,从柏拉图到拉康,在集合论本体论中穿插着一种基本课程。相反,《世界的逻辑》并不是一种经典的、按时间顺序的、最小化的,或者肉眼看来有逻辑的结构样式。仅仅在前言中人们就可以发现,除了一个反对"民主唯物主义”和“唯物主义辩证法”的争论，还有关于古希腊与当代素数的讨论，关于蓬达尔克洞穴上的马与毕加索画作的讨论，关于维吉尔与柏辽兹的讨论，以及关于激进的中国政治宣传小册子的讨论，等等。[1]这一点无疑是很重要的，即《世界的逻辑》并不像《存在与事件》那样将自身置于一种哲学的局面当中，相反，它将自身置于一种更加普遍的、全球的文化时刻(也即“民主唯物主义”)。随着对全书阅读的深入，人们会发现，范畴论(category theory)的逻辑显现开始占据优先地位了，直到最终，形式主义无限缩小，全书以一种完全自然的语言命题收尾。可以肯定的是，《世界的逻辑》中存在某种结构，但它显然没有《存在与事件》中的结构那么严密与自明。

那么问题又来了：写这样一本哲学续著的意义何在？在好莱坞电影中，续集的产生原因很简单——观众所需。而在哲学中，续著的产生原因是相当晦涩的。它的成功并不是由销量所决定的。在哲学上，续著的产生可能暗示了原著在某些方面的不足，它需要增订或改正——对于这种介入我们爱莫能助，唯有紧随其后。在黑格尔对其系统查阅所产生的问题当中，对这个问题可以略知一二。在其《逻辑学》的“第一版前言”中，黑格尔写道：

> 至于说外部关联，认为紧接着包含了现象学的科学体系的第一部分应当是包含了逻辑与两种具体的[真正的]科学，即自然哲学与精神哲学的第二部分，这将大大完善现有的哲学体系。然而逻辑自身所要求的必要阐述使得我单独将这一部分发表了，由此，通过对这种体系组织的扩展，它形成了《精神现象学》的第一个续篇。紧承其后的将是以上所提及的两种具体哲学科学的阐述。[2]

---

① Alain Badiou, *Logiques Des Mondes*, Paris: Seuil, 2006, p50.

② Hegel, *The Science of Logic*, trans. A. V. Miller, Atlantic Highlands NJ: Humanities Press International, 1996, p28-29.

展现了绝对体系的哲学体系发现，其自身被力迫到一种必要的扩张之中，且由逻辑自身所决定。正如海德格尔对那种变形所做的注释那样：在《精神现象学》于1807年问世后不久，黑格尔便开始着手发表一部被称为《逻辑学》的著作。这本著作的第一卷于1812年至1813年问世，第二卷于1816年问世。但是《逻辑学》并不是作为科学体系的第二部分出现的。或者说，这种与所谈论问题一致的《逻辑学》是这个体系剩下的第二部分吗？是，又不是……

对于“是，又不是”这一点所要强调的是这样一个观点，即黑格尔这个以强行将全面和系统的方法引入哲学而出名的哲学家，其自身被迫改变了他曾宣称的具有深刻意义的内容，以至于原本打算展现自身的体系，必须根据反过来改变了其本质的新标准而被识别出来。然而，这种改变紧随着原来的体系继续追求它单独的分离。由此可以看出，哲学上的续篇是用来阐明绝对与体系的问题的。人们可能认为续篇倾向于在背离了新概念介入的绝对与体系之间开创一种言说的可能性。续篇使得原著成为其不曾成为的“一”。整体，或者至少说其非实存或其不可能性，在续篇中是危如累卵的。这也就是为什么说，哲学开始于一个写续篇的人是不足为奇的。这位英雄一次又一次地返回，热情澎湃地将自身投掷于危险又极端的情势当中；人们再一次地发现了那些熟悉的人物与位置，它们在其被召集参加的事件中变得神秘起来；一连串的叙事性的特殊效应，被放置在服务于一种不间断的概念性的冲突中。这一切都使得柏拉图式的对话相当难理解。苏格拉底在其对话篇中始终是同样的角色吗？他是怎样变化的？他为什么要变化？他和“历史上的”苏格拉底有多相似呢？特别是自苏格拉底去世后，这种柏拉图式的任务返回到生活当中，置身于一种极度虚幻或不可能存在的环境当中。这样的人物形象是大量存在的，其对概念的阐述会产生什么样的后果呢？等等。在概念的显现与捕获中的连续与断裂的复杂关系并不是含蓄隐晦的，相反，它被揭露出来并在一系列的显现中发挥作用，正是通过这一系列的显现，它达到了这样一种程度，即"连续"与"断裂"必须被再概念化以至于能够满足哲学的需求。

二、作为哲学续著的"回归"的意义所在

鉴于巴迪欧所宣称的这种柏拉图主义，将《世界的逻辑》作为《存在与事件》的续篇也就不足为奇了。巴迪欧自己也指出，尽管在《存在与事件》之后，他的好几本书都成了"畅销书"，但这种经济上的成功并不代表着哲学上的胜利。相反，他对自己作品的质疑有增无减。那么，巴迪欧是打算将他从自己所构建的天堂中驱逐出来吗？在其《存在学简论》新英文版的序言中，巴迪欧这样说道：

> 自20世纪90年代中期开始，我在哲学事业中所遇到的困难也逐渐明显起来。那些快乐的时光将要终结。我告诉自己：关于事件的思想是基础。然而我所提出的关于事件是何种名称这一点尚未知晓。或者：数学的本体论延展是肯定的。那么逻辑呢？许多其他的质疑与问题也接踵而来。例如，……如果我们是唯物主义者的话，那么我们难道不应该认为每个主体都拥有一个身体的吗？如果这个身体不是生物学上的身体，也不是一种关于真理的身体的话，它应当是怎样的身体呢？[1]

对于哲学上的这种续篇来说，最具冲击力的一个问题便是它们会组成一种向自身的回归。雅克·拉康曾经大张旗鼓地呼吁"回到弗洛伊德"，这并不意味着向主人教条的一种回归，而是向弗洛伊德文本中僵局的回归。正是弗洛伊德在解决其无意识理论史无空前的僵局失

---

① Alain Badiou, *Briefings on Existence*, New York: State University of New York Press, 2006, p5.

败的混乱踪迹促使拉康产生了以上的观念。因此，在《存在与事件》中，当巴迪欧发出“回到柏拉图”的感人号召之时，也应当在这一层面上来理解他的这种号召。回到柏拉图不仅仅是向柏拉图教条的回归，也是向柏拉图文本中的裂缝与模棱两可的回归；然而，在柏拉图通过数学对诗歌进行“干扰”之前，这些裂缝与模棱两可都是不可思的。

事实上，不管是柏拉图还是弗洛伊德，他们都已经在向其自身早期作品的回归过程中赶上来了，而正是这种向由基本介入所引起的僵局的回归组成了他们哲学事业的发展。回归总是向回归的返回。然而，它之所以这么做是基于一种超越了任何充分理由的干扰之上的。在柏拉图哲学中，这种干扰被称为苏格拉底；在弗洛伊德那里，这种干扰被称为症候。这使得一本由同一个作者所写的续著与另一本书完全不同：即一种作者本身没能够弄清楚是什么的东西使得这样一种回归成为可能与必要的回归。

正如巴迪欧自己在其他著作中所详细探讨的那样，人们可以为哲学上的这种续著起许多不同的名称。在《世纪》中，他为第八章起名为“远征”(anabasis)，这个名字取自于柏拉图同时代的、苏格拉底的学生——色诺芬著名的回忆录。巴迪欧写道：“在给其命名的轨迹中，远征并没有为分别分配给有纪律的发明和不确定的漫游做出决定。通过这种方式，它构成了意志和漫游的析取合成。毕竟，这个希腊词早已证实了这种不可判定性，因为动词 αναβανειν（‘远征’）同时意味着‘出发’与‘回归’。”[①]在这里，巴迪欧将远征应用于对圣-约翰·佩尔斯与保罗·策兰的文本讨论之中，在标题为“忠诚主体的操作与指示对象”这一章，巴迪欧写道：

我们可以这样假设，在公元前 73 年斯巴达克斯附近的几位角斗士的起义之后，奴隶们——确切地说，有些奴隶们，如果有很多的

① Alain Badiou, *Le siecle*, Paris:Seuil, 2005, p121.

话——他们制造了一个身体，而不是分散在群体中。我们可以将起义事件的痕迹作为如下声明："我们奴隶们，我们想要回家[chez nous]。"是奴隶们的新"身体"(他们的军队及其依靠)借此将其自身加入到痕迹中去的主体形成了操作的吗？……其物质性就是每天从事件痕迹中所获取的结果，也即，一种与可能性相关的原则："我们奴隶们，我们想要回家，我们能够回家。"[1]

一旦辨认出了这种操作，就可以在巴迪欧哲学的任何角落里发现它的影子——如果在一系列不断变化的名称之下的话。在一篇首先出现在法语版《情势》(*Conditions*)，后来出现在英语版《论贝克特》(*On Beckett*)中关于贝克特的文章中，巴迪欧准确描述了贝克特在20世纪60年代其文章的重大变化。正是通过这个变化，巴迪欧得以认识到这一点，即每一种类性程序"都在其单一的持续时间内编织这四个功能：漫游(wandering)、固定(immobility)、命令(the imperative)以及故事(the story)"。[2]对于巴迪欧来说，为了将回归的回归辨认出来，不要将这种变化进行还原是很重要的；为了在列表中将续篇的相关特性增加进来，关于时间的问题便显现了。时间不可还原的二重性会让人想起巴迪欧对此的各种表述，例如，"时间……就是介入本身，它是两个事件之间的沟壑"[3]，或者"超一(ultra-one)的结构就是二"[4]；又或者在《世界的逻辑》中，以斯巴达克斯与阿基米德"造反"事情为例，"我们将这个目标变为复活，这使一个主体在其另外一种真理显现的逻辑中恢复了活力"。[5]不管在何种情况之下，回归或复活都必须是向关于限制史无空前可能性的回归，它是基于消失事件的偶然性及其神秘性痕迹

① Alain Badiou, *Logiques Des Mondes*, Paris: Seuil, 2006, p59.
② Alain Badiou, *On Beckett*, London: Clinamen Press Ltd, 2003, p32.
③ Alain Badiou, *Being and Event*, trans. O. Feltham, London: Continuum, 2005, p60.
④ Alain Badiou, *Being and Event*, trans. O. Feltham, London: Continuum, 2005, p210.
⑤ Alain Badiou, *Logiques Des Mondes*, Paris: Seuil, 2006, p74.

之上的。

换句话说，并不是因为《存在与事件》的畅销使得续篇的出现成为必要，而是因为在其可感知的错误、不足以及模棱两可之外，存在着一种可以横越其中断而又继续的真理（例如，一种非关联的裂缝）。作为一个续篇，《世界的逻辑》宣称自己是：（1）对《存在与事件》中某些观点的复述，尤其是关于“数学即本体论”这个命题；（2）对《存在与事件》中某些概念的取代，尤其是用“世界”（world）来替代“情势”（situation）；（3）对《存在与事件》中某些倾向的延展，尤其是对逻辑给予了更完整的论述；（4）对《存在与事件》中某些最小元素的增补，尤其是在政治与艺术进程的描述中最小元素的增补。总之，《世界的逻辑》致力于对《存在与事件》的完善，将其疏漏填满并应对对其的批判。由此可见，这种不能去除但合理的欲望导致了《世界的逻辑》庞杂的组织结构。重复，修改，取代，延展，增补以及完善：可以发现巴迪欧自身是痴迷于这种续篇问题的，它们以各种零星的不同名称在《存在与事件》之前的著作中回归了。正是在这种启程—回归以及纪录—归档的散射光中（“续集”“远征”“复活”），如巴迪欧所言，一种新的身体及可能性产生了——我们将会在《世界的逻辑》中发现这一点。不管人们怎么认为，好莱坞电影续集与哲学续篇之间的确拥有一些共同之处，对于这两者来说，续篇（集）是类性的共同形态。

第二节　《世界的逻辑》中“主体”的新发展

在《世界的逻辑》中，巴迪欧对主体的变化进行了更加详细的阐述，对事件的讨论也进行了一些修改，同时加大了对逻辑学部分的论证。通过对三种新的主体，即反动的主体（the reactionary subject）、蒙昧的主体（the obscure subject）、复活的主体（the resurrected subject）

的论述，以及对显现与客体、前提与超验等新板块的探讨，巴迪欧在《世界的逻辑》中创造了一种作为主体化的真理的新主体的定义，这种新主体是真实域的一个指数，从事件中产生且忠诚于事件。巴迪欧在书中还认为通过点的理论，主体面临着一个二元的选择，只有通过逐点法，主体才能正确对待世界中的点并继续保持前进。

一、逻辑与世界

如前所述，在《存在与事件》与《世界的逻辑》之间有许多共同之处，数学仍然是科学的存在，而真理仍然是例外的存在。正如巴迪欧自己所言，除了真理，仅仅存在着身体与语言。对此，巴迪欧将其作为他所命名的"唯物主义辩证法"的一种口号，以此来将它与在今天占主导地位的"民主唯物主义"区分开来。这种口号的句法很明显地呈现了一种马拉美式的风格——星星是它的归宿，以此来将它与有限哲学令人反感的"谦卑"划清界限。在那里，"民主唯物主义"认为"仅仅存在着个体与共同体"，而"唯物主义辩证法"却宣称，真理是伴随着所有个体化与共同体的消退而产生的。真理是永恒的、无限的、类性的，它们是由一种去个性化的、"无人性的"主体所支撑着的。正如所看到的那样，前提的部分原因便在于肯定性思考，例如，仅仅依靠积极的建构而前进等。《存在与事件》的程序在《世界的逻辑》中得以继续。正如巴迪欧所言："我绝不可能再回到这个问题上。"[1]

那么，从《存在与事件》到《世界的逻辑》之间发生了哪些变化呢？事实上，在词语、论证、组织结构及参考文献等方面都发生了大量很重要的变化。巴迪欧的目的便在于根据"[真理]所显现的世界的奇异性"[2]，用一种不同的框架结构对他目前所关心的问题进行重组。出于

---

① Alain Badiou, *Logiques Des Mondes*, Paris:Seuil, 2006, p45.

② Alain Badiou, *Logiques Des Mondes*, Paris:Seuil, 2006, p45.

这种考虑，巴迪欧更加完整地阐述了一种主体的变化，也对事件的论述进行了修改，并对逻辑学的论证进行了扩展（从集合论转移到范畴论），等等。然而，根据巴迪欧自己的说法，“《世界的逻辑》最重要的一点便在于创造了一种新的身体的定义，也即，作为真理的身体或作为主体化的身体”。[①]但是，为了实现这一点，巴迪欧必须重新修订逻辑自身的地位。在这种新的分配中，“逻辑”与“显现的相容性”是同样的事物[②]，正是通过这一点，巴迪欧又回归到主体的问题上来了。

对巴迪欧来说，主体不是一种经验的记录、一种道德的范畴，抑或一种意识形态的幻影（主体的“三大决定因素”）；相反，它是真实域的一个指数，产生于事件之中并忠诚于事件的轨迹。尽管一个政治的主体与一种爱的主体是不同的，就如同这个政治的主体与一种数学的主体是不同的一样，每一种主体必须根据同样的概念而被正式地思考。在《存在与事件》中，这种主体是“一种有限数量的真理”。那么，从《存在与事件》的概念立场上说，对事件持否定或中立态度的个体就被巴迪欧当作一种惰性的代理人。由此，从严格意义上说，他们并不被当作主体。在《存在与事件》中，政治暴动不是主体，专业的画家不构成真理过程的一部分，那嘲笑痴迷于卫生学的李斯特爵士，并在他们自己的靴子上磨快他们手术刀的外科医生不是主体，那些将爱还原为纯粹生物学功能或一种委婉的幻觉类别的人也不是主体。这是《存在与事件》中一个很核心的关于二元极简主义的例子：如果主体是存在着的，那么它必须是肯定性的；如果它不是肯定性的，那么它就不是主体。然而在《世界的逻辑》中，在忠诚主体的基础之上，巴迪欧又增加了几种类型的主体：蒙昧的主体、反动的主体以及复活的主体。斯巴达克斯的奴隶起义是他在这种最初描述中所使用的第一个例子。

在对忠诚主体出现的回应中，巴迪欧之所以这样做是为了解释暴

---

① Alain Badiou, *Logiques Des Mondes*, Paris: Seuil, 2006 , p44.

② Alain Badiou, *Logiques Des Mondes*, Paris: Seuil, 2006, p47.

动也是具有完美创造力的。正如他所言:“为了抵制对新事物的召唤,有必要再一次创造出适应于新颖性自身的抵制论断。就此而论,每一种反动的装置都是与反对它所影响的当前同时代的。”①这种主体最典型的一点在于,它致力于将忠诚主体所开启的当前区分开来,通过“对事件痕迹的否定”来否认其可能性与力量。不要反抗,这是不值得的,因为人最终将被钉在亚壁大道的十字架上。或者:万事皆有度,放慢脚步,就可以建立起用来调查纷争事端的委员会。在这里,巴迪欧将安德烈·古鲁克斯曼以及支持他的新哲学家们作为调和这样一些暴动的当代意象。

然而,也可以在“蒙昧的主体”中发现如下信息:古罗马的参与者可以与那个困扰他的关于奴隶起义的令人震惊的消息之间发生什么关联吗? 或者,一个旺代主教对国王垮台与监禁的认识。事实上,他们所需要的便是对先前秩序纯粹又简单的保护。蒙昧的主体最想要做的事情便是对当前的镇压,以超验主体的名义对事件进行抵制,并由此将事件及其痕迹全部毁灭。如果反动的主体希望将当前的绝境消灭,蒙昧的主体则希望随后将其一举铲平。

于是,主体的这三种形象便用不同的操作对当前的状态给予了回应:忠诚的主体组织了它的生产,反动的主体策划了它的背弃……而蒙昧的主体则规划了它的隐匿。由此,人们可以直观地发现,《存在与事件》中的教条是如何及为什么被改变的。这种新的尝试保留了双重肯定的方法(哲学对前提进行了肯定,因为这些前提已经在真实域中被肯定了),但是却致力于为现实中很明显的主体特征提供一种更加完善、更加细致入微的描述。不仅如此,它也暗示了为什么没有人能够对事件不予理睬,或保持中立,或无可奈何。巴迪欧自己也举了一个例子,例如在今天,上帝确实已经死了,而那些“原教旨主义”者们不

① Alain Badiou, *Logiques Des Mondes*, Paris:Seuil,2006, p62.

遗余力地想要掩盖的，正是这样一个事件（有些人更愿意称其为“非事件”）。然而，在他们竭力想要掩盖这一事实的过程中，他们又将上帝已死的事实曝光了……。从主体的这三种形象中仍然遗漏的一种关键可能性，便是前文所说的复活（resurrection）。

对巴迪欧来说，存在的问题还是很严重的：一旦被开始讨论了，真理最终会被破坏掉吗？以斯巴达克斯自己的化身为例：他们在法国大革命的“奴隶”起义中以“黑人斯巴达克斯”——杜桑·卢伟杜尔的身份回归了；他们以“斯巴达克斯党员”卡尔·李卜克内西和罗莎·卢森堡的身份回归了；他们到处慷慨陈词“我是斯巴达克斯”，在“斯坦利·库布里克的斯巴克斯党”中回归了。由此，“斯巴达克斯”在各种不同的世界与环境中回归了。[①]巴迪欧所要阐释的正是这种复活的逻辑，即：“世界的多”能够通过“真理的不变性”而被言说。从某种程度上说，复活是统治整个《世界的逻辑》的关键形象——这与续篇（集）的本质是相一致的。

然而在《世界的逻辑》中，巴迪欧对此也只能给出一种直线式的构造轮廓。

紧接着卷一之后的便是标题为“主体形而上学的音乐变体”的评注，它从序列音乐的发展中提供了一个完善又有趣的例子。不仅如此，这一部分也提供了一些很精彩的关于巴迪欧变化的主体教条的汇总命题。《存在与事件》对主体效应的言说少之又少——至多将它自身限制在焦虑与勇气的层面上——《世界的逻辑》却将其延伸到恐惧（terror）、焦虑（anxiety）、勇气（courage）与正义（justice）这四个效应层面上来了。这四种效应标志了人类由动物向真理主体进程的融入。[②]所有这些效应现在都被认为是真理进程关键又重要的时刻，在那里，每一种真理进程都具有自己的特征，政治与激情相连接，艺术与愉悦

---

① Alain Badiou, *Logiques Des Mondes*, Paris:Seuil, 2006, p76.

② Alain Badiou, *Logiques Des Mondes*, Paris:Seuil, 2006, p77.

相连接，科学与快乐相连接。当这些分配如同电报般出现之时，它们确实在哲学传统的自身内部找到了强有力的支持（例如，斯宾诺莎的快乐，它与科学的实践紧密相连；或者说将康德的愉悦与艺术相对应起来；等等）。

二、显现与客体

但事实上，只有到了卷二、卷三、卷四，《世界的逻辑》的完整工程才开始运转。这便是“大逻辑”，它意在提供一种关于显现、客体以及它们之间关联的一般理论，并在分析哲学所钟爱的语法和语言学分析，即“小逻辑”这个巨大的保护伞之下将它们都归纳起来。为了达成这一目的，巴迪欧不得不求助于范畴论。“如果说巴迪欧对策梅洛-弗兰克尔集合论的发展是由《存在与事件》中整个概念性的再现所统治的，那么在《世界的逻辑》中，这种再现则是由必要的代数论证所统治的。”[①]集合论与范畴论都被认为是数学的根基。正如范畴论的创始人之一，桑德斯·麦克·雷曾经评论的那样：集合论将集合与元素公理化了，范畴论则将其功能，也即关联而非元素，公理化了。在这一部分当中，巴迪欧将会继续肯定：集合论是本体论，而范畴论却奠定了逻辑基础的观点。

卷二集中于“超验”（transcendental）概念的建构，导致了它与《存在与事件》中情势的一个严重分离。在《存在与事件》中，“存在”是在其原始的“多”中被思考的，而在《世界的逻辑》中，“存在”是在其有组织的位置中，作为“世界”的“彼在”而被思考的。每一个世界都必须拥有一种超验的组织，在其周围，“多”根据其自身不同程度的特征或差异而凝聚起来了。这是一个很经典的问题，即在世界灵魂的实质中，

---

① Paul Ashton, A. J. Bartlett, Justin Clemens, *The Praxis of Alain Badiou*, New York: Anamnesis Press, 2006, p191.

怎样将同一(the same)与大他者(the Other)结合起来?这使得一种否定的理论,或者对于巴迪欧来说,一种颠倒的理论成为必需。巴迪欧在此赋予了颠倒三个基本特征:

1. 彼在的颠倒(或者说得更确切些,是关于世界中“多”之幻象测量的彼在)总体上说是同一个世界中的彼在(在那个世界中对幻象强度不同的测量)。

2. 颠倒与否定都可以说是一个彼在,且它们在世界中的颠倒没有任何共同之处(它们强度的结合为空)。

3. 总的来说,颠倒并不具有经典否定的所有特征。特别地,关于幻影程度颠倒的颠倒并不一定要与这种程度相类似。再一次地,显现的统一与颠倒也并不一定要与在其整体世界中幻影的测量方法等同。

紧接着巴迪欧又证明:整体是不存在的(这是直接取自罗素对弗雷格批判的一个论断);只有当现存之物属于世界之时,它才是可思的;然而,尽管如此,某种最小化的、并不在世界中显现的事物(某种零)必须存在着,最大化与最小化的幻影也是存在着的;如此等等。在这里,巴迪欧对黑格尔也进行了精彩的论述。这是一种正式的、被巴迪欧称之为显现的“三大超验操作”(零、结合、包络函数),以及巴迪欧自己的“大逻辑”相对于“普通逻辑”优越性的精彩描述。这一部分是一种高度提炼的绝技,在其中,普通逻辑的熟悉操作(且/或/隐含义/否定,量化)是产生于巴迪欧最小化、最大化、结合以及包络函数的新范畴之中的。这一卷以一个问句结束:“什么是一个经典的世界?”在这里可以发现,这样一个世界将双重的否定与排中律作为其有效的原则,即“一个经典的世界是一个具有布尔型超验的世界”,[①]且正如巴迪欧在其他地方所说过的那样,本体论就是这样一个经典的世界。请注意对作为本体论集合论新的、精细的以及正式的论证:逻辑现在被明

---

① Alain Badiou, *Logiques Des Mondes*, Paris: Seuil, 2006, p200.

确地引入到了这种决定之中，而在德勒兹那里，它仍然被归类于一个关于“品味”(taste)的问题。

卷三提出了一种完全新颖的关于客体的概念。这个概念的新颖性来源于巴迪欧“所建构的无主体的客体”这样一个事实，也即，显现的逻辑必须是纯粹客观的。这一点是通过指数化的概念来实现的：如果 x 和 y 是现存 A 的两个元素，T 是思考之中的世界的超验，那么指数化就是在 x 与 y“显现”程度 T 中测量的恒等函数 $\mathrm{Id}(x,y)$。否则的话就变成了 $\mathrm{Id}(x,y)=p$，这就意味着 x 与 y 在关于它们的世界幻影的力量上与程度 p 是相同的。通过对世界上以最小化显现的原子的建立，巴迪欧致力于在显现的逻辑与“多”的本体论之间开发出一种论调。在《存在与事件》中，巴迪欧向我们证明了“一”是不存在的，它仅仅是计算操作自我掩饰的结果；在《世界的逻辑》中，“大一”被看作是显现的原子、存在中显现的缝合点。显现总是局部性的，它总是彼在着，而彼在是受内在约束的。如果爱是突然迸发的(正如理查德·赫尔与罗伯特·奎恩所表演的那样)，那么存在便是循序渐进的。

尽管如此，存在的这些等级是建立在某些绝对真实的基础之上的：从一般意义上来说，原子是多 A 之中元素 a 与世界超验之间被调整的关系……唯物主义的基本条件便是每个原子都是真实的。(当然了，附带条件是存在并不是一种存在的范畴。)这种“真实的综合”是理解《世界的逻辑》的关键所在。在那里，除非以复杂的诡辩术或随意的跳跃为代价，康德并不能有效地将现象缝合进实体当中，而巴迪欧则致力于证明真实的原子在显现中证明了显现存在的一种幻影。如果这种综合不起作用的话，那么存在与显现就不能经由巴迪欧而被缝合在一起(显然，这将是评论者们通过以后的文章进入《世界的逻辑》中的关键之一)，而客体也同时获得了关于它的定义：

假如存在这样一个世界，在其中，我们将这个世界的客体称为由“多”及这种“多”的超验指数所形成的结合，那么它就必须满足这样一个条件，即其所有的指称功能都是被思考的“多”之显现的原子，它们必须是那种指称功能“多”的真实的原子。[①]

换句话说，客体是连接“存在”与“实存”的桥梁。即使引用了这样一些定义，这也只能在其难点上，在巩固它们的逻辑序列中暗示这一点，即不可能用一种完善的方式来展现卷三紧密结合的严谨性。而对于这些难点，仅仅只能得出以下结论：实存是一种逻辑且集中的概念。还有很多值得注意的地方，例如这样一种描述，即现象学与活力论都对死亡有一种非哲学的狂热，这种狂热也暴露了它们的缺点：正如实存一样，死亡也不属于存在的范畴。不仅如此，也可以这样说，即死亡属于一种显现的范畴。这一卷以“令人印象深刻的评注，很微妙”这样一个贴切的标题结束，在其中巴迪欧举了一个很有代表性的例子，即对亚历山大大帝与波斯国王达利斯战争的一种逻辑评估。

卷四包含了《世界的逻辑》中“大逻辑”的一部分，它对“关联”(relation)进行了新的思考。关联必须依赖于客体而存在，而绝不是相反；这也是大逻辑从客体转移到关联以及在《世界的逻辑》中存在着一种纯粹的逻辑顺序的原因所在。为了提及德勒兹的一个论点，《世界的逻辑》中没有任何优先于或外在于其关系的关联：

关联是客体“多”之间的一个纽带——一种功能——它在实存强度的序列当中，或者在并不是由那些“多”的幻影体制所规定的原子位置序列中，什么也没有创造出来。[②]

对于巴迪欧来说，正是世界的无限性(其本体论特征)需要一种关联的普遍性(其逻辑特征)，且这种普遍性应当是一种结果，而不是一个条件。这一卷中的大多数例子都是取自魁北克世界之中的，例如其

---

① Alain Badiou, *Logiques Des Mondes*, Paris: Seuil, 2006, p221.

② Alain Badiou, *Logiques Des Mondes*, Paris: Seuil, 2006, p317.

客体、政治、关联等。然而，很关键的一点又再一次回到技术层面上来了。在巴迪欧看来，每一个世界都应当被看作是无限的，且其无限性是不可达到的，也即，根据文中的规定，如果以下三个条件得以满足：

1. $\alpha > \aleph_0$。

2. 对于任何 $\beta < \alpha$，$2^\beta < \alpha$。

3. 对于小于 α 基数的集合，每一个都小于 α，那么它就是小于 α 的。

正如巴迪欧所指出的那样，每一个都小于 α，那么它就是小于 α 的。$\aleph_0$ 是最小的无限基数，“它在有限与无限之间制作了一个停顿”，[①]并由此不能被任何自然数的运算所接近；由此，一个比 $\aleph_0$ 要大的不可达基数实际上是相当大的……而这样一个基数实存不能被证明也就不足为奇了。世界无法进入的无限性也绝对是无法从这个世界自身内部进入的，任何假装更少的“世界”都不会是一个世界。在没有将所有被代表的都当作一个整体的前提下，这种不可能性确保了世界是封闭的。现在，这种本体论上的终止保证了逻辑上的完整性。同时，巴迪欧也证明了世界中的任何关联都必须被普遍地揭露出来，并从客观上是可以达到的。

三、从前提到超验

在卷五“变化的四种形式”中，巴迪欧那些熟悉的术语（“多”、集合、位、事件等）又出现了。但在这里对位与事件的论述都是重新组合的。对于巴迪欧来说，位的本体论便允许它自身通过以下三种属性而得以描述：

1. 位是一种自反的“多”，它属于自身并超越了存在的律法。

---

① Alain Badiou, *Logiques Des Mondes*, Paris:Seuil, 2006, p318.

2. 位是对围绕在“多”之中空的即时揭露，在通过存在与彼在之间代沟的瞬间消失了。

3. 位是瞬间的一种本体论形象，它的出现仅仅是为了消失。

针对位与事件，《存在与事件》提供了一种完全不同的命题：位并不是情势（或一个合适子集），它是结构所能想象的最小效应，并为事件提供了存在的前提；这个事件被认为是由同时来自位点与其自身元素所组成的正在消失的幻影。于是，我们便拥有了某些如同与事件谓词结合在一起的关于位的谓词，以及一种新的可能的变化。再一次地，与《存在与事件》中的最小化相对（事件对非事件、变化对非变化），我们有了更大数组的可能性：

通常来说，改变是变化的一种基本形式，它不需要一个位点或对世界任何超验的改变；有一个事实，即位的实存强度不是最大的；一种单一性便是，其实存强度是最大的位。

单一性的内部分割使得事件在以后将更加复杂。在那里可以发现弱单一性（没有最大化的结果）或者支配着合适“事件”的事物（一种拥有世界最大化后果的单一性）。总而言之：在生成的层面上，能够拥有非真正的变化（或改变）或真正的变化（位）；在实存的层面上，可以拥有一种非最大化的实存（事实）或一种最大化的实存（单一性）；在结果的层面上，可以拥有一种弱单一性或事件。

事件中的关键概念就是巴迪欧所说的“非实存”（the inexistent）。这个概念在《世界的逻辑》中很快就出现了：在卷二的 1.1 中以标题“整体的非实存”出现以及在卷二 1.3 中以副标题“整体的非实存：确认所有集合中一个集合的实存都是内在对立的”出现。然而客体的“非实存”首先是以一种正式概念的方式出现于卷四的 1.6 中，然后又再一次在卷四的 3.4 中出现了。它的第一个表述如下：“我们将把‘客体的非实存'称为其存在价值是最小化的处于下级'多'之中的一个元素。"[①]巴迪欧认为，假设在世界之中存在着一个客体，而这个客体中存在着一个并不实存于这个世界的独特元素，则由此可以将这个元素称为客体的适当非实存。它在显现的领域中证明了彼在的偶然性。从这个意义层面上说，其本体论的存在拥有彼在逻辑的非在。

因此，《世界的逻辑》中的"非实存"是《存在与事件》中"空"（或者空集）的隐蔽的化身。于是这一点也不足为奇了，正如在《存在与事件》中一样，"事件"总是与被情势所排除的"空"的再现连接在一起的，或者说，在这种新的概念框架下，与非实存的升起连接在一起的事件，最大化地拥有其实存（最大）强度的真实结果，即其非实存的实存。这使得我们回到了《存在与事件》之前的原则之中，它可以用一句海纳·米勒式的短语来总结，即：想要某些事物来临，则某些事物必须离去。在《存在与事件》中于存在的体制中被净化的死亡，又重新在《世界的逻辑》中的显现与消失层面上被提上日程了。正如巴迪欧在《世界的逻辑》中所言，为了创造而进行的空间开启首先需要一种摧毁的到来。[②]

这就引出了《世界的逻辑》的最后两卷，卷六"点的理论"以及卷七"什么是身体？"。这两卷用一种不同的论调回到了《存在与事件》中的某些关键论断中。在这里，巴迪欧通过"点"从主体的角度来重新思考真理的生产：忠诚的主体是一种身体的形式，这种身体的器官通过"逐点法"来应对世间的情势。《存在与事件》用力迫与类性集探询的观点为真理进程提供了一种有根据的理性论述，而在《世界的逻辑》中，这是通过点的理论来实现的。"点"是使得主体面临二元选择的事物。只有在两种可能性之上才能被决定，仅仅只有一种可能性的话，决定是无法被作出的（与《存在与事件》形成对比的是关于事件介入的原

---

① Alain Badiou, *Logiques Des Mondes*, Paris: Seuil, 2006, p339.

② Alain Badiou, *Logiques Des Mondes*, Paris: Seuil, 2006, p276.

则，例如，关于帕斯卡的调解）。如果不是为了灾难而作出决定的话，选择其中的一个则意味着在真理中继续前行，选择另一个就意味着将真理抛弃。当通过一种暗示了的主体与身体的操作，使得世界的整体性如同一个抛硬币的赌注之时，“点”就产生了。正如在《世界的逻辑》的其他部分一样，这些例子也是各式各样的：萨特戏剧中的关键决定，巴西利亚的城市，克尔凯郭尔，等等。对于巴迪欧来说，主体通过逐点法来对待世界中的点，且必须如一种受欢迎的电池广告宣传语所说的那样，不管有多大的困难，继续保持前进。巴迪欧从来没有放弃过对战争例子的使用：斗争，也可以被抽象地定义为战争中的一个点。正如马可·奥勒留大帝在他日记中所说的那样，生活就是战争；而巴迪欧或许会在战争前面加上“不朽的”三个字。不能将点放弃掉，就好像它不存在于任何地方一样。点要么是不朽的，要么什么也不是。①

因此，巴迪欧对这个概念感兴趣的外壳是一个非常特殊的外壳，一个净化了的、新的、永恒的真理的外壳：主体通过逐点法将自身重组了，在世界中制造了越来越非凡的结果，它主观地编织了一个真理，人们可以说它使得当前成为永恒。在这里，“重组”(reorganize)对于巴迪欧来说具有重要的隐含意义：关于新颖性——它是一个正在被制造的新的外壳；关于变形——这种新颖性是真实的；关于纪律——它是一种组织，而不是处于危险之中的分裂。相对于巴迪欧对真理外壳的规定，即真理-外壳既不是个体的，也不是社群的相一致，我们可以双关地说：没有外壳就意味着新的外壳(nobody, newbody)。它是一种唯物主义的复活。在穿越了数学的罗宾汉之后，为了前往逻辑、客体以及关联的大厦，巴迪欧不得不再一次掷下《存在与事件》的骰子。

---

① Alain Badiou, *Logiques Des Mondes*, Paris:Seuil, 2006, p310.

第三节　从《存在与事件》到《世界的逻辑》

那么，为什么呢？鉴于其惊人的范围、清晰度以及重要性，《世界的逻辑》是否会让人不满意呢？巴迪欧自己也承认这其中存在着一条线索。在卷五的 3.1 标题“正式阐释地位中的变化”之下，他注意到“大逻辑”隐约预示了卷二、卷三以及卷四都是直接来源于范畴论的，且它们都允许一种双重的概念阐释，这种概念阐释是一种由其概念所支持的正式阐释得以实现的，它与演绎数学的某些层面是同质的。然而，卷一中的情形并非如此，在卷一中，主体概念的形式化是自成一类的。紧接着，巴迪欧认为，在当前这一卷（卷五）中，正如在卷六和卷七中所说的那样，在卷一（它被剥夺了一种超数学的装置）与关于“大逻辑”的这三卷（它们与这种装置的各个层面都是同质的）之间拥有了一种中介的情势。这第三种变化组成了一种正式的阐释（尽管不可推导）：它致力于通过其尖锐的无法解释的精确，来将意义的血肉掠夺，以此将真理之骨暴露出来。

很显然，巴迪欧知道他自己在做什么。事实正是这样：他的自我认知迫使他对这种三元的变化进行展现，而正是这种展现在整个过程中使人的情绪跌宕起伏。巴迪欧也了解这一点——可以在《世界的逻辑》的各个角落中发现这样的致歉与辩解。在序言部分的“技术说明”中，巴迪欧写道，“从卷二开始，每一种思想的运动都是用两种不同的方式展现的：概念性的（这就意味着没有任何的形式主义且每一次都举例说明）以及形式性（用符号——如果有必要的话——和图解以及计算来说明）。客观现象学与书写透明度”。[①]考虑到这种辩解症候式

① Alain Badiou, *Logiques Des Mondes*, Paris:Seuil, 2006, p26.

的扩散，对于巴迪欧来说，这种代沟并不会轻易以一种优点来展现。

如前所述，《存在与事件》中拥有最严格的极简主义。《存在与事件》尽可能用一种最直接且最理性的方式问道：什么是存在的最小化情势？它的组成元素是什么？对于这些元素可以执行什么样的操作呢？这使得《存在与事件》在以下三重意义上成了一本奠基性的著作：它将基础作为客体（作为空的存在、“大二”、不可判定、无限性等）；它是用一种奠基性的方式来完成的（根据数学的动机，由诗歌的动机作为增补）；由此它自身便成为奠基性的了（一种哲学的奠基行为）。与之相反，《世界的逻辑》不再对基础本体论进行探讨了，而是转而讨论起位置的出世变化了；它不再仅仅是奠基性的了，而是致力于对所发生的进行一种更加完善的描述：人们只有通过来自世界的各种各样的例子才能对这些显现的细微差别进行充分论述，只有通过这些例子的一致性与形式的透明度之间的对抗才能对这些超验操作的恒定性进行完整论证。然而在全书中，描述的说服力是截然不同的：较之于卷三中对休伯特·罗伯特画作的论述，先前关于马的画作的论述是漏洞百出的。

这并不是一种失败的风格，远非如此。“相反，巴迪欧对那些教育公告、明确定义、有序发展、指示标题、富有启发性的例子以及概括性标语运用得得心应手。最初看起来似乎很松散的结构，结果证明是高度结构化与仔细放置的严谨论证。”[①]例如，《世界的逻辑》前言中的例子显然是预备级的，它们仅仅意在暗示将要在后面被证明的论点。因此，它们提供了一种一般的修辞取向。不能将它们视为正经的辩驳素材，主要是由于它们履行着一种明显的教育功能；它们的多样性正是为了将其丰富稳定下来的坚硬形式内核暴露出来。

巴迪欧在《存在与事件》中的描述清晰又明确，以确保读者们能对

① Paul Ashton, A. J. Bartlett ,Justin Clemens, *The Praxis of Alain Badiou*, New York: Anamnesis Press, 2006, p123.

极度费解的形式材料进行消化(正如笛卡儿在给其男仆讲解数学时，所使用的连寻常妇女都可以理解的方言那样)，且他们不会感到过度的高不可攀。然而在《世界的逻辑》中，情况却不同。《世界的逻辑》中运用了大量的形式主义——远远超过了《存在与事件》——但并没有《存在与事件》中的描述清晰易懂。这种事态的发展是不可避免的。毕竟，按照《世界的逻辑》的说法，《存在与事件》集中于对一个世界的阐释，即关于本体论经典的世界的描述，在其中矛盾律与排中律主宰着它们的二元世界，就如同费尔南多(Fernando)与伊莎贝拉(Isabella)主宰着扩张主义的西班牙一样。但《世界的逻辑》所关注的是对不同世界以及它们之间异质性的阐释(经典的、直觉论者以及平行相容)，而这就需要更广阔的逻辑发展。代数学是不可避免的，只有通过它，人们才能真正介入到其描述中来。

由于一系列的原因，范畴论比集合论要难理解得多。首先是时间间隔的不同：集合论基本上起源于19世纪末期，而范畴论则产生于二战之后。这个时间的事实就意味着可以拥有更多的时间来思考关于集合论及其无限性的影响。而范畴论则不限于此，毫无疑问，它是向后现代性过渡的一部分(不管这意味着什么)；在西方学者看来，它并不是马拉美、列宁及弗洛伊德的同伴，而是策兰、毛泽东及拉康的同伴。这给这个新世界增添了一种困难度、强度以及晦涩度。不仅如此，20世纪的大多数哲学，从罗素到维特根斯再到达米特，都受集合论所激发并对集合论有一定的论述。今天的哲学已经遭遇了(即使不是直接地)被哲学完整塑形的集合论。而对于范畴论来说，情况又不仅如此，至少不是用如此彻底且基础性的方式。最终，正如巴迪欧所评论的那样，数学与逻辑之间的关键差异便在此产生了。[①]集合论是基础数学：在紧急时刻，人们可以在没有遵从形式计算的前提下对数学概

---

① Alain Badiou, *Logiques Des Mondes*, Paris: Seuil, 2006, p26.

念进行理解。当然,这并不意味着人们不用与数学打交道。相反,范畴论承载了形式逻辑的基本特征(尽管被数学化了):正如其名称所暗示的那样,人们只有逐步地臣服于并经历形式逻辑的定义与程序才能真正理解范畴论。正如巴迪欧所言,逻辑是定义的,在那里真正的数学是公理化的。

任何想要理解《世界的逻辑》主旨的人都不得不遵循其逻辑。在没有任何真正信心的前提下,人们希望这个事实能够阻止评论员们试图批判巴迪欧对逻辑与数学所使用的做法,就好像它们仅仅是一种修辞的附属,一种花哨的展现信息的方式,这种信息只能在没有使用所有这些象征的前提下在共同的语言中被展现出来。迄今为止,这样一个命题仍然是对巴迪欧作品最反启蒙主义式的回应。经常可以碰到这样一些批评家(既有支持巴迪欧的,也有反对巴迪欧的),即使他们没有直接声明,也似乎认为数学不是真的那么重要,数学教条可以被任意使用,就像其他的哲学表达被随意使用一样。这样我们至少可以理解,为什么人们总是倾向于保卫这样一些有危害的错误,因为在巴迪欧杰出的概念显现之下,他们已经很幸运地对某些事物有所了解了。尽管这样说不是特别合适,即:想要理解诗人、数学家、激进分子或爱人的思想,人们不一定要成为他们中的一员,然而,只有臣服于代数的规则之下,人们才能真正对逻辑有所了解,对于阅读《世界的逻辑》的经验来说,这样做还是很值得的。

这是巴迪欧坚持不懈的努力教育的结果。从准则到表格,从注释到论证,巴迪欧清晰又严密地展现了他的哲学。在《世界的逻辑》中,他在每一卷的前面都用一个摘要对接下来要做的论述来进行一个概括,用通俗易懂的语言来说明他的论证方法,极度严谨地阐释其逻辑中的技术元素。《世界的逻辑》中所包含的评注与附录,六十六个主要命题的一览表,一个概念式的词典以及一个索引,无不显示了巴迪欧将其思想表达清楚的决心。[1]这些都是非常有用的信息，它们为巴迪欧的参考轨迹、前辈同事、他的朋友与敌人等提供了可靠又尖锐的评论来源。然而，由于展现形式的变化，在实证与信念、推断与修辞之间的代沟中仍然出现了一种模糊性。这主要是因为巴迪欧在这里不得不依赖于如此多的例子，以至于对他的评论也开始动摇了。“《世界的逻辑》中的激进创新性质对一系列术语（逻辑，显现，超验，客体，关联，包络函数，颠倒，最大化等）都产生了近乎暴力的技术符号指向的影响，它受制于巴迪欧所使用的直观略图的束缚。”[2]然而，正如巴迪欧所反复强调的那样，论述必须在数学与逻辑的影响下才能进行，逻辑必须将显现不相容的回转连接起来的连续性显示出来。

换句话说，《存在与事件》中的直接操作在没有调停的前提下将集合论的数学与元本体论命题缝合起来了，这是一种高度局部的操作，从定义上说，它仅仅只适用于一种特殊的经典世界而不适用于其他类型的世界。在竭力详细说明一种与《存在与事件》中的存在理论相容的显现理论时，巴迪欧必须在哲学与逻辑之间找到新的操作者，这些新的操作者将再一次确保逻辑与哲学之间的代沟不会受制于调停的束缚。当然这些也激发了一些巴迪欧可能没有意识到的问题。例如：《世界的逻辑》中所被修改的“事件-位”的理论是一种更“普遍的”理论吗，它只有在（“特殊的”“严格的”）本体论情势中才使得《存在与事件》中的论述是正确的吗？或者说《世界的逻辑》只是说明了“事件-位”是怎样在显现中发挥作用的理论，而没有对它们是怎样在存在中发挥作用进行说明吗？这就又回到了续集化（sequelization）的问题。

---

① Alain Badiou, *Logiques Des Mondes*, Paris:Seuil, 2006, p26-29.

② Paul Ashton, A. J. Bartlett ,Justin Clemens, *The Praxis of Alain Badiou*, New York: Anamnesis Press, 2006, p125.

由此可见，在《世界的逻辑》巴迪欧所描述的所有的哲学家与反哲学家中——包括德勒兹、克尔凯郭尔、拉康以及莱布尼茨——最重要的两个无疑是康德与黑格尔。对于巴迪欧来说，因为“大一”是不存在的，没有什么能够将世界的不相容性连接起来。问题是：鉴于其明显的不可比较性，真理如何能被说成是相同的呢？关于时间的问题也在于此。在巴迪欧看来，真理程序必须瞄准当前，这种当前仅仅是作为“预先的未来”而出现的，由此它是永恒的。这两个问题是相互连接的。难点在于，它不仅仅缺乏一种关于变化的理论，它还应该拥有一种关于世界变化的更为复杂的理论。的确如此，然而这样一种理论只会更加清晰地将这个问题凸显出来。正如奥利弗·费尔森所指出的那样，《存在与事件》提供了一种关于“多”的结构与朝向这种结构偶然的变化的理论。《世界的逻辑》中关于变化的论述是让人印象深刻的，它主要增加了以下基本内容：(1)结构不完整或不稳定的偶然性：并不是每一种结构都允许全球的变化。(2)一种异常事件的可能性，它发生于外在于结构的真实域（它们并不是基于任何外部的现实/语境当中）当中且能够开创一种变化。(3)对变化结构前提的论述——某些人将附属于情势的事件辨认出来了并给它命了名。(4)一种思考主体变化的新方式，随着时间的流逝，这种主体也参与了通过关于属于结构异常事件假设与探询的方式而得以产生的新象征秩序，然而，或许这是不够的。真正匮乏的是一种关于永恒的肯定性的概念。似乎问题的关键在于：怎样将永恒性的偶然性抓住并展现出来，而事实是永恒产生于世界与时间当中。康德认为这是没有必要的，黑格尔即使这样做也是基于他对整体的信念之上的。将“唯物主义辩证法”作为仅有范畴论特征的论述，可能也会走向一种困境，或者说一种关于主体变化更好的类型学将会帮助应对这种僵局。事实刚好相反，在对偶然性的思考中困难重重，主要是因为辩证法的不可避免性。一种复兴的真理——不管是关于素数的还是关于马的描述——必须跳出异质世界间的代沟，然而一个真理仅仅只能是关于一个世界的真理，这便是《世界的逻辑》中关于真理的"续集化"。[①]

---

① Paul Ashton, A. J. Bartlett ,Justin Clemens, *The Praxis of Alain Badiou*, New York: Anamnesis Press, 2006, p126.

第五章　巴迪欧主体理论的影响

巴迪欧主体理论的影响主要表现在政治、艺术、科学和爱这四个领域中。在政治领域，通过对人道主义与反人道主义的讨论，以及巴迪欧后来所创造的蒙昧的主体、忠诚的主体以及复活的主体的论述，巴迪欧认为主体理论在政治领域中发挥着激进又积极的作用。主体理论在艺术领域中的影响主要表现为，其在艺术（尤其是在戏剧）领域中确立了一种类性的真理程序。而主体理论在科学领域中的影响则主要是，其在《存在与事件》中提出的“数学即本体论”的思想所发挥的深远影响力。最后，巴迪欧的主体理论在爱的领域中的影响主要表现为一种创造性，即将“大一”变成他所谓的“大二”。

第一节　巴迪欧的主体理论在政治领域中的影响

巴迪欧反对在阿尔都塞作品中对“主体”这个词的任何积极使用，以及仅仅将其还原到一种意识形态的效应上，很显然，他想要保留一种后萨特式的“主体”概念。这一思想从他早期政治色彩浓厚的《主体理论》，到其后期关于元本体论、真理的《存在与事件》以及《世界的逻辑》，贯穿始终。

巴迪欧与关于所谓的人道主义-反人道主义辩论的主张及变迁之间的关联，贯穿于这样一个问题之中，即他为什么以及如何保留并给出定义。不仅仅是关于一个集合的政治主体可能是什么的问题，也是关于"主体"可能对整个哲学带来的深远影响的问题。巴迪欧致力于将这个辩论的两方合并起来并超越它们，在其中，通过进入一种尽管允许主体可能的实存得以继续的拓扑学话语(的确，可以说巴迪欧对"主体"的保存是其著作中最连续的一个元素)，结构主义反对人道主义。同时，巴迪欧也致力于同福柯、拉康以及阿尔都塞的反人道主义结成联盟，共同反对人权话语中的"回到康德"以及将人作为一种有限动物的"坏达尔文主义"中的当代概念。不管是直接的还是间接的，这些线索都显示了巴迪欧"政治人道主义"的思想轨迹。确实如此，在巴迪欧诸如"类"(generic)这样的数学-政治术语以及其与"类人性"(generic humanity)的政治关联中，这一点体现得尤为明显。[①]一些人所谓的巴迪欧的"数学转向"被其政治学过度决定了的言论是不对的，事实上，巴迪欧的数学与政治学理论，通过巴迪欧所使用的诸如"革命"这样在科学与历史-政治层面上引起了共鸣的术语，来互相影响彼此。

然而，主要的论点如下。巴迪欧对"人道主义"这个术语的使用，显示了政治斗争的变迁对19世纪60年代的原初"辩论"与当今时代的辩论，在不同程度上赋予了这个词不同的哲学含义：这里所指的是，巴迪欧的"人道主义"是不可能运用于斯大林时期的，但它经过变革具有了与类似费尔巴哈"类人性"相同的"平等主义共产主义"的可能性(平等就意味着政治的主体出现于独特的人性的符号之中[②])。

事实上，巴迪欧的主体理论开始于一种政治式的问题，同时也扩展至一个包括了诸如艺术作品(在艺术的领域)、数学革新(在科学的

---

① Alain Badiou, *Metapolitics*, trans. Jason Barker, London: Verso, 2005, p96.

② Alain Badiou, *Metapolitics*, trans. Jason Barker, London: Verso, 2005, p97.

领域)以及伴侣(在爱的领域)等进程的概念,它也在其形势特征与程序的层面上对某些概念的连续进行了论证。正如万奎尔所指出的那样,对于巴迪欧来说:“主体既没有被当作是一系列代现的存在位置,也没有被理解成可能经验客体组成的超验体系,同样地,真理也不再被想象成主体与客体间的平衡。”[①]正是巴迪欧思想中的这种被转移的主体成为了所有真理程序,包括政治的主要根基。

目前对巴迪欧政治主体解放理论的复兴所带来的影响,都倾向于用一种激进的,或者至少是改革的方式来描述主体。将社会矛盾或意识形态的异常状态也归入同一类中,政治的主体似乎天生具有坚定的普遍主义的美德。尽管面临着一种有害的政治“代理人”及思想的扩散,但如果最低纲领主义者们是足够公正的话,这种立场可能也会拥有一种吸引力,这可能意味着,将人们介入到当前世界强有力的工具剥夺掉的,将有害进程进行转移的、集体的平等主义,把“主体”这个术语保存下来了。

巴迪欧对政治主体长达几十年的关注,确实体现在对这一主体日益尖锐的内部主义的处理当中,它冷漠地对待社会调解的变迁。不仅如此,巴迪欧使得“主体”与一种例外的创新及真理的轨迹密不可分,真理有力地将自身包含于世界之中,然而在很多方面又不属于这个世界,换句话说,真理有力地将自身包含于世界之中,这保证了世界不会一成不变。巴迪欧这样做的目的便是提倡一种全力以赴的后笛卡儿式的主体思维模式,在其中主体仅仅被视为一种效应,一个偶然的轨迹或一个到达点,而不是一种预先存在的资源。自马克思与弗洛伊德之后,主体便不是一个起点了,它必须被“发现”。[②]所有这些符号都指向这样一个立场,即它完全与对主体特殊主义的附件、猛烈且具有破

---

① Bernard Vainqueur, *De quoi ‘sujet’ est-il le nom pour Alain Badiou? Penser Le Multiple*, Paris: L'Harmattan, 2002, p313-318, p314.

② Alain Badiou, *Théorie du sujet*, Paris: Seuil, 1982, p295.

坏力的推动力、压抑的欲望等任何一种分析不相容。巴迪欧明确表示不会通过意识形态的理论来讨论主体，而且——尽管他对拉康基本忠诚——也不会深入研究弗洛伊德的无意识，因为这也会对一种将要避开主体的令人讨厌且异常的、纯净又正式的主体理论产生影响。

那么，巴迪欧的这种“非真实的”主体理论在伊斯兰教面前又得到了怎样的进展呢？事实上，在关于将大多数政治正规化的事例与形象面前，在巴迪欧的主体空间理论中，某些事例与形象就可以被称作“伊斯兰主义的”。即使我们接受了普遍主义首要性的论点——这种思想认为“其他的”主体仅仅会伴随着忠诚主体，以及它所力图制造的当前出现而产生——忠诚的主体与蒙昧的主体以及反动的主体之间的特殊关系，仍然是问题之所在。

首先是蒙昧的主体——这种主体将其行动与声明都臣服于一种超验的、完整的身体当中——它并不需要具有作为其表达目的的忠诚主体的神秘性。[①]对于当前事态的认识比较困难的一点在于，在克服了共产主义政治表象与占位符的情况下，反动派与反启蒙主义者们，在没有直接反对忠诚的主体性的前提下又面临着一个接一个的问题。更确切地说——至少在宏观层面上，面对的是诸如“自由与民主”口号之间的斗争，或者是反帝制的神话与神学腐败之间的斗争，这些都同时承载了解放主体性的痕迹。

当它的起源与进步主体的起源是同时代的时候，伊斯兰主义蒙昧的主体确实将任何能够使身体成为一个普遍解放主体的事物碾碎，然而，与巴迪欧所暗示的相反，它抹去了解放政治基本原则的痕迹。不仅如此，由于它自己的民粹主义与战略的无能，其策略在很大程度上是反左派的，它采纳并夸大了解放的关键原则，在其顺从的有机主义平等主义原则下，把他们的世俗主义与共产主义的版本，看作一种古

① Alain Badiou, *Logiques Des Mondes*, Paris:Seuil, 2006, p379.

老而永恒的伊斯兰政治的堕落形式。从这个意义上说，它更像是当今世界的一个小偷，而不仅仅是它的破坏者。

相反，如同当今世界很常见的现象一样，伊斯兰主义与解放的形象没有直接联系，它似乎与作为其竞争对手的资本主义反动派（如同拉姆斯菲尔德与沃尔福威这样的冷战分子）的追随者们一同运转，且与解放政治没有统一的关系（除了沾沾自喜于苏联的“拟像”，兜售反帝国主义和平等主义的神学变种，或者甚至说，在今天的黎巴嫩和埃及，与社会主义和共产主义团体结成战略联盟）。从某种意义上说，这证实了巴迪欧的序列从当前的生产移动到对其的否认与隐藏上。然而，由于这些运动历史具体战略的原因，伊斯兰教幽灵的反动身体，更倾向于被视为由反动所制造出的、对政治虚空的神秘填充，而不是对一种普遍主体化身体的隐藏。这并不意味着伊斯兰教不能成为反启蒙主义者，它也确实公开且恶毒地反共产主义（回想一下本·拉登的种族灭绝言论），而是提醒人们注意，主观空间被非普遍主义主体之间的斗争所主导，这远远超过了他们与可理解的后社会主义主体性的斗争。

话虽如此，在反动派与反启蒙主义者之间、血腥且分离的合成中出现的“巨人战役”，并没有挡住“真理”主体的诞生。这也就是在当前这种糟糕的过渡期中，不仅仅要保持勇气与正义，也要在巴迪欧的几次尝试中建立一种强健的关于当代非真理与半真理的主体理论之原因所在了。

第二节　巴迪欧的主体理论在艺术领域中的影响

巴迪欧的主体理论对艺术的影响主要是在艺术（尤其是在戏剧）领域中确立了一种类性的真理程序。对于巴迪欧来说，真理程序的发生不仅需要发生于事件位的事件被命名，且通过忠诚操作者的出现而转向情势之中，也需要将探询引入到情势的“多”中去并决定它们是否与事件相连。所有这些探询的方向与结果都不能被预先决定，否则的话，人们面对的将是状态知识的展开，而非一种类性的真理程序。想要概括一个类性的程序，人们可以通过一种合适的名称来确立一系列的探询，也可以指示力迫进入到适当的名称中去。为此，可以得出对“新戏剧”进行力迫的六个结论：(1)表演的空间(包括观众)是完全移动且可塑的；(2)构成戏剧作品的行为可能是无意的，它臣服于机遇；(3)在机器时代，戏剧运动——不管是木偶还是人类——都必须被机械化，以至于能够将有机与机械之间的区别模糊掉；(4)演员们不需要展现丰满的个性特征或角色形象，他们所要展现的是其功能所在；(5)戏剧同音乐的语言融合了当代世界的喧嚣；(6)大众媒介可以被分配转移到关键的用途中去。①

一旦人们将这些力迫确立起来，很明显，新戏剧通过未来主义与达达主义所进行的探索改造与它们通过布雷特的戏剧而进行的探索改造一样多。可以将这种“多”归咎于对艺术形式的选择；与巴迪欧最喜欢的艺术真理程序的例子——音乐、诗歌以及绘画——不同的是，戏剧是一种混合的艺术，将绘画、雕塑、文学以及音乐结合到了一起。然而仅仅这样是不够的，还可以将“新戏剧”划分成政治戏剧、先锋戏剧以及艺术戏剧。如果“新戏剧”侵入艺术、表演艺术甚至电影的领域，那么很明显的一个问题就是梅耶荷德事件是否是它忠诚的唯一来源。

根据巴迪欧的变化哲学，类性的真理程序发展于历史的情势当中。在忠诚于事件的基础上，它将其类的“多”析取出来并将它增添到以前的情势当中。不仅仅拥有“多”的历史情势——艺术、音乐、电影

① Paul Ashton, A. J. Bartlett ,Justin Clemens, *The Praxis of Alain Badiou*, New York: Anamnesis Press, 2006, p127.

等等——甚至可以拥有“多”的事件。正是在此，巴迪欧类性真理程序的理论可以被补充。所需要的是一种关于力迫与对立状态发展的更为复杂的论述。在艺术与政治的领域，人们可以将对立状态作为一种阐释的集体组合，它通过一系列典型的操作对真理程序进行加强与展现。正是这些操作，允许程序情势的增加以及它们与诸如舞蹈、音乐等其他领域中的真理程序的集合。这在“新戏剧”的真理程序中是经常发生的：梅耶荷德试图将新戏剧命名为“风格化戏剧”，布雷特则试图将其命名为“史诗剧”或“科学时代的戏剧”，且这些名称可以被用来扩大真理程序的领域。布雷特将电影作为史诗剧的一个理想道具。[①]换句话说，如果历史的情势——戏剧——通过一种真理程序被缓慢改变了的话，那么显然，其名称与其边界也必须做出改变。将一种艺术形式（例如戏剧）与另一种艺术形式（例如雕塑或表演或舞蹈）区分开来的哲学问题，实际上就是一种直观的实践问题，仅要求这些边界的修订正好是真理程序在对其整体的重新命名中所做的行动。

对于戏剧来说，真理程序的多方向性就意味着，不管它会遇到什么样的困境，例如政治戏剧、“新戏剧”，将在其他方向继续其探索与改变。由此，通过对巴迪欧主体变化理论的严格运用，对“新戏剧”真理程序的调查将产生如下效应：现在，至少可以说，巴迪欧的变化模型很显然是一种戏剧性的模型，只不过它是一种完全被修改意义上的“戏剧”。如果说巴迪欧作为显现-消失的事件概念是由马拉美《骰子一掷》所设前提的哲学结果，那么，一种类性身体的构建就不仅仅可以理解为柯亨哲学创造的哲学内部效应，也可被理解为一种真理程序艺术展现的哲学内部效应。

至于电影，从一开始，电影就在努力克服与代现相对的展现问题。卢米埃尔兄弟早期的知识与纪实电影出现之时，在那些首批单纯的电

① Paul Ashton, A. J. Bartlett ,Justin Clemens, *The Praxis of Alain Badiou*, New York: Anamnesis Press, 2006, p128.

影发烧友眼中,它们展现了生活原本的样子,吉加·维尔托夫对“电影眼”(kino-eye)与蒙太奇(montage)的实验宣称,通过对技术的利用为现实建构了一扇更有洞察力的窗户;真实域中的新现实主义框架拓宽了展现的概念领域,而(后)现代电影制作者们反射性的技艺,又对记录现实的非常可能性进行了有力挑战。由此,纪录片似乎是作为纯粹展现的存在,于作为显现的存在裂缝的本体论边缘处——这是巴迪欧在其关于集合理论的作品中所致力于探索的问题——发挥了作用。

如果说纪录片制造了一个世界的话,那也是因为电影制作者们采用了一种遵循实存决定的艺术程序。每一种不同的方向都提出了关于存在的问题,因为导演承担了一种将现实情势所掩盖的真实域真理展现出来的承诺。与基本数学方向情况相类似,这种存在是在遵循一种根据某种艺术信念或思想协议,将当前宇宙进行塑形的特殊公理化决定,从而被建立起来的。巴迪欧将这种艺术的世界定义为“感觉与形式之间混乱部署的关联”。[①]由此,作为艺术信念或视角的一个结果,物质情势的无限性被赋予了一种秩序或形式,这可以被理解为一种确定,建构了由纪录片而制造的、特殊世界展现的真理制造方向的、本体论的决定。

为了更富有成效,艺术必须被视为连帝国都没有辨认出来的虚空的起点,并从其文本内部的内在分割中建造起一种真理的进程,由此使得其“非实存”可以被看见,这是一种摆脱特殊性的解构进程,它最终将返回到优先于代现叠加的基础层面中去。这种范式将帝国置入到知识的位置中去,并将艺术的真理程序作为一种激进的分离。艺术的纯粹性起源于它禁欲主义般的分离。然而,它所谓的目标,即“对任何人都是可见的,对帝国来说(并由此引申到每个人,尽管从一个不同

① Alain Badiou, *The Subject of Art*, The Symptom, no. 6, Spring, 2005.

的角度来说)是不存在的"[①],且艺术在情势状态与人们对象征秩序的着迷之间做出了区分。这位于巴迪欧反对状态未被思考的实存(可数)元素的物质再创造的核心处:"现存的诸如知识的情势仅仅赋予了我们重复。想要真理对其新颖性予以肯定,必须存在一种补充。"[②]新颖性的标准需要每种工作都开启一种新的探询模式。如果一种艺术的创造不能够让人惊讶,不可计算且不可预测,那么它仅仅是对知识的一种重复而非对真理的一种揭露。重复是状态革新的原理,而艺术则由类性奇异性的生产掌握着。

纪录片是用来与相机面前的物质世界进行重复斗争的。它被赋予的任务就是创造出一种这样的艺术,它可以将那些原先被情势状态所立法的、被当前模式代现所排除的情势元素带入到显现中去。因此,尽管我们似乎在处理代现(只要纪录片通过其对索引痕迹的垄断而获取了它的特殊地位),但因为作为一种类性的开端,它已经根据它所增加的事物——一个增添,一种新显现的空间,而定义了它自身。

对于巴迪欧来说,艺术已然进入到一种与他称之为"帝国"的占支配地位的文化政体相对的关系当中了,并且他将艺术的目标建造为抽象的、非帝国工作的产品,它获得了与每种真理进程相同的类性普适性。在这个意义层面上,知识直接等同于一般的元结构,正如巴迪欧在《当代艺术的十五个论点》中所认为的那样,既然其通过律法的能力毋庸置疑,帝国不再对任何事情进行谴责。总而言之,巴迪欧对当代艺术的观点集中在类性的进程与技术的净化上。在这一点上艺术成了可能,即个体抵制一种享受之需(由此参与),且践行一种严酷的禁欲主义,在个人领域他们变成了一种冷酷的自我审查者,且拒绝为了国家进行再生产。的确如此,"什么都不做也好过于,为了创造思考帝

---

① Alain Badiou, *Fifteen Theses on Contemporary Art*, Lacanian Ink, no. 23, 2004, p100-119, p2.

② Alain Badiou, *The Ethics of Truths :Construction and Potency*, trans. Selma Sowley, pli: Warwick Journal of Philosophy, no. 12, 2001, p245-255.

国业已将其视为实存的、可见之物的形式方法而作出贡献”。①

类性的艺术思想并不包含于展现的作品中，仅仅是因为，在它所制造的时空内部的参数将物质的人工制品束缚到有限上了。对此巴迪欧明显地强调道：“艺术工作是实存的唯一有限的事物了，也即艺术创造了有限。”②艺术将其辩护追溯到了古希腊的完成美学原则，在其中完美与完成共同起着决定作用。由此，单单是艺术的作品并不能与一种真理的程序同延，因为这将重复这样一个浪漫的错误，即将艺术视为有限内部无限道成肉身的优先位点。正如巴迪欧在其非美学纲要中，将艺术与真理之间的关系描绘成既唯一又内在的：

> 艺术本身就是一种真理程序。或者再一次地：艺术的哲学特征被列入到真理的范畴中了。艺术是一种思想，在其中艺术作品是真实域而不是效应。③

一种艺术的真理是内在于艺术作品之中的，且从虚空不可定位的点中被建构了：我们正在与一种见证了计数为一的政权建构紧急还原的减法打交道。正如巴迪欧在《当今艺术的十五个论点》中的第一个原理所言：艺术“是一种无限主体化系列的产品，它是通过一种无限的物质减法的方式获得的”。④由此可见，艺术作品的真理是其物质展现的一种固有且无个性特征的一面，它反过来可以被视为形成了其有限相容的操作：一个构成性的方面，它并不与其时空幻觉内部严格相称，而是其自身创造力进程的一个余数。

---

① Alain Badiou, *Fifteen Theses on Contemporary Art*, Lacanian Ink, no23, 2004, p100-119, p2.

② Alain Badiou, *Handbook of Inaesthetics*, trans. Alberto Toscano, Standford: Standford University Press, 2005, p11.

③ Alain Badiou, *Handbook of Inaesthetics*, trans. Alberto Toscano, Standford: Standford University Press, 2005, p9.

④ Alain Badiou, *Fifteen Theses on Contemporary Art*, Lacanian Ink, no23, 2004, p100-119, p2.

第三节　巴迪欧的主体理论在科学领域中的影响

巴迪欧的主体理论对科学领域的影响，主要体现在《存在与事件》中“数学等于本体论”的思想当中。事实上，《存在与事件》的一个中心任务就是紧承着数学本体论的公理，或者确切地说，是策梅洛-弗伦克尔经典集合论之后来阐述主体理论。为了做到这一点，每一种展现，每一种情势，在思想成功地将那种情势发展成数学集合之时，都将在那种存在之中被思考。[①]然而，主体的形式化是有所不同的。巴迪欧认为单单是集合理论本身并不能提供一种完善的主体理论，要想获得一种完善的主体理论，必须拥有关于时间与事件的非数学概念。然而巴迪欧认为，确定主体本体论基础设施的集合论形式仍然是可能的——借用萨特的话来说，即其真实性的形式。在《存在与事件》中，最受欢迎的结构是在柯亨关于连续统假设著作中的两个概念——类与力迫——中发现的。简而言之，一个类子集是不能被任何在其子集模型中可被表达的公式所识别的。巴迪欧运用类子集的观点将他称为“真理”的本体论结构规范化了。真理是完全内在于情势的“多”，这种情势是关于真理的，但它并没有作为情势的一个元素而加以区分，也不能被适合于情势的语言认知体系所识别。真理的概念与类的概念是不同的，这一观点包含在这样一个事实中，即通过主体的工作，真理将与事件相连接(例如，一种罕见的本体论负功能，在其中，情势的内在连续发生了部分错乱)。主体被认为是这样一种真理暂时展现的有限的部分——而这在其自身中总是无限的(作为其类性的一个必要前提条件)。力迫是一种在属于某些类子集被讨论的模型集合与承载了这

---

① Alain Badiou, *Being and Event*, trans. Oliver Feltham, London, Continum, p56.

种模型延伸且建立于类集合之上的陈述之间被定义的关系。对于巴迪欧而言，力迫表达了“主体的规则”这样一种抽象的活动形式，通过它，主体改变了其所参与的、基于真理之上的情势。这些概念向巴迪欧提供了一种将主体视为最初从语言与知识中减去的数学框架，但通过其对真理的忠诚，主体最终将对语言与知识起到一种改革性的作用。

在20世纪初，经典数学发现自身被一系列的悖论所困扰，它致力于在数学逻辑同一般集合理论之间提供一种严密的基础。在巴迪欧看来，接踵而至的“基础危机”成为数学中的一个典型事件。由此一系列有区别的介入被采纳了，每一个介入都要求对数学的忠诚进行仔细的修改，这是为了保持数学真理的完整性与一致性所必需的学科要求。在哲学思想流派当中，更为著名的是最先由弗雷格发起，后被年轻的罗素以及怀特海在其《数学原理》中所拥护的逻辑主义，以及大卫·希尔伯特为代表的形式主义学派。这两者都试图弥补古典数学而出现的关键异常，这是目前所存在的状况，它有着严密增补性的基础。逻辑学家们会通过为数学创建一个新的逻辑基础设施来实现这一点，这样一来，数学就会被理解为逻辑本身的延展，如同罗素曾经说过的那样，数学是“逻辑的成年”。（“从历史上来说，数学与逻辑是完全不同的研究。数学与科学有关，逻辑与古希腊有关。然而两者在当代都得到了发展：逻辑变得更加数学化了，而数学变得更加逻辑化了。结果两者之间的界限越来越模糊了；事实上，两者已然合为一体了。它们之间的区分就如同男孩同男人之间的区别：逻辑是数学的青年时代，而数学是逻辑的成年时代。”[①]）形式主义者们试图通过一个艰苦的、对现有数学学科公理化的过程来对数学进行补充，正如多米特所言：

---

① Bertrand Russell, *Introduction to Mathematical Philosophy*, London: George Allen, 1963, p194.

> 直觉主义认为古典数学似乎是需要证明的,它不是作为一种挑战直接或间接地来构建这样的论证,而是作为一个符号表明古典数学出了差错。如果正确地进行下去,数学不需要外部的论证,侧面的支撑或下部的基础:它的脸上写着"合法"二字。①

布劳威尔认为,古典数学的问题主要在于对数学真理与存在本质清晰的本体论认识上。这样的洞察力被逻辑-语言装置系统地遮蔽了,这种装置是从于特定的有限系统中获取的恰当的数学关系中抽象出来的,在习惯的力量之下获得了一套先天法则的权威和威望。随着时间的推移,这些法则已经取代了真正的数学建构,人们也不得不相信数学真理是可以实现的,而通过密尔曾经所谓的一种"语言的艺术操纵",数学的存在也被揭示了。②古典数学误把阴影当作猎物;思想臣服于理论逻辑中,根据仅仅适合于有限集合的法则,无限体系的数学研究得以继续。这就是布劳威尔对悖论的描述方式。③

在许多重要的方面(它们在巴迪欧对直觉主义的评价中是不清晰的,正如它们在多米特对柏拉图主义的评价中一样),巴迪欧对柏拉图主义的看法都反映了数学对直觉主义的看法。尽管如此,在巴迪欧对"直觉"这个术语的理解中有一些完全不同的东西。这种差异与直觉主义数学的基本统一性有关,它的根源是"二"的原始直觉。适合于直觉主义的真理运动完全致力于揭露这种二重性,即时间的真理。不遵循这种原始直觉的决定是不需要的;当新的决定是必要的时候,它更忠实地表达这个原始的本体论事件。当加唯叶为直觉主义者写下这篇文章时,他很清晰地理解了直觉主义的这个维度:

---

① Dummett, *Elements of Intuitonism*, London: Duckworth, 1996, p2.

② Gottlob Frege, *The Foundations of Arithmetic*, trans. J. L. Austin, New York: Harper and Bros., 1960, p22.

③ Brouwer, *Historical Background*, *Principles and Methods of Intuitionism*, in Collected Works, London: Duckworth, 1991, p508-515.

> 数学是一种自主的生成，“与其说是一种生成，不如说是一种行动”，因为在起源上的定义是不可能的，但是在必要的相互依赖中，它们的运动暴露了其原始的本质。从二重性到所阐述的理论，都存在着连续性和不可预测性。①

尽管公理的本质是尽可能地彼此分离，并由此可将其理解为离散的决定，对直觉主义数学的每一种修改都是由对其原始本质的忠诚所规定的。因此，在古典意义上，将直觉主义的行为称为公理，至少在概念上是不恰当的。然而，直觉主义者致力于在对公理的拒绝中保留基本统一的做法，并不会困扰到巴迪欧式的柏拉图主义者。对于巴迪欧来说——在这一点上他自认为是紧随着柏拉图的步伐的——较之于由非矛盾性的逻辑意义所保证的事物，数学思想并不需要更大的统一性。与直觉主义者将存在、思想与可建构性交叉在一起的做法不同，巴迪欧提出了一种用来识别存在、思想与连续性的经典公理。不符合可建构性的公理跳跃不会离开这个更宽广的领域，对于柏拉图主义者来说，它不是由一种可建构性的连贯的命令所支配的，而是在可以持续思考的事物上的最大延伸。

直觉主义立场最直接和最戏剧性的后果之一便是否认了康托尔无限多的概念，因为这种多的存在只能是一个公理的命题。在直觉主义数学的内部，每一种存在都通过有限的方式被主体地建构了，“所有的无限都是潜在的无限：并不存在完整的无限”。②“简单来说，这个命题意味着，要掌握一个无限的结构就是要抓住产生它的过程，这种结构即那种过程，要认识到这个结构是无限的就是要认识到这个过程不

① Jean Cavailles, *On Logic and the Theory of Science*, in Joseph J. Kockelmans and Theodore J. Kisiel (eds.), Phennomenology and Natural Sciences, trans. Theodore J. Kisiel, Evanston: Northwestern University Press, 1970, p367.

② Dummett, *Elements of Intuitonism*, London: Duckworth, 1996, p55.

会终止”。[1]这种论点与巴迪欧哲学事业的理论基础有着明确的距离，在其中，实际无限的外延性与普遍性原则占统治地位。然而，有意思的是，直觉主义者们经常在巴迪欧保卫其相反论点的相同根基上来保卫这个论点，也就是说，在这个根基上，人们不能通过将其与有限本质相混淆的方式来改变无限的性质。对于直觉主义者来说，康托尔“破坏了无限的本质，它存在于一个总是在增长的结构概念之中，这主要是因为建构的过程永远无法实现”；说到实际的无限，康托尔所说的是一个无限的过程，“就好像它仅仅是一个特别长的有限的过程”。[2]对于巴迪欧来说，它是一个严格意义上的潜在概念的倡导者，通过有限的视角来观察其无限并改变无限的性质。因为它“在开放的内部决定了无限，或者作为有限历史性的水平关联”[3]，在巴迪欧的描述之下，直觉主义的装置仍然被浪漫主义的传统所奴役，如果思想将是把自身从对有限的崇拜中解放出来的话，这种传统就必须被克服。

由此可见，在这里，最主要的问题是主体在数学存在领域中的中心地位。只要每一个有限的主体被当作每一种数学存在的中央担保者，这种存在的本质就必须考虑它们与主体的关系。从这个层面来说，无限是主体建构的超越。对于康托尔主义者来说，不管主体的位置如何，无限都于其本质中被开采出来了。在这里，主体并没有参与到无限的建构中来，而仅仅参与了它的超越。

第四节 巴迪欧的主体理论在爱的领域中的影响

作为巴迪欧哲学的四个前提之一，“对于巴迪欧而言，爱必须从例

---

① Dummett, *Elements of Intuitonism*, London: Duckworth, 1996, p56.

② Dummett, *Elements of Intuitonism*, London: Duckworth, 1996, p52.

③ Badiou, *Philosophy and Mathematics: Infinity and the End of Romanticism*, in Theoretical Writings, 1996, p25.

外性的逻辑来考察，它在肯定了哲学计数运算的同时，也产生了另一个并不属于计数规则结果的数字"。[①]在巴迪欧看来，爱不仅具有一种桥梁的作用，它可以使得两个分离的主体合成一个爱的统一体。同时，对于巴迪欧而言，也对于拉康而言，爱提供了一种清空了对象关系的普遍主义的支撑，"爱补充了计数为一这个哲学家称之为'大二'(Two)的场景"[②]。对于巴迪欧而言，"精神分析将爱作为这四种前提中的一种，也是为了其《存在与事件》中的抽象类别得以形成。为此，巴迪欧邀请精神分析学家在他们自己的领域来实践这些类别。"[③]

"所有的一切都掌控着关于'一'的存在前提(必须反对这个前提)与其'彼在'论点之间的差异"。[④]对于巴迪欧来说，"一"即是无，然而它是作为计数为一的操作而存在的。计数为一也不是一种展现：展现的情势即是"多"。尽管如此，每一种情势都是通过计数为一的操作而被建构的。由此，"一"与"多"之间是相互作用的：只有通过计数为一的操作才能够超越"一"而存在。正如巴迪欧所言，"在任何一种情势中，计数为一(结构)都可以建立起'一'与'多'之间的相关性"。[⑤]这就意味着，对于展现来说，"一"同时也是一种操作性的结果，伴随的分裂发生在"多"的一边：只要作为"一"的存在是一种结果，非连续的"多"就被理解为"一"的非存在，这必须要同连续的"多"区别开来，这种连续的"多"是通过结构的行动而被计数为几个"一"的。由此可以得出这样一个结论，即"'一'并不存在"的规则同时也是"'一'是'多'的规则"的规则。[⑥]关于既定的情势，非连续的"多"，也即纯粹的"多"是作为被排

① A. J. 巴特雷，尤斯丁・克莱门斯：《巴迪欧：关键概念》，蓝江译，重庆：重庆大学出版社，2016 年版，第 73 页。

② A. J. 巴特雷，尤斯丁・克莱门斯：《巴迪欧：关键概念》，蓝江译，重庆：重庆大学出版社，2016 年版，第 73—74 页。

③ Alain Badiou, *l'etre et l'evenement*, Paris:Seuil, 1988, p10.

④ Alain Badiou, *l'etre et l'evenement*, Paris: Seuil, 1988, p23.

⑤ Alain Badiou, *l'etre et l'evenement*, Paris:Seuil, 1988, p24.

⑥ Alain Badiou, *l'etre et l'evenement*, Paris:Seuil, 1988, p25.

斥之物而被包含的：采用一种准精神分析术语，其拉康式的亲和力是显著的，巴迪欧认为这种包含性的排斥是“导致结构化的展现向非连续的幻影动摇的原因所在”。[①]

尽管巴迪欧只暗示了这种情势的元结构状态，与作为意识同虚空的无意识之间差异的结构情势之间的差异，拉康试图用一种更为详尽的方式来描述第二次计数的两个方面，即以父之名。为了这样做，他将意识作为内在并超越于无意识的思想：正如情势将成为情势状态虚空的无意识一样，无意识（作为结构一元特征的计数）将会成为意识的无意识——作为重复被压抑结构的幻影 S-a。S-a 可以被读为“通过与客体 a 有关的能指而进行的主体分裂”，这是以父之名操作性隐喻的无意识结果。只要它将幻影与无意识的结构合为一体，以父之名也可以被指派为主人能指 S_1。与此同时，主体的专有名称，即等同于说“我”的可能性，有一个自我，将只是以父之名的意识层面。

请注意这一点，即作为建构了无意识能指链元结构的 S_1，就相当于是在另一个层面上对一元特征的恢复。换句话说，作为结构无意识的一元特征将会成为 S_1 这个元结构结构性的，也即无意识的层面。认为 S_1 是一种压抑的一元特征也是正确的。在“讲座 9”这个首先引入了主人能指概念的讲座中，当拉康公开地将 S_1 指认为原始猎人为了杀死猎物而在棍子上刻出的刻痕之时，拉康自身也强调了一元特征与 S_1 之间的相似性。[②]

由此可以这样说，最初，主体以-I 的形式存在，在作为虚空阐明的原初一元特征的作用下，它将自身削弱了；更确切地说，在这个层面上，主体应当被视为能指的结构化展现，或者更确切地说，预示着主体非存在的文字，与它们无法解决的虚空，也即象征客体之间的断裂。

---

① Alain Badiou, *l'etre et l'evenement*, Paris: Seuil, 1988, p53.

② Jacques Lacan, *The Four Foundamental Concepts of Psychoanalysis*, London: Vintage, 1998, p141.

在以父之名的操作之后,第二次计数发生了,作为 - I 的主体将自身计数为 I;它更应该被理解为现在变为无意识能指的文字的结构展现与元结构的代现,也即意识的话语之间的代沟。[①]结构同空间之间的第一个缺口导致了后者的错误,它指定了需求的转喻维度,即在需求对象之下的象征客体(爱的客体)不可阻挡的滑动。此外,结构同元结构之间的缺口指定了欲望的隐喻维度。为了从需求的缺口过渡到欲望的缺口,主体必须对虚空建构一种实证的组织:虚空必须通过以父之名的隐喻在 S_1-a 幻影的内部得以发生。

将自身计数为一的主体相当于主体的欲望鸿沟,而欲望鸿沟在潜意识的幻影客体 a 中被理解为对空无的阐释,也就是说,只要在一中潜意识中作为负一出现,那么主体就是一。更确切地说,在潜意识中,主体仍然是计数为一的,因为作为对空无的阐释,主体即是非一。换句话说,在意识当中,主体可以将自身命名为一,并由此将自身视为珍宝,仅仅是因为在幻影中,他不断重复着将自身作为非一的行为,在那里客体 a 履行着作为一个丢失的名称的功能。主体将自身命名为一,这样他就可以数一、二、三、四……了,这种计数只不过是由幻影所描绘的无意识的重复循环有意识的一面,且被幻影所封闭了。尽管后者设法取得了关于虚空的组织,但这绝不意味着虚空就被清除了:由此虚空的组织被约束了,这种操作也可以被看作一种错误的计数。在无意识的共时层面上,主体在客体 a 中的特征代现表示为一,这必然保留了负一的存在,从而产生了重复序列,其中每个计数都是重新开始的,每个运转都是绝对独特的。在意识层面上,主体将自己命名为一,错误地累加下去,从而获得了二、三、四……,也即,他生活经历的历时性的时间连续性。

同时,将主体作为一的事实也表明,作为缺口的主体仅仅意味着

① Alain Badiou, *l'etre et l'evenement*, Paris:Seuil, 1988, p83-84.

其自身是“多”中的“一”。这两个计数追溯区分了倍数的三个层次：作为非一非连续的永恒真实域；通过所需客体的转喻滑动而被给予的连续的“多”；作为能指的意识与无意识能指之间断裂的主体。主体“多”的分裂是一个经验主义的事实，它被诸如症候、笑话以及口误等无意识的存在结构所证实了。尽管如此，主体的“多”在第二次计数中被抑制了，正如“多”的非连续性在第一次计数中并没有展现一样。第二次计数既象征着空虚，又通过压制实现了对第一次计数的想象，即字母作为纯粹的能指；空被象征为幻影的欲望，但欲望本身是被压抑的，“只有通过某种需求才能有意识地接近它”。[①]最终，虚空所发生于其中的幻影也应当被看作是一幅画，在其中，焦虑被框定了，“从而被驯服，被安抚并被承认”。[②]

在《爱的多重奏》里，巴迪欧不再专注于开始于柏拉图的《会饮篇》中对爱情形而上学式的研究，而是思考怎样“在这个黑暗时代从人身上的正面力量中找到一种美好的寄托”[③]这个问题。巴迪欧认为爱情是可以被安置于政治情境中，并为政治发展提供动力的。在巴迪欧看来，政治、艺术、科学和爱是我们通向真理的四个前提，由此爱也是我们走向真理过程的一环。爱的行动是主体场域里的积极力量，它可以促使主体与反动及暧昧相抗衡。而忠诚则仿佛是主体自身的修复力量，促使我们从黑暗时代中挣脱出来。爱就是这样一种推动力。

除了《爱的多重奏》以外，巴迪欧关于爱的主要作品还有收录于《前提》中的《爱是什么》以及收录于《论爱》中的《大二的场景》这两篇论文。在《爱是什么》这篇文章中，巴迪欧确立了以下四个命题：“存在着两种经验立场；两个立场是截然分离的；不存在第三种立场；只存在

① Jacques Lacan, *Le Seminaire Livre* Ⅴ. *les formatons de l' inconscient*, 1957-1958, Paris:Seuil, 1998, p330.

② Jacques Lacan, *Le Seminaire* Ⅹ. *l'angoisse*, 1962-1963, Paris:Seuil, 2004, p91.

③ 阿兰·巴迪欧：《爱的多重奏》，邓刚译，上海：华东师范大学出版社，2011年版，第2页。

一种人性。”[①]我们可以从第四个命题“只存在一种人性”来分析。在巴迪欧看来，人性是科学、政治、艺术及爱这些真理的基础，在其中，忠诚主体用这些方式将一个不能预测的空的断裂展现出来了。尽管如此，我们并不能就由此认为人性是处于一个“元”位置之中的，如同巴迪欧在第三个命题中所说的那样，两种经验立场是截然分离的。在《大二的场景》这篇文章中，巴迪欧用男人（M）和女人（W）来表示这两种经验立场。在他看来，由于它们所共有的事物并不完善，这两种经验立场并没有合而为一。对于这个并不完善的事物，巴迪欧将其命名为 u，它是两性之间交集的失落点，就好像两只在莫比乌斯带上相对而行的虫子，两性永远不可能遇到彼此，也不会将其立场中截然不同的性质解决掉，这正是巴迪欧所谓的计数为一的运算所带来的结果。正如巴迪欧所言：“在经验中，男人和女人之间没有任何同样的东西。没有任何东西。也就是说不同立场并没有分割经验，那里没有影响‘女人’和‘男人’的呈现，这样，那里只有和谐一致的或交集的区域。”[②]

由此可见，巴迪欧的主体理论在爱的领域中的影响主要表现在其“大二”概念的建立，正是这个“大二”使得爱成为如同政治、科学、艺术这三个前提一样的生产性真理之一。同这三个前提一样，爱亦是一种忠诚的战斗行动，它可以从本质上将情势摧毁，由此产生新的基础名称。相比之下，拉康并没有给出这么明了的情势交换阐释，对于拉康而言，虽然爱创造了一种无限靠近普遍之物的方式，但这个普遍之物依然与被阉割的规则相联系着。

综上所述，笔者认为，整个巴迪欧的主体理论与马克思唯物主义史观的观点是一致的。马克思的历史唯物主义不是消极的自发宿命论，并不是说因为要尊重客观规律，人的主体能动性就消失殆尽了，恰

---

① A. J. 巴特雷，尤斯丁·克莱门斯：《巴迪欧：关键概念》，蓝江译，重庆：重庆大学出版社，2016 年版，第 94 页。

② A. J. 巴特雷，尤斯丁·克莱门斯：《巴迪欧：关键概念》，蓝江译，重庆：重庆大学出版社，2016 年版，第 96—97 页。

恰相反，马克思的历史唯物主义鼓励人们为了解决现实中的问题而去努力、去斗争。它不仅仅要求解释世界，它更认为问题的关键在于改变世界，这是马克思唯物主义史观最重要的宣言。它拒斥一切唯心主义的观念决定论，这就要求人们在基于现实实践的历史辩证法的基础之上充分发挥人的主观能动性与客观主体性。从本质上来看，马克思主义的唯物主义哲学是革命和实践的，它意在将人类的主体地位以及全人类的最终解放——共产主义确立起来，以此使得人类从必然王国走向自由王国。而作为一名坚持无神论的激进左派哲学家，无论是《主体理论》中对主体过于政治性的书写，还是到《存在与事件》中对主体过于数学化的书写，再到《世界的逻辑》中对主体过于身体化的书写，巴迪欧都坚持认为只有通过力迫，也即激进地介入，才能克服现实生活中所面临的困境。事实上，从《主体理论》到《存在与事件》，再到《世界的逻辑》，我们可以发现，整个巴迪欧的主体分为两种类型：实践的主体与理论的主体。在法国的“五月风暴”爆发之后，巴迪欧逐渐意识到，仅仅待在书斋里是无法解决现实生活中所遭遇的一系列问题的，只有走出书斋积极投身于现实的革命运动当中，才能真正解决现实所面临的困境与难题。由此他写出了《主体理论》一书。从某种程度上说，《主体理论》一书奠定了巴迪欧心目中理想主体的基本形象：一种在革命与现实都处于危机的情况下，依然积极投身于实践的积极的能动的主体。即使在后来的《存在与事件》中，巴迪欧逐渐将主体的书写范围扩大到抽象理论的数学化主体形象上面，然而这仅仅是一个过渡而已，此时的巴迪欧用一系列复杂的数学公式来进行他的理论主体阐述，通过这一系列复杂的数学公式阐述，我们依然可以发现他对实践主体的坚持，主体的政治性意味依然存在，这一特征随着《世界的逻辑》中身体化实践主体的书写而再一次凸显出来。由此可见，从总体上说，巴迪欧提倡一种充满了政治性意味的、积极能动改造世界的实践主体的形象，这可以从他至今仍活跃在实践的舞台上并积极投身于人类的和平与正义事业的行动中体现出来。巴迪欧用自己的文字与行动再一次论证了马克思的一个基本观点，即问题的关键不在于解释世界，问题的关键在于改变世界。

在其早期的作品（例如《主体理论》）中，巴迪欧认为马克思主义是将无产阶级作为主体的话语，且这是不能丢弃的一条基本原则。在笔者看来，尽管巴迪欧将无产阶级与工人阶级进行了区分，但从其后期作品（例如《存在与事件》与《世界的逻辑》）中的观点来看，他将名称作为准则的事实，被认为是过度决定了在后来的政治事件形成中尚未决定和未知的事物。在其早期的作品中，所存在的政治问题主要是探讨具有决定性的历史行动者，即起义群众与构成政治主体的政党之间的有机联系。正是这种有机联系的概念使得巴迪欧在关于谁是主体的问题上表现出本质上的先锋主义：在这种情势中，在关于谁是真正的主体的问题上一直是有争议的——是政党还是无产阶级？抑或两者的结合？正如霍尔沃德所认为的那样，党派拓扑学主体的或历史的对立使得阶级的静态代数爆发了。然而，每一个客体都停留在它的位置上，每一个主体都破坏了它的位置，因为它的本质美德便是迷失方向。主体理论是在力迫之下发生的，在其中位置发现其自身被改变了。尽管如此，寻求废除阶级分配空间的，并不是一个没有中介的无产阶级。相反，只有通过政党，工人阶级才能从客观上成为革命的主体，作为消失项的群众创造了历史，政党则使得这种消失项短暂地得以持续。巴迪欧后来所说的"忠诚的主体"也是其早期作品中政党所扮演角色的体现而已。从这个意义上可以说，巴迪欧试图使忠诚成为一种持续的过程，而不是一种简单的宣言，这一过程从为政党提供一种先锋派的角色，转变为在后来的非政治性和更一般的政治主体概念中保持同样的形式。

确实如此，在《主体理论》中，巴迪欧明确宣称，其政党的概念正是保留了最初力量的主体。在这一点上，巴迪欧与萨特是非常相近的

（尽管对于萨特来说，并不存在着保留在最初斗争里的“政党”的问题）——把武力僵化成制度，并不是保持最初新鲜感的框架。到了《存在与事件》以及《世界的逻辑》中，这个问题将演变成一个更具历史反身性的问题，同时，又是一个更具有萨特风格的问题，应该说，一个不那么讲究修辞的列宁主义的问题：为什么最英勇的人民起义，最持久的解放战争，最无可争议的以正义和自由之名发动的动员，都以不透明的中央集权主义架构而告终？在这种架构中，赋予其历史起源意义和可能性的所有因素都无法解读。正如霍尔沃德所指出的那样，发生于巴迪欧后期作品中的事情是，他在努力维持自己严格的政治原则的同时，慢慢地接受了一种与萨特在历史上短暂的悲观主义类似的观点。如果说在《主体理论》中，巴迪欧将政党看作唯一有效的组织结构的话，到了后期诸如《存在与事件》以及《世界的逻辑》等作品中，巴迪欧则完全无视无产阶级政党运动的必要性了，此时巴迪欧认为，20世纪的平衡是政党形式的消失，他只知道政党国家的形式。可以再一次地注意到，这一举动是一种转变，即从将主体视为政党的概念转变为无政党的政治学观念的概念。

巴迪欧后期对这一问题的看法使得其与无产阶级的关系脱离了，从而更倾向于一种更为普遍的人性观念，即他所说的多价人(polyvalent man)。巴迪欧自己也曾说过，政党真正的特征并不是它的坚定性，而是它对事件的敏感性，所需要的只是对能力多重性的肯定，其象征就是一个多价人，他打破了那些世俗的联系，这些联系一方面把知识工作者凝聚在一起，另一方面又把手工劳动者联系在一起。笔者认为，巴迪欧新政治观的理性主义哲学普遍性，消除了无产阶级与资产阶级世界早期工作的对立，但恰恰是以马克思主义对资本主义结构的分析为代价的。后期的主体理论在历史上更多地依附于事件的概念，而较少地依附于无产阶级与资产阶级关系的拓扑图。政治事件使得巴迪欧的主体不仅从资本主义的结构分析中，而且从世界政治的结构分析中消失了。后期巴迪欧主体的最终特征更多的是它不是什么,而不是它是什么,它既不是一组表象的存在场所,也不是可能的经验对象构成的先验系统。它是一个减法的实体,是集体人性的一部分,由于巴迪欧后来在理论上转向前马克思主义,它仍然与维持群众运动背后的原始政治冲动的问题结合在一起,从而再次与萨特理论中令人沮丧的群体僵化问题结合在一起。

如上所述,巴迪欧后来的主体理论将主体这一术语从严格的政治联系中分离出来,并扩大了它对其他前提,即政治以及艺术、科学、爱的可能参考点。尽管如此,巴迪欧后期作品中政治主体的结构有其自身的特殊性,他对政治主体的刻画也是相当清晰的。事实上,每一种情势在本体论上都是无限的,但只有政治作为主体的普遍性才能立即召唤出这种无限。巴迪欧的整个工程是建立在政治主体化的基础之上的,但主体化与类人性并不是本体论的事实,没有什么能够保证它们的可能性。成为一个主体就意味着参与一种普遍新颖性的产生。在这里主体是唯一的,因为它始终是构成真理的事件。如果没有这样一种观念,政治是不可能存在的,即如果人们能够清楚地认识到,这种思想也构成了最终的政治主体。但是在什么情况下人们才会有这种想法呢?在笔者看来,在政治的情形中,巴迪欧需要在一个绝对最低的层面上,找到一种类似费尔巴哈哲学的哲学人类学。也就是说,所谓的当代主体是减法的无限,它的意思是说,作为主体所做的事以无限为其维度,不涉及任何对象。主体是无限的是因为主体无限地在思考,也即,主体思考无限本身。

当然了,由于巴迪欧的主体理论与真理事件交织在一起,且巴迪欧知识渊博,运用了大量的数学公式、理论来进行他的主体理论阐述,而这当中又夹杂着丰富的文学、诗歌甚至逻辑学等知识的论证,这些都使得巴迪欧原本就比较晦涩的主体理论更加复杂难懂,这也在无形中加大了读者们对巴迪欧主体理论的理解难度。然而不管怎样,作为与朗西埃、齐泽克、阿甘本等几位后马克思主义者并肩的哲学大家，我们都不可否认巴迪欧以及他的主体理论在当今学界的影响力无法撼动，世界各国的学者正在掀起一股研究巴迪欧思想的热潮，这是不可抵挡的趋势。

参考文献

一、专著

[1] 阿兰·巴迪欧.世纪[M].蓝江,译,南京:南京大学出版社,2011.

[2] 阿兰·巴迪欧.爱的多重奏[M].邓刚,译,上海:华东师范大学出版社,2012.

[3] 阿兰·巴迪欧.哲学宣言[M].蓝江,译,南京:南京大学出版社,2014.

[4] 阿兰·巴迪欧.小万神殿[M].蓝江,译,南京:南京大学出版社,2014.

[5] 阿兰·巴迪欧.第二哲学宣言[M].蓝江,译,南京:南京大学出版社,2014.

[6] 阿兰·巴迪欧.元政治学概述[M].蓝江,译,上海:复旦大学出版社,2015.

[7] 阿兰·巴迪欧.存在与事件[M].蓝江,译,南京:南京大学出版社,2018.

[8] 蓝江.忠实于事件本身:巴迪欧哲学思想导论[M].北京:北京师范大学出版社,2018.

[9] 阿兰·巴丢.维特根斯坦的反哲学[M].严和来,译,桂林:漓江出版社,2014.

[10] 阿兰·巴丢.圣保罗[M].董斌,等,译,桂林:漓江出版社,2014.

[11] 阿兰·巴迪欧.柏拉图的理想国[M].曹丹红,译,开封:河南大学出版社,2015.

[12] 阿兰·巴迪欧.当前时代的色情[M].张璐,译,开封:河南大学出版社,2015.

[13] A.J.巴特雷,尤斯丁·克莱门斯.巴迪欧:关键概念[M].蓝江,译,重庆:重庆大学出版社,2016.

[14] 阿尔都塞.保卫马克思[M].顾良,译,北京:商务印书馆,2006.

[15] 阿尔都塞.读资本论[M].李其庆,冯文光,译,北京:中央编译出版社,2001.

[16] 路易·阿尔都塞.来日方长:阿尔都塞自传[M].蔡鸿滨,译,上海:上海人民出版社,2013.

[17] 加斯东·巴什拉.科学精神的形成[M].钱培鑫,译,南京:江苏教育出版社,2006.

[18] 柏拉图.巴曼尼得斯篇[M].陈康,译注,北京:商务印书馆,1982.

[19] 柏拉图.理想国[M].张竹明,郭斌和,译,北京:商务印书馆,1986.

[20] 柏拉图.柏拉图文艺对话集[M].朱光潜,译,北京:人民文学出版社,1963.

[21] 贝·布莱希特.布莱希特论戏剧[M].刘国彬,金雄晖,等,译,北京:中国戏剧出版社,1992.

[22] 陈永国.激进哲学:阿兰·巴丢读本[M].北京:北京大学出版社,2010.

[23] 吉尔·德勒兹,菲力克斯·迦塔利.什么是哲学?[M].张祖建,译,长沙:湖南文艺出版社,2007.

[24] 吉尔·德勒兹,菲利克斯·加塔利.千高原[M].姜宇辉,译,上海:上海书店出版社,2010.

[25] 雅克·德里达.书写与差异[M].张宁,译,北京:生活·读书·

新知三联书店,2001.
[26] 邓晓芒、赵林.西方哲学史[M].北京:高等教育出版社,2006.
[27] 福柯.福柯集[M].杜小真,编选.上海:上海远东出版社,1998.
[28] 米歇尔·福柯.词与物——人文科学考古学[M].莫伟民,译,上海:上海三联书店,2001.
[29] 许宝强,袁伟.语言与翻译中政治[M].北京:中央编译出版社,2001.
[30] 米歇尔·福柯.知识考古学[M].谢强,马月,译,北京:生活·读书·新知三联书店,1998.
[31] 恩格斯.反杜林论[M].北京:人民出版社,1999.
[32] 弗洛伊德.精神分析引论新编[M].高觉敷,译,北京:商务印书馆,1987.
[33] 黑格尔.美学:第一卷 [M].朱光潜,译.北京:商务印书馆,1996.
[34] 黑格尔.逻辑学:上[M].杨一之,译.北京:商务印书馆,2011.
[35] 黑格尔.小逻辑[M].贺麟,译,商务印书馆,1980.
[36] 黑格尔.哲学史讲演录[M].贺麟,王太庆,译,商务印书馆,1983.
[37] 蒋孔阳,朱立元.西方美学通史:第四卷 [M].上海:上海文艺出版社,1999.
[38] 今道友信.存在主义美学[M].崔相录,王生平,译,沈阳:辽宁人民出版社,1997.
[39] 康德.纯粹理性批判[M].邓晓芒,译,北京:人民出版社,2004.
[40] 乔治·康吉莱姆.正常与病态[M].李春,译,西安:西北大学出版社,2015.
[41] 拉康.拉康选集[M].褚孝泉,译,上海:上海三联书店,2001.
[42] 罗素.哲学问题[M].何兆武,译,北京:商务印书馆,2000.
[43] 马丁·海德格尔.存在与时间[M].陈嘉映,译,上海:上海三联书店,1996.

[44] 迈克·费瑟斯通.消费文化与后现代主义[M].刘精明,译,南京:译林出版社,2000.
[45] 马克思,恩格斯.德意志意识形态[M].北京:人民出版社,2003.
[46] 中共中央马克思、恩格斯、列宁、斯大林著作编译局.马克思、恩格斯、列宁、斯大林论巴黎公社[M].北京:人民出版社,1981.
[47] 北京图书馆马列著作研究室.马恩列斯研究资料汇编[M].北京:书目文献出版社,1982.
[48] 马克思,恩格斯.马克思恩格斯选集:第1卷[M].北京:人民出版社,1995.
[49] 马克思,恩格斯.马克思恩格斯全集:第40卷[M].北京:人民出版社,1982.
[50] 马拉美.马拉美诗全集[M].葛雷,梁栋,译,杭州:浙江文艺出版社,1997.
[51] 迈克尔·怀特.瓦格纳[M].赵勇,孟兆刚,译,北京:生活·读书·新知三联书店,1987.
[52] 米歇尔·福柯.规训与惩罚[M].刘北城,杨远婴,译,北京:生活·读书·新知三联书店,2003.
[53] 罗兰·巴特.S/Z[M].屠友祥,译,上海:上海人民出版社,2000.
[54] 罗素.西方哲学史:上卷[M].何兆武,李约瑟,译.北京:商务印书馆,2005.
[55] 卢梭.论科学与艺术[M].何兆武,译,北京:商务印书馆,1963.
[56] 齐泽克.敏感的主体——政治本体论的缺席中心[M].应奇,等,译,南京:江苏人民出版社,2005.
[57] 斯拉沃热·齐泽克.意识形态的崇高客体[M].季广茂,译,北京:中央编译出版社,2002.
[58] 数学辞海编辑委员会.数学辞海:第一卷[M].太原:山西教育出版社,2002.

[59] S. E. 斯通普夫,J. 菲泽. 西方哲学史[M]. 邓晓芒,译,北京:世界图书出版社,2009.

[60] 孙周兴. 海德格尔选集 [M]. 上海:上海三联书店,1996.

[61] 唐正东. 马克思恩格斯哲学原著选读[M]. 北京:北京师范大学出版社,2010.

[62] 瓦尔特·本雅明. 机械复制时代的艺术作品[M]. 王才勇,译,北京:中国城市出版社,2002.

[63] 威廉·邓纳姆. 天才引导的历程——数学经典定理[M]. 苗锋,译,北京:中国对外翻译出版公司,1994.

[64] 雅克·朗西埃. 马拉美:塞壬的政治[M]. 曹丹红,译,郑州:河南大学出版社,2017.

[65] 亚里士多德. 诗学[M]. 陈中梅,译注,北京:商务印书馆,1996.

[66] 张锦文. 公理集合论导引[M]. 北京:科学出版社,1991.

[67] 张一兵. 不可能的存在之真——拉康哲学映像[M]. 北京:商务印书馆,2006.

[68] 张一兵. 当代国外马克思主义哲学思潮[M]. 南京:江苏人民出版社,2012.

[69] 张一兵. 马克思历史辩证法的主体向度[M]. 南京:南京大学出版社,2002.

[70] 张一兵. 回到马克思[M]. 南京:江苏人民出版社,1999.

[71] 张一兵. 文本的深度耕犁:后马克思思潮哲学文本解读[M]. 北京:中国人民大学出版社,2008.

二、论文

[1] 艾士薇. 通往真理的事件——论阿兰·巴迪欧的“事件哲学”的理论基础[J]. 中国政法大学学报,2013,(5).

[2] 艾士薇.巴迪欧对传统哲学的反思与真理观的重构[J].学习与实践,2013,(4).

[3] 艾士薇.论阿兰·巴迪欧的主体观[J]. 吉首大学学报(社会科学版),2014,(4).

[4] 阿兰·巴迪欧,米歇尔·福柯.哲学与心理学——阿兰·巴迪欧与米歇尔·福柯访谈录[J].许娜,译.吉首大学学报(社会科学版),2014,(4).

[5] 阿兰·巴迪欧.巴迪乌论经济危机与法国当前形势[J].肖辉,译.国外理论动态,2009,(10).

[6] 阿兰·巴迪欧.当代法国哲学思潮[J].陈杰,李谧,译.国外理论动态,2008,(12).

[7] 毕日升.阿兰·巴丢"内美学"思想初探[J].文艺理论研究,2011,(6).

[8] 毕日升.诗与哲学之争的"非美学"构想——阿兰·巴丢文艺思想初探[J].江西社会科学,2010,(5).

[9] 高宣扬.论巴迪欧的"事件哲学"[J].新疆师范大学学报(哲学社会科学版),2014,(4).

[10] 姜宇辉."喧哗"与"沉默"——从德勒兹事件哲学的视角反思波洛克的"醉"与"线"[J].哲学分析,2014,(7).

[11] 金元浦.大众文化兴起后的再思考[J].河北学刊,2010,(3).

[12] 蓝江.阿兰·巴迪欧版"读《资本论》"——论巴迪欧的《辩证唯物主义(再)研究》[J].山东社会科学,2015,(8).

[13] 蓝江.巴黎公社与共产主义观念——析巴迪欧的解放政治学逻辑[J].南京大学学报,2011,(3).

[14] 蓝江.从非同一性到计数为一——阿多诺与巴迪欧论一与多的关系[J].武汉科技大学学报(社会科学版),2014,(3).

[15] 蓝江.从元结构走向类型性真理——浅析巴迪欧的《元政治学概

述》[J]. 马克思主义与现实,2010,(6).
[16] 蓝江. 当代法国马克思主义的逻辑走向[J]. 中国社会科学报,2013,(2).
[17] 蓝江. 德勒兹的本体论与永久轮回——浅析巴迪欧对德勒兹的批判[J]. 现代哲学,2011,(5).
[18] 蓝江. 非美学与作为真相程序的艺术——巴迪欧的艺术思想简论[J]. 文艺理论研究,2014,(2).
[19] 蓝江. 回归柏拉图:事件、主体和真理——阿兰·巴迪欧哲学简论[J]. 南京大学学报,2009,(3).
[20] 蓝江."类性溢出"的社会变革——论巴迪欧对阿尔都塞的社会变革理论的批判性继承[J]. 社会科学辑刊,2010,(6).
[21] 蓝江."马克思主义并不存在"——巴迪欧在何种意义上是一个"后马克思主义者"[J]. 山东社会科学,2010,(6).
[22] 蓝江. 谁是阿兰·巴迪欧?[J]. 南京社会科学,2009,(6).
[23] 蓝江. 在世之中的真理的身体——阿兰·巴迪欧的现象学转向[J]. 哲学动态,2011,(11).
[24] 蓝江. 政治性与政治:后原教旨主义的政治视野——以穆芙和巴迪欧为例[J]. 江苏社会科学,2011,(2).
[25] 刘怀玉,陈培永. 从非物质劳动到生命政治——自治主义马克思主义大众政治主体的建构[J]. 马克思主义与现实,2009,(2).
[26] 刘怀玉."存在论转向"与方法论革命——关于马克思主义哲学本体论研究中的几个问题[J]. 中国社会科学,2002,(5).
[27] 刘怀玉. 马克思哲学中的社会有机体概念[J]. 学术研究,2007,(10).
[28] 吕清平,蔡大平. 西方学界关于巴迪乌思想研究综述[J]. 国外理论动态,2010,(6).
[29] 斯拉沃热·齐泽克. 后马克思主义中的精神分析——以阿兰. 巴

迪欧为例[J].白新欢，丘晓丹，译，马克思主义研究，2006,(6).

[30] 孙乐强.穿透拜物教的魔力：阶级意识与日常意识的辩证法——马克思后期对历史唯物主义主体向度的深化[J].南京社会科学，2011,(6).

[31] 孙乐强.从总体性到总体化：萨特人学辩证法的内在逻辑转变——萨特《辩证理性批判》解读[J].福建论坛，2008,(9).

[32] 孙乐强.30年来国外马克思主义研究的历史回顾[J].中共党史研究，2012,(3).

[33] 孙乐强.意识形态的魔力与主体的祛魅：哲学视域中的《法兰西阶级斗争》和《雾月十八日》[J].学海，2011,(2).

[34] 谭成.走向一种艺术哲学的新范式——略论阿兰巴迪欧的艺术思想[J].外国文学，2014,(1).

[35] 汤红娟.普遍主义仍然是激进思想吗？——阿兰.巴迪乌的真理政治[J].国外理论动态，2008,(8).

[36] 唐正东.阿尔都塞：意识形态是一种永恒的但必须被超越的他者[J].浙江学刊，2004,(6).

[37] 唐正东.阿尔都塞的早期天主教信仰对其哲学思想的影响[J].南京社会科学，2002,(4).

[38] 唐正东.话语言说主体之反思[J].学术月刊，2002,(6).

[39] 唐正东.马克思主义哲学研究当下遇到的三个理论问题[J].南京社会科学，2011,(3).

[40] 唐正东.诠释马克思主义哲学应该坚持的两个原则[J].哲学研究，2005,(10).

[41] 王金林.论巴迪欧的"共产主义假设"[J].马克思主义与现实，2010,(3).

[42] 王璞.七十年代：政治消逝的时刻——谈巴迪乌的主体理论[J].书城，2010,(8).

[43] 王晓升."主体"概念献疑——马克思主义哲学研究中的主客体框架批判[J].华中科技大学学报(社会科学版),2012,(4).

[44] 徐克飞.阿兰·巴迪欧的"反政治学"——关于左派政治的哲学思考[J].北京师范大学学报(社会科学版),2014,(6).

[45] 夏莹.关于阿尔都塞四个常识性判断的再考察[J].高校马克思主义理论研究,2015,(1).

[46] 严泽胜.巴迪欧论"存在"与"事件"[J].清华大学学报(哲学社会科学版),2013,(6).

[47] 张剑.齐泽克、巴迪欧的毛泽东情结[J].马克思主义与现实,2013,(6).

[48] 张莉莉.从历史到主体性——资本主义是阿兰·巴迪欧意义上的空无吗?[J].当代国外马克思主义评论,2015,(2).

[49] 张亮.《共产党宣言》与新时代理论创新[J].中国社会科学报,2018,(4).

[50] 张文喜.阿尔都塞:消解自我(主体)的马克思——对西方主体性哲学的批判[J].马克思主义研究,2002,(2).

[51] 张一兵.阿尔都塞:意识形态理论与拉康[J].学习与探索,2002,(4).

[52] 张一兵.暴力性构序:主体对客体的存在论命名——福柯否定性的历史存在论[J].学术月刊,2013,(8).

[53] 张一兵.不可能的"回到事物本身"[J].哲学分析,2013,(3).

[54] 张一兵.重读阿尔都塞[J].南京社会科学,2002,(4).

[55] 张一兵.拉康哲学的问题式[J].哲学研究,2005,(4).

[56] 张羽佳.事件:爆发在历史逻辑的断裂处[J].现代哲学,2010,(6).

[57] 朱羽,张耀宗.当代政治与否定的危机——阿兰·巴迪乌访谈[J].国外理论动态,2010,(6).

[58] 周嘉昕.法、自我意识和国家——重访马克思早期思想中的“黑格尔转向”[J].现代哲学,2017,(4).

[59] 周嘉昕.唯物主义、辩证法、政治经济学批判——《1844年经济学哲学哲学手稿》的重新发现[J].江海学刊,2017,(3).

[60] 周嘉昕.“新自由主义”与西方新左派[J].山东社会科学,2017,(11).

[61] 周嘉昕.资本主义再生产与意识形态国家机器——阿尔都塞对于《资本论》的利用和滥用[J].贵州师范大学学报(社会科学版),2018,(2).